W0046410

BASTEI
LÜBBE
TASCHENBUCH

Über die Autorin:

Alexandra Lange, 34 Jahre, ist Mutter von vier Kindern. Am 23. März 2012, nach drei Jahren Untersuchungshaft, spricht ein französisches Strafgericht sie von dem Vorwurf frei, ihren Ehemann ermordet zu haben. Dabei wurde sie nicht nur von ihren eigenen Anwälten verteidigt. Sogar der Staatsanwalt setzte alles daran, der schwer misshandelten Ehefrau Gerechtigkeit widerfahren zu lassen. Alexandra selbst kann sich bis heute nicht verzeihen, dass es soweit kommen musste und sie nicht den Mut aufbrachte, ihren Mann früher zu verlassen.

Für meine über alles geliebten Kinder
Séphora, Josué, Saraï und Siméon,
damit sie verstehen und mir verzeihen

Inhalt

Prolog

»Sprechen Sie sie frei!«

Gefängnis oder Hoffnung. Jahre hinter Gittern oder die Möglichkeit, ein normales Leben zu führen. Ich hätte auch schreiben können: »Die Möglichkeit, endlich zu leben.« An jenem Freitag, den 23. März 2012 wird Generalstaatsanwalt Luc Frémiot sein Plädoyer vor den Geschworenen am Schwurgericht in Douai halten.

Ich habe meinen Ehemann getötet.

Ich habe meinen Ehemann im Verlauf eines Streites getötet. Ich habe meinen Ehemann unabsichtlich getötet. Ich habe meinen Ehemann getötet, weil er mich töten wollte. Und dies ist der Zeitpunkt, um darüber Rechenschaft abzulegen.

Die Vorsitzende des Gerichts, Madame Schneider, eine Frau mit kurzen grauen Haaren und einem manchmal harten Blick, die sich mir gegenüber oft sehr kühl verhält, wechselt ein paar Worte mit ihren beiden Beisitzern. Neben diesen haben die sechs Mitglieder der Jury ihren Platz, die nun in Kürze über mein Schicksal befinden werden, und warten wie ich darauf, was ihnen Staatsanwalt Frémiot empfehlen wird. Sollen sie mich ins Gefängnis schicken oder mir die Freiheit schenken? Mich verurteilen oder mich freisprechen?

Ich befinde mich ihm gegenüber, ohne Handschellen. Neben mir sitzt mein Vater, der beschuldigt wird, mir geholfen zu haben, am Ort der Straftat – stümperhaft – Spuren zu beseitigen.

Ich bin erschöpft. Auf den Bänken im Saal sitzen meine Angehörigen, aber auch Leute, die ich nicht kenne, und alle mustern mich gleichermaßen. Bis auf mehr oder weniger schwere Atemgeräusche, ein Hüsteln hier und dort ist nichts zu hören. Die Luft ist stickig. Seit drei Tagen haben Freunde und Fremde dem Bericht über meinen Leidensweg als geschlagene und gedemütigte Frau und den nicht enden wollenden Albtraum meiner Kinder gelauscht. Wie diese mir unbekannten Leute habe auch ich all jenen zugehört, die mir auf diesem Weg immer wieder begegnet sind – meiner Mutter, meinen Freunden, den Freunden meines Mannes, seinen Brüdern … – und die nun in den Zeugenstand traten, um Begebenheiten zu erzählen, die etwas über mich aussagen, um die in unserem »Haus des Schreckens« spürbare Stimmung zu beschreiben oder um Erlebnisse mit meinem Mann zu schildern, dem Mann, den ich geliebt und dem ich am Ende das Leben genommen habe. Ferner habe ich mir die Aussagen aller möglichen Experten angehört, die meine und seine Persönlichkeit analysierten, vor allem aber den Tatort an jenem Juniabend im Jahr 2009, an dem meine Hand ein Messer in seinen Hals stieß.

»Streit« … »Beleidigungen« … »Faustschläge« … »Alkohol« … »Blut« … »Tränen« … »Leid« … »Schmerzen« … »Angst« … Diese Wörter schwirren in meinem Kopf herum. Wie oft sind sie während der dreitägigen Verhandlung gefallen? Hat das Gericht sie auch wirklich gehört? Ermisst es tatsächlich das Gewicht jedes einzelnen dieser Wörter? Fragen über Fragen treiben mich um und nehmen mir die Luft zum Atmen, aber jetzt, am Ende, zählt nur noch eine einzige Frage: Wird Staatsanwalt Frémiot das Gericht auffordern, mich wegen Totschlags zu verurteilen, oder wird er geltend machen – und das hoffen meine Angehörigen –, dass ich eine gepeinigte, bedrohte Frau war, die sich lediglich verteidigen wollte, um ihr blankes Leben zu retten?

Ich spüre die Anwesenheit meiner beiden Strafverteidigerinnen direkt hinter mir. Schützend umfängt mich ihr Blick. Schon bevor ich vor Gericht erscheinen musste, setzten meine Anwältinnen Janine

Bonaggiunta und Nathalie Tomasini alles daran, um mich zu beruhigen. Sie kennen den Generalstaatsanwalt und seine Denkweise: Dieser Staatsanwalt hat den Kampf gegen eheliche Gewalt zu seinem persönlichen Kampf gemacht. Seit beinahe zwanzig Jahren steht Luc Frémiot misshandelten Frauen zur Seite. Sein Ruf reicht weit über den Gerichtssaal hinaus: So veranstaltet er Tagungen, um die Öffentlichkeit und die entsprechenden Institutionen (Polizei, Stadtverwaltung etc.) dafür zu sensibilisieren, dass Frauen, die Opfer häuslicher Tyrannei und Gewalt werden, Hilfestellungen benötigen. Er zählt zu denjenigen, die unermüdlich gegen ein Faktum angehen, das sich aus einer der entsetzlichsten Statistiken zum Zustand unserer Gesellschaft ablesen lässt: Alle zweieinhalb Tage stirbt in Frankreich, aber nicht nur dort, eine Frau durch die Gewalt ihres Partners.

Er hat eine ganze Reihe von Prozessen wie den meinigen begleitet. Sein »Engagement« resultiert im Übrigen, so wurde es mir erzählt, aus den Erfahrungen eines Prozesses zu Anfang der neunziger Jahre hier in Douai, vor eben diesem Gericht, das jetzt über mich urteilen muss. Damals saß ein Mann auf der Anklagebank, der seine Frau jahrelang misshandelt hatte, bis er schließlich eines Tages mehrere Kugeln auf sie abfeuerte, weil sie ihn verlassen wollte. Staatsanwalt Luc Frémiot war bestürzt darüber, dass das gesamte Umfeld des Opfers schon lange wusste, was die Frau zu ertragen hatte, aber niemand es wagte, etwas zu unternehmen.

Und noch etwas anderes betont er immer wieder aufs Neue: »In fast allen Fällen ehelicher Gewalt leugnen der gewalttätige Partner und sein Opfer die Gewalt gleichermaßen.« Was mich betrifft, so habe ich lange gebraucht, um diese Aussage zu verstehen: Sie bedeutet, dass auch das Opfer selbst die anormale und furchtbare Seite dessen verdrängt, was es erduldet.

In dieser Hinsicht stelle ich, stellen wir, offenbar keine Ausnahme dar …

Seit drei Tagen sitzt mir der Generalstaatsanwalt genau gegenüber. Er beeindruckt mich in seiner weiten rot-schwarzen Robe. Er ist konzentriert, aufmerksam, und oft spüre ich, wie sein Blick auf mir ruht. Dann beginne ich zu zittern. Männer wie ihn habe ich bisher nur im Fernsehen oder in Zeitungen gesehen. In meinen Augen verkörpern diese Menschen gleichermaßen die Rechtssprechung, das Gesetz und die Moral. Da muss ich wohl nicht weiter betonen, dass ich mir sehr klein vorkomme.

Plötzlich unterbricht die Stimme der Vorsitzenden die Stille: »Herr Generalstaatsanwalt, Sie haben das Wort für Ihr Plädoyer.« Ich richte mich auf meinem Stuhl auf. Mein Vater, der neben mir sitzt, fasst nach meinen Händen und birgt sie in den seinen. Sein Herz schlägt gewiss genauso heftig wie mein eigenes. Jetzt ist nur noch das Rascheln von ein paar Blättern Papier zu vernehmen, auf denen Maître Frémiot seine Überlegungen festgehalten hat.

Er erhebt sich. »Frau Vorsitzende, meine Damen und Herren Geschworenen.« Er senkt den Kopf. Ich habe Angst. »Kommen wir zu den Fakten«, beginnt er seine Rede. »Es ist ein Abend wie jeder andere …« Er wendet sich an die Geschworenen und wiederholt noch einmal eindringlich: »Ein Abend wie jeder andere!« Dann fährt er fort: »Ein Abend voller Gewalt. Ein Abend voller Verzweiflung.« »Es beginnt wie immer«, führt er aus, »er schlägt sie, er packt sie. Sie sind in der Küche. Er versucht sie zu erwürgen …« Er dreht sich zu mir um. Tränen steigen mir in die Augen. Mein Gesicht verzerrt sich. Dann wendet er sich wieder an die Geschworenen. Er berichtet noch einmal von dem Streit, der zwischen meinem Mann und mir ausbrach und der schließlich zu meinem verhängnisvollen Stoß führte: »Sie widersetzt sich! Er hält sie fest! Er schlägt sie! Sie kann sich nicht losreißen, ihr Handlungsspielraum ist zusehends eingeschränkt …« Er hält für ein paar Sekunden inne. »Und dann ist da dieses Messer. Es ist ein Wink des Schicksals, dass sie es ertastet. Sie nimmt es in die Hand …« Er schlägt mit seiner rechten Hand flach auf den Tisch vor ihm, um den entscheidenden Bewegungen Ausdruck zu verleihen, die ich in dieser Tragödie ausgeführt habe. »Sie ergreift also dieses Messer!«, wiederholt er noch einmal, bevor er eine lange Pause macht und ins Leere blickt, als würde er die Szene selbst durchleben. Dann wendet er sich erneut den sechs Geschworenen zu. Vor allem um sie geht es ihm. Denn sie werden »nach bestem Wissen und Gewissen«, wie es heißt, über mein Schicksal entscheiden.

Und dann stellt er die Frage, die die drei hinter uns liegenden Prozesstage auf den Punkt bringt: »Ist Madame Lange nicht vielleicht in dem einen oder anderen Augenblick der Gedanke gekommen, dass ihr Leben in Gefahr ist?« Er will die Zustimmung dieser Durchschnittsbürger erreichen, auf deren Schultern der Urteilsspruch ruht. Drängend insistiert er: »Konnte sie nicht vielleicht auf diesen Gedanken kommen, da sie ja bereits mehrmals mit dem Tod bedroht wurde? Da er ja bereits mehrmals versucht hat, sie zu erwürgen? Konnte sie nicht vielleicht auf den Gedanken kommen, dass Marcelo Guillemin sie an jenem Abend umbringen würde? Aber natürlich konnte sie auf diesen Gedanken kommen!« Die Gefühle übermannen mich. Ich ringe nach Luft. Natürlich glaubte ich, dass ich sterben würde.

»Ganz unbestreitbar kam es dann zu diesem Stoß mit dem Messer …«, fährt er mit leiserer Stimme fort und führt mit seiner linken Hand, die ein unsichtbares Messer zu halten scheint, einen Stoß ins Leere aus. Ich schließe die Augen. Wie gerne würde ich diese schreckliche Szene aus meinem Gedächtnis verbannen!

Er schweigt eine Zeitlang, die mir ewig vorkommt. Mit seinem tiefgründigen Blick fixiert er die Geschworenen – einen nach dem anderen – und ruft aus: »Und da soll ich eine Verurteilung verlangen? Als Anwalt der Gesellschaft soll ich hier nun die Grundprinzipien hochhalten? Man darf nicht töten, nicht wahr?«

Ich habe Angst. Angst vor der Zukunft. Angst vor dem Gefängnis. Angst um meine Kinder. Ein Jahr, fünf Jahre, zehn Jahre … das Strafmaß ist nicht entscheidend. Ich habe bereits fünfzehn Jahre meines Lebens verloren. Zwölf Jahre habe ich an der Seite von Marcelo Guillemin ein Leben geführt, das einem Albtraum glich. Achtzehn lange Monate habe ich bereits in Untersuchungshaft gesessen, bevor ich »unter Auflagen« freikam und noch anderthalb Jahre auf diesen Prozess wartete. Ich bin am Ende. Die ganze Geschichte muss endlich zu einem Abschluss gebracht werden. Ich habe viel zu lange gelitten, ohne darüber zu sprechen. Jetzt muss man mir endlich Gehör schenken! Ich bete. Ich will nicht ins Gefängnis zurück … Ich kann nicht. Ich könnte es nicht mehr aushalten. Und meine Kinder – was würde aus ihnen, wenn man sie erneut der Mutter beraubt?

Staatsanwalt Frémiot fährt fort: »Ja, es kam zu diesem Messerstich. Aber Alexandra Lange hat nur ein einziges Mal zugestoßen! Und genauso sieht Notwehr aus!« Jetzt hebt er den Arm, führt Daumen und Zeigefinger zusammen, um den Geschworenen mit dieser Geste zu bedeuten, dass es hier um den entscheidenden Punkt geht. »Es gab nur einen einzigen Stich! Keinen zweiten, keinen dritten … nur einen einzigen Stich! Es gab keine gezielte Absicht, mit diesem Stich das Herz oder den Bauch zu treffen!« Wieder schweigt er eine Zeitlang, wieder kommt es mir endlos lang vor. Die Erinnerung an diese tragische Szene steht mir immer noch sehr klar vor Augen, sie ist noch keineswegs verblasst. Mein Hals ist wie zugeschnürt, als ginge mir gleich die Luft aus.

»Versetzen Sie sich in ihre Lage!«, wendet er sich nun beinahe flehentlich an die Geschworenen. »Ich beschwöre Sie! Sie müssen das tun! Will man richten, so gehört das dazu!« Er fixiert mich mit seinem durchdringenden Blick. Er scheint zu sagen: »Verdammt noch mal, Sie sind wegen uns hier. Wir sprechen jetzt zwar das Urteil über Sie, aber wir haben es nicht hinbekommen, Ihnen früher zu helfen!« Ich breche zusammen. Ich möchte schreien, weinen, fortlaufen, ich weiß nicht mehr weiter, ich bin verloren. Mein Vater drückt mich fest an sich, wie immer, wenn ich seine Unterstützung brauche.

Der Generalstaatsanwalt sieht mir fest in die Augen:

»Alexandra Lange war immer allein. Sie war immer allein …« Ich versuche, seinem Blick standzuhalten. Ich will ihn nicht enttäuschen. Ich will seiner würdig sein. Er kommt jetzt zum Schluss, das spüre ich. Er sagt: »Und ich, ich will sie heute nicht alleinlassen …« Es liegt beinahe so etwas wie Wut in seinen Worten – eine Wut, die zu seinem Kampf gehört. »Ich will sie nicht alleinlassen!« Er schlägt mit der Faust auf den Tisch: »Ich stehe an ihrer Seite!«

Er beugt sich über sein Pult zu mir herüber, als suchte er förmlich meine Nähe. Nur mühsam halte ich mein Schluchzen zurück. Ich sehe ihn an. Die Stille dieses Augenblicks steigt mir zu Kopf. Mir wird schwindlig. Aus den Augenwinkeln sehe ich, wie links von mir ein Mitglied der Geschworenen verstohlen eine Träne wegwischt. Dann ruft er plötzlich: »Madame Lange, Sie haben in diesem Gerichtssaal nichts verloren, und es ist die Gesellschaft selbst, die Ihnen das sagt!«

Anschließend wendet er sich zu den Geschworenen und ruft mit geballter Faust: »Sprechen Sie sie frei! Sprechen Sie sie frei!«

Ich schließe meine Augen. Mir kommt es vor, als fiele ich in einen Abgrund. Ich spüre die Hände meiner Anwältinnen auf meinen Schultern. Mein Vater presst sich fest an mich und drückt mir einen Kuss auf die Hand. Tränen laufen ihm über das Gesicht.

Welche Entscheidung werden sie treffen? Der Gedanke an das Gefängnis geistert mir hartnäckig im Kopf herum. Meine Anwältinnen umarmen mich. Sie lächeln mir zu und trocknen die Tränen auf meinen Wangen. »Es ist vorbei, glauben Sie uns …« Sie versichern mir: »Dass ein Staatsanwalt mit einer solchen Überzeugung einen Freispruch verlangt, das hat es noch nie gegeben!«

Ich lächle ihnen nun meinerseits zu, aber meine Angst bleibt.

Wie lange wird es dauern, bis das Urteil gesprochen wird? Ich weiß überhaupt nicht mehr, wo ich bin. Alles hat sich ungemein hochgeschaukelt.

Das Plädoyer von Staatsanwalt Frémiot war so sehr zu meinen Gunsten ausgefallen, dass meine Anwältinnen sich neu abstimmen mussten, um ihr eigenes Plädoyer in vernünftiger Weise daran anzuschließen. Sie mussten andere Worte und andere Argumente finden, um die Geschworenen endgültig zu überzeugen. Ich sah, wie sie sich lange miteinander besprachen, dann ein paar Sätze, die ich nicht hören konnte, mit dem Generalstaatsanwalt und der Vorsitzenden wechselten und schließlich konzentriert und mit ernsten Mienen die Arena betraten.

Anwältin Bonaggiunta erklärte die Bedeutung von »unter Einfluss stehen« in psychologischer Hinsicht und betonte die Tatsache, dass es »schwierig« für mich gewesen sei, einer solchen Dominanz zu entkommen. Noch einmal beschrieben sie meinen Leidensweg, allerdings sprachen sie jetzt zunehmend »im Namen aller misshandelten Frauen«, und Anwältin Tomasini forderte mit allem Nachdruck, dass in jedem Fall zunächst einmal Notwehr in Betracht gezogen werden müsse. Ihre Worte lauteten: »Dieser Prozess wird für alle Frauen geführt, die nicht mehr weiterwissen, da sie unablässig physischer und psychischer Gewalt ausgesetzt sind, ohne dass es jemand hört oder bemerkt.« Da sah ich, wie eine Frau im Saal sich mit einem Taschentuch über die Augen fuhr.

Und auch jetzt, wo wir nur noch auf die Verkündung des Urteils warten, beginne ich zu zittern. Ich zittere, weil ich weiß, dass nun die alles entscheidende Frage ansteht, auf welche die Geschworenen eine Antwort werden finden müssen: War es Notwehr oder nicht? Die Hölle, die ich durchlebt habe und die mich letztlich zu der nicht wiedergutzumachenden Tat getrieben hat, steht jetzt nicht im Vordergrund. Laut Gesetz ist »Notwehr« eine Reaktion, die sich »proportional zu der Bedrohung« verhält. Im Verlauf der gesamten

Anhörungen bemühte sich das Gericht also darum herauszufinden, ob ich mich in jener Nacht des 18. Juni 2009 in Todesgefahr befand und ob der verhängnisvolle Messerstich, den ich meinem Mann versetzte, eine »verhältnismäßige Reaktion« auf seine Gewalt war. Aber schwebte ich nur »an jenem Abend« in Todesgefahr, oder lebte ich nicht vielmehr in »permanenter« Todesgefahr nach zwölf Jahren Ehe mit ständigen Drohungen und Gewalttätigkeiten?

Ich habe sehr gut verstanden, dass der Generalstaatsanwalt, der eigentlich ja auf die Anwendung der gesetzlichen Strafen pochen, also den Angeklagten – in diesem Falle mich – wegen »vorsätzlicher Tötung des Ehemanns« ins Gefängnis schicken soll, klar und deutlich für mich Partei ergriffen hat, doch was werden die Geschworenen sagen? Sind auch sie davon überzeugt, dass ich mich mit diesem Messerstich nur verteidigen wollte und ich niemals eine Tötungsabsicht hegte? Werden auch sie glauben, dass ich aus Notwehr gehandelt habe und deshalb vom Mord an meinem Ehemann freigesprochen werden muss? Schließlich kommt es gar nicht so selten vor, dass eine Jury von Geschworenen einem Staatsanwalt widerspricht …

Ich habe Angst, denn während des Prozesses hatte ich mehrmals den Eindruck, dass man mir nicht glaubte. Vor allem eine Frau verunsicherte mich. Es war die Gerichtsmedizinerin, die den »Tathergang« und den tödlichen Stoß genau unter die Lupe nahm. Sie beschrieb detailliert, dass »die Klinge des Messers dreizehn Zentimeter tief in den Hals eindrang«, die Halsschlagader »vollkommen durchtrennte« und der Tod demzufolge »in wenigen Sekunden« eintrat. Dann benutzte sie ein sehr technisches Vokabular, das ich nicht verstand. Sie hob hervor, dass die Klinge genau dort am Hals in die Haut eindrang, wo das Fleisch sehr weich ist. Ihr Beharren auf diesen Details hinterließ einen seltsamen Eindruck bei mir. Es gelang mir nicht zu entscheiden, ob diese Expertin, deren Ausführungen die Geschworenen aufmerksam lauschten, dem Gericht andeuten wollte, dass ich bewusst getötet hatte, oder ob sie im Gegenteil darlegen wollte, dass das Messer zufällig an der gefährlichsten Stelle eingedrungen war – dort, wo der Mensch am verletzlichsten ist. Dann fügte sie in dem ihr eigenen komplizierten Fachjargon hinzu, dass ein Stoß mit sehr großer Kraft ausgeführt werden müsse, damit die Klinge so tief eindringen könne – gerade so, als wollte sie andeuten, dass mein Gegenüber bei einem derart heftigen Stoß keine Überlebenschance gehabt habe. Ich wollte aufspringen und noch einmal herausschreien, dass ich an jenem Abend zu keinem Zeitpunkt die Absicht hatte zu töten. Ich wollte wieder und wieder beteuern, dass der Stoß in panischer Angst erfolgte und ein Selbstverteidigungsreflex war. Ich hätte ihr gerne erwidert: »Natürlich war der Stoß heftig! Natürlich ist die Klinge dreizehn Zentimeter in seinen Hals eingedrungen! Aber was wollen Sie denn von mir hören? Ich hatte furchtbare Angst, ich war vor Schrecken außer mir!« Das wollte ich ihr am liebsten lauthals entgegenschleudern, beherrschte mich aber. Man muss sich im Gerichtssaal beherrschen können, selbst wenn das Gefühl schlimmster Ungerechtigkeit einen befällt.

Die Vorsitzende des Gerichts, die ich ebenfalls nicht sehr gut einschätzen konnte, kam anschließend auf diese verteufelte Frage der Notwehr zurück. Sie rief mich in den Zeugenstand und stellte mir ihre Fragen:

»Wo befand sich das Messer, Madame Lange?«

»Auf dem Tisch.«

»War das in der Küche, wo Sie beide sich befanden?«

»Ja …«

»Und Sie stießen in Höhe des Halses zu, war es so?«, fuhr sie mit ihren Fragen fort und zeichnete mit ihrer linken Hand den Weg des Messers nach.

»Ja …«

»Sie stießen jedoch sehr heftig zu …«

»Ich hatte Angst«, murmelte ich unter Tränen.

»Das ist klar«, unterbrach sie mich trocken, »aber Sie stießen trotzdem mit großer Kraft zu. Sie konnten sich nicht mehr beherrschen ...«

Dem vermochte ich nichts mehr hinzuzufügen. Ich verstand nicht, was sie von mir hören wollte. Hartnäckig fragte sie weiter:

»Hatten Sie Ihre Bewegungen noch unter Kontrolle? Wollten Sie eine andere Stelle als seinen Hals treffen? War es Zufall, dass sie genau diese Stelle trafen?«

»Es war Zufall ...«

»Es ist keinesfalls harmlos, ihn dort zu treffen, wie Sie wissen«, erklärte sie und legte erneut ihren Finger an ihren Hals.

»...«

»Sie hätten ihn an den Händen, an den Armen verletzen können, aber Sie haben genau dort zugestoßen ... an einer lebensgefährlichen Stelle, das muss ich noch einmal klarstellen ...«

»Ich wollte seinen Tod nicht«, stammelte ich mit tonloser Stimme.

Ich war in die Defensive geraten. Ich fühlte mich so allein ... ich hatte das schmerzliche Gefühl, dass diese Frau mir nicht glaubte, und außer ihr vielleicht auch andere nicht.

Jetzt stand der Generalstaatsanwalt auf und trat auf mich zu, um mich nun seinerseits zu befragen.

»Fühlten Sie sich an jenem Abend stärker in Gefahr als sonst, Madame Lange? Oder erklärt sich Ihre Tat durch eine Art Unfähigkeit, die seit Jahren ertragene Gewalttätigkeit weiter zu ertragen?«

Da ich nicht antwortete (mir fehlte einfach die Kraft), fuhr er fort, ohne dass mir klar war, ob mein Schweigen ihn verärgert hatte oder ob er mir helfen wollte:

»Waren Sie an jenem Abend am Ende Ihrer Kräfte? Dachten Sie an jenem Abend, dass er Sie töten würde? Das müssen wir unbedingt wissen!«

»Ich war ganz sicher, dass er mich töten wollte …«, brachte ich schließlich, von Schluchzen unterbrochen, hervor.

»Und warum genau an jenem Abend? Benahm er sich anders als jemals zuvor?«

»Ja, so schlimm wie an jenem Abend war es noch nie …«

»Was war so schlimm? Was geschah dieses Mal, was zuvor noch nie geschehen war?«

»Er war vollkommen außer sich vor Wut …«

Während ich die Worte aussprach, stand mir erneut die Szene vor Augen. Ich war kurz davor, ohnmächtig zu werden. Aber der Generalstaatsanwalt ließ nicht locker:

»In welchem Augenblick dachten Sie, dass er Sie töten würde?«

»Als er sagte: ›Ich werde dich erledigen …‹, und sich auf mich stürzte …«

Während wir auf den Stufen des Gerichtes auf die Urteilsverkündung warten, sprechen mir mein Vater, meine Anwältinnen und meine Freundinnen mit aufmunternden Worten Trost zu: »Du schaffst das.« – »Wir sind bei dir.« Alle wollen mich beruhigen. Mein Vater tritt zu mir: »Es wird alles gut, es wird alles gut …« Anwältin Bonaggiunta versichert mir: »Die Geschworenen waren gerührt. Sie sind auf unserer Seite …« Sie müssen die Verwirrung und den Schmerz in meinem Gesicht gesehen haben. Ich schwanke immer noch zwischen Zuversicht und Angst.

Wenn ich mir vor Augen halten will, was zu meinen Gunsten spricht, so muss ich mir nur die Zeugenaussagen all jener in Erinnerung rufen, die während der Ermittlung und des Prozesses beschrieben haben, welche Gewalt ich zwölf Jahre lang ertragen habe und was für ein Mensch mein Peiniger war. Während der drei Prozesstage haben alle Zeugen, die in den Zeugenstand gerufen wurden, einhellig ausgeführt, welches Martyrium ich durchlebt habe, was für ein Monster mein Ehemann war – und das nicht nur während unserer Ehe, sondern auch davor. Sie betonten, dass ich an seiner Seite zu einer »Sklavin häuslicher Gewalt« geworden sei. Manche wagten sogar zu behaupten: »Hätte sie ihn nicht getötet, so hätte sie früher oder später dran glauben müssen.« – »Niemand wird ihm eine Träne nachweinen.« – »Er hat sie so weit getrieben.« – »Das Leben ist so viel angenehmer, seit er nicht mehr da ist.« … Hinzu kamen die Berichte von mehr oder weniger engen Freunden und auch von Nachbarn wie Dominique, die in den letzten Monaten vor der Tragödie unmittelbar neben uns wohnte und den Untersuchungsrichtern gesagt hatte: »Er beleidigte sie immerzu. Er schrie sie an und ließ sie nicht zu Wort kommen. Er tobte. Und oft sagte er, dass er sie irgendwann töten würde …«

Die schrecklichsten Zeugenaussagen waren zweifellos die seiner Familie. Sein Bruder Claude berichtete, dass zum Zeitpunkt der Tragödie keines seiner fünf Geschwister und auch keiner seiner Onkel, Neffen oder Nichten mehr mit meinem Mann geredet habe. Seine Ex-Frau Sylvie schilderte, dass auch sie während ihres »vier Jahre andauernden Albtraums« geschlagen worden sei. Sie fand den Mut zu der Aussage: »Wenn ich Marcelino Guillemin nicht verlassen hätte, so wäre *ich* vermutlich diejenige gewesen, die ihn getötet hätte. Es lässt sich schwer in Worte fassen, wie böse, gewalttätig und ungerecht er war … Er war einfach teuflisch.« Zum Schluss sagte sie: »Im Gegensatz zu Alexandra bin ich ihm entkommen. Für mich ist Alexandra eine arme Frau, deren Platz draußen und nicht im Gefängnis ist.«

Ich denke auch an ihren Sohn Kévin, der heute zwanzig Jahre alt ist und einige Jahre bei uns lebte. Ein netter Junge, dem das Leben übel mitgespielt hat und der im Zeugenstand furchtbare Dinge über seinen Vater sagte: »Als er starb, ließ mich das vollkommen kalt. Er schlug uns immer und immer wieder.« Und dann sprach er jenen schlichten Satz aus, der mir sehr naheging: »Ich bin heute hier, weil ich etwas für Alexandra tun möchte.«

Auch der Bericht seines Freundes Médhi, Sohn einer Freundin, der hin und wieder bei uns übernachtete, ist mir noch sehr gegenwärtig. Dieser anständige und kräftige junge Mann erzählte, wie er den wahren Charakter meines Mannes entdeckt habe, nachdem er ihm zunächst nur außerhalb unseres Hauses begegnet war: »Marcelino Guillemin hatte mir angeboten, zu ihnen zu kommen, wenn es mir einmal nicht gutgehen sollte. Zwei Wochen vor der Tragödie war das der Fall. Ich wollte Leute um mich haben, und da ging ich zu ihnen, so wie er es mir vorgeschlagen hatte. Es fiel mir schnell auf, dass er hier zu Hause ganz anders war als draußen. Er war gewalttätig gegenüber seiner Frau und auch seinen Kindern. Ohne jeden Grund schlug er sie, trat sie und warf nach ihnen, was ihm gerade in die Finger kam. Immer wieder drohte er damit, sie umzubringen. Die ganze Zeit über war er extrem grob zu ihnen. An der Tagesordnung waren Sprüche wie: ›Ich werde dir alle Knochen brechen.‹ Oder: ›Ich sähe euch lieber tot als lebendig.‹ Er beleidigte und bedrohte Alexandra mit Schimpfworten wie ›dreckige Hure, ich werde dich erledigen‹ und so weiter. Solche Begriffe verwendete er auch vor seinen Kindern, die gerade einmal sieben, neun und zehn Jahre alt waren …«

Schließlich war da noch der für mich unerwartete Beistand von Sabrina, die wie Kévin aus der ersten Ehe Marcelinos mit Sylvie stammte. Sabrina hatte vor Jahren die Beziehung zu ihrem Vater vollständig abgebrochen: Ihre Mutter, die bis zum Schluss Angst vor ihm hatte, hatte ihr untersagt, ihn zu sehen. Aber im Jahr 2007, zwei Jahre vor der Tragödie, war Sabrina wieder aufgetaucht. Sie war mit siebzehn Jahren schwanger geworden und hatte beschlossen, die Nähe ihres Vaters zu suchen. Beide waren glücklich, sich wiederzusehen, und hatten rasch begonnen, regelmäßig miteinander zu telefonieren. Da ich Sabrina kennengelernt hatte, als sie ganz klein war (der Zufall hatte es gewollt, dass ich in den ersten Monaten unseres gemeinsamen Lebens Sylvie und ihren Kindern begegnet war), betrachtete ich Sabrina ein wenig wie meine eigene Tochter und muss gestehen, dass ich glücklich darüber war, sie wiedergefunden zu haben. Sie besuchte uns nun anlässlich der Kindergeburtstage, vor allem derjenigen unserer beiden älteren Kinder, die sie noch kennengelernt hatte, als sie klein war. Sie brachte ihre Tochter mit zu uns, ein süßes Kind, das ich anbetete und das mich seinerseits liebevoll »Mamie« nannte und offenbar ebenfalls sehr mochte.

Ich glaube, dass Sabrina es im Laufe dieser zwei Jahre aufrichtig schätzte, ihren Vater wiedergefunden zu haben. Die Begegnungen mit ihm bedeuteten ihr viel, denn sie hatte kaum Erinnerungen an ihn, wie sie sagte. Und ich muss zugeben, dass ich meinen Ehemann selten so freundlich und sanft im Umgang mit jemandem gesehen habe wie mit ihr, sei es bei ihren Besuchen oder den Telefonaten. Ich erinnere mich auch daran, dass er ihr kurze Nachrichten schickte, die stets liebevoll mit »Papa« unterzeichnet waren und in denen er ihr schrieb, dass er sie liebe. Daran erinnere ich mich deshalb so gut, weil eine solche Ausdrucksweise so selten bei ihm vorkam, dass man sie nicht so leicht vergisst …

Es ist also nicht erstaunlich, dass Sabrina, als sie – wie alle Personen aus unserem näheren Umfeld – nach der Tragödie von den Untersuchungsbeamten befragt wurde, zu den wenigen zählte, die meinen Mann verteidigten. Durch Einsicht in die Untersuchungsakte erfuhr ich zum Beispiel, dass sie unsere Beziehung als »normal« und »unauffällig« beschrieben hatte. »Wenn ich zu ihnen kam, spielten sie meist etwas gemeinsam«, hatte sie genauer ausgeführt. »Sie neckten sich und scherzten. Ich habe sie niemals streiten gesehen.« Außerdem sagte sie: »Ich habe niemals gewalttätige Szenen erlebt, und niemand hat sich bei mir beklagt. Ich habe viel Zeit mit ihren beiden älteren Kindern verbracht, und auch diese haben mir nie irgendetwas gesagt.«

Ihre Zeugenaussage hatte mich zunächst vor den Kopf gestoßen, denn bei einem ihrer Besuche hatte ich Gelegenheit, ihr die Spuren seiner Gewalttätigkeit mir gegenüber zu zeigen. Warum hatte sie diese Begebenheit unerwähnt gelassen? Meine Sorge war aber vor allem: Warum sollte man mir Glauben schenken, und nicht ihr?

Abgesehen von der verständlichen Tatsache, dass ein junges Mädchen seinen gerade wiedergefundenen Vater verteidigen möchte, glaube ich mit dem Abstand von heute, dass sie nicht begriff, welches Ausmaß meine Qualen hatten. Denn während des Prozesses erlitt sie einen regelrechten Zusammenbruch. Nachdem sie über Stunden hinweg den Aussagen aller anderen Zeugen gelauscht hatte, begann sie zu weinen und warf sich in die Arme ihrer Mutter. Als ein Journalist sie vor den Toren des Gerichts fragte, was sie nun zukünftig von ihrem Vater denke, schleuderte sie ihm aufgebracht und zugleich mit tränenerstickter Stimme entgegen: »Ich bin wütend auf ihn, und es geschieht ihm recht, dass er tot ist! Ich bin wütend auf ihn! Bis jetzt war ich wütend auf Alexandra, weil ich meinen Vater gerade erst wiedergefunden hatte und sie ihn tötete! Aber jetzt denke ich, dass es gut so ist, wie es ist … Ja, ich bin nun der Meinung, dass es ihm recht geschah! Weil er so viel Leid verursacht hat …«

Jetzt, wo der Urteilsspruch naht und ich mich beruhigen und mir einreden möchte, dass die Geschworenen mir wohlgesonnen sind, dass sie mich nicht schuldig sprechen und ins Gefängnis schicken werden, kommen mir noch einmal die Sätze des Anwalts unserer Kinder in den Sinn. Die Richter waren der Ansicht, es sei besser, ihnen die Anwesenheit bei diesem Prozess zu ersparen, und so werden sie nun von einem Anwalt vertreten. Er sprach in ihrem Namen und trug die Aussage jedes Kindes einzeln vor. Er begann folgendermaßen: »Es sind wunderbare Kinder, Madame Lange, bravo …«, dann hielt er Photos hoch, auf denen ihre Gesichter zu sehen waren, und mir kamen wieder einmal die Tränen. Meine Lieblinge, meine armen Lieblinge …

Der Anwalt fand schmeichelhafte Worte für Josué, Saraï und Siméon, die drei Kleineren, bevor er mit seinem Finger auf ein Bild von Séphora wies und ausführte: »Sie ist die Große, sie ist dreizehn Jahre alt. In diesem Alter kann man sich an Ereignisse erinnern, man ist in der Lage zu erzählen. Aber als ich sie bat, mir von schönen Erlebnissen mit ihrem Vater zu erzählen, vermochte sie mir nicht zu antworten. Ich ließ nicht locker und zwang sie, noch einmal gründlich nachzudenken.« Jetzt hob der Anwalt plötzlich seine Hand zum Himmel und fuhr fort: »Schließlich antwortete sie mir: ›Ja, irgendwann einmal hat er mir ein Lächeln geschenkt …‹ So sah die Zuwendung aus, die dieser Herr seiner zehnjährigen Tochter zuteilwerden ließ: irgendwann, einmal, ein Lächeln …«

Jetzt flossen meine Tränen, wie sie noch nie während dieser drei Tage geflossen waren, denn einmal mehr wurde mir bewusst, in welcher Hölle ich meine Kinder während all dieser Jahre hatte leben lassen.

Der Anwalt richtete sich nun an die Geschworenen: »Diese unglaubliche Antwort hat mir Séphora gegeben! Und dann stellte ich die Gegenfrage: ›Und wie sah die übrige Zeit aus?‹ Nun, ihre Antwort ähnelte dem, was Sie seit Anfang des Prozesses schon zur Genüge gehört haben.« Er griff nach einem Blatt Papier und begann vorzulesen. »Ich zitiere Séphoras Worte: ›Er sagte, dass nie etwas aus mir werden würde, dass ich eine *Nutte* sei und dass ich doch auf der Straße arbeiten könne. Er wollte, dass ich nach der 5. Klasse mit der Schule aufhöre, um zu lernen, wie man einen Haushalt führt, näht und kocht.‹ Und dann sagte sie: ›Er fehlt mir nicht. Ich bin jetzt glücklich mit meinem Leben.‹«

Der Anwalt wandte sich jetzt mir zu und kam zum Schluss: »Seit Sie im Gefängnis sind, leben diese Kinder in einem Heim. Aber heute sind es glückliche, ruhige, intelligente Kinder, die fest zusammenhalten und nur einen Wunsch haben: Sie wünschen sich, dass die Justiz ihnen, egal auf welche Weise, ihre Mutter wiedergibt.«

Dieses Warten auf die Urteilsverkündung ist eine Qual. Zum Glück sind meine Anwältinnen bei mir! Sie unterstützen mich und versuchen, mir ein Lächeln abzuringen, damit ich meine Angst im Zaum zu halten vermag. Dennoch stelle ich mir immer wieder das Schlimmste vor, meine Gedanken lassen sich nicht aufhalten, und ich wälze immer wieder aufs Neue all die anderen Aussagen hin und her, die ich so schlecht ertragen konnte, weil ich das Gefühl hatte, man würde mich nicht verstehen. Es schien mir, als könne die Justiz meine Tat nicht verzeihen, und manchmal hatte ich sogar den Eindruck, als bestünden hier und da Zweifel an meiner Aufrichtigkeit. Mir geht nicht aus dem Kopf, dass manche ausgesagt hatten, dass sie »nichts wussten«, dass sie »niemals Gewalttätigkeiten« mir gegenüber gesehen hatten, dass sie sich nicht »an Spuren von Schlägen« auf meinen Armen oder Beinen erinnern konnten und dies ebenso wenig bei den Kindern. Ich habe diesen Zeugen aufmerksam zugehört und werde keinen Groll gegen sie hegen, aber ich weiß, dass sie gelogen haben. Natürlich wussten die meisten Bescheid! Warum haben sie es nicht gewagt, dies im Zeugenstand auch zuzugeben? Ich werde auch denjenigen verzeihen, die nicht die Kraft hatten, gegen meinen gewalttätigen Mann auszusagen, als er noch lebte – was hätte ich wohl an ihrer Stelle getan? –, die mir aber dann vor Gericht zur Seite standen. Nicht verzeihen kann ich denjenigen, die Bescheid wussten und mich dennoch vor Gericht fallen ließen. Zu diesem Zeitpunkt war ihre Haltung schließlich nicht mehr eine Frage des Mutes, sondern der Ehre.

Jetzt ist es so weit.

Die Vorsitzende des Gerichts, Madame Schneider, hat mich mit ernster Miene gebeten, mich zu erheben. Ich muss mich zwingen, die Augen nicht zu schließen. Am liebsten würde ich mich ganz in mich versenken, um den Urteilsspruch nur für mich zu vernehmen – mit meinem Gewissen als einzigem Begleiter.

Man tötet nicht, ohne dass eine solche Tat auf dem Gewissen lastet, ohne dass man Reue verspürt. Auch ich bereue meine Tat. Natürlich bereue ich sie. Und dennoch erscheint mir jede Verurteilung ungerecht. Ich habe die Schrecken des Polizeigewahrsams erlebt, ich habe bereits achtzehn Monate hinter Gittern verbracht, ich habe das Sorgerecht für meine Kinder verloren, sie haben ihre Mama verloren … Auch wenn ich jetzt vielleicht Empörung bei manchem wecke, wage ich die Behauptung, dass dies alles bereits eine harte Strafe war. Wenn ich eine Schuld zu begleichen hatte, so habe ich das bereits getan, so scheint es mir. Deshalb könnte ich es nicht ertragen, wieder ins Gefängnis zurückkehren zu müssen.

Ich bin erschöpft. Seit drei Tagen habe ich versucht, die Tragweite des hier Verhandelten zu ermessen. Ich wollte verstehen, was die einen sagten, was die anderen dachten, ich wollte die Verkettung der Umstände begreifen, die über all die Jahre hinweg unsere Auseinandersetzungen und die Gewalt so eskalieren ließen, und natürlich wollte ich auch verstehen, wie und warum ich am Ende diese furchtbare Tat verübt habe. All diese Gedanken schwirren mir im Kopf herum. Seit Prozesseröffnung habe ich mir lediglich ein paar Minuten Pause gegönnt, wenn die Vorsitzende eine Unterbrechung anberaumte und wir hinausgehen konnten, um etwas frische Luft zu schnappen, oder wenn ich abends allein in der kleinen Wohnung war, in der ich lebe, seit ich unter Auflagen wieder frei bin. Manchmal schaffte ich es sogar, an etwas anderes zu denken als an die Beleidigungen, die Schläge und das Blut, bevor mich der Schlaf übermannte. Aber jetzt kann ich nicht mehr. Ich fühle mich vollkommen leer. Das Ganze muss jetzt zu einem Ende kommen: Gefängnis oder Hoffnung.

Ich hole tief Luft. Ich bin bereit. Die Vorsitzende beginnt: »Die Antworten der Geschworenen liegen nun vor, und wir kommen zur Urteilsverkündung.« Schon diese Formulierung klingt für mich bedrohlich, aber sie fährt bereits fort. »Auf die Frage, ob ein Totschlag vorliegt, hat eine Mehrheit von sechs Stimmen mit ›ja‹ geantwortet.« Was bedeutet das wohl? Werde ich verurteilt? Mir wird übel, aber Madame Schneider kommt bereits zum nächsten Punkt: »Auf die Frage, ob die Tat in Notwehr begangen wurde, hat eine Mehrheit von sechs Stimmen mit ›ja‹ geantwortet.« Mein Blick geht ins Leere. Meine Augen meiden den direkten Kontakt zur Richterin. Zu groß ist die Spannung, zu gewaltig sind die Emotionen. Ich glaube zu ersticken. Ich bin verloren. Sie fährt fort: »Das bedeutet …« Sie hält inne und wendet sich mit ruhigem Ton direkt an mich: »Madame Lange, würden Sie mich bitte ansehen …« Ich hebe den Kopf. »Das bedeutet, dass Sie wegen Schuldunfähigkeit zur Tatzeit vom Vorwurf des Totschlags freigesprochen werden.« (Mein Vater hingegen wird zu einer sechsmonatigen Haftstrafe auf Bewährung verurteilt werden).

Die lastende Stille im Gerichtssaal weicht mit einem Schlag einer allgemeinen Unruhe: Stühle werden gerückt, Absätze klacken, Papierberge werden geordnet, Kleidungsstücke zusammengerafft, überall wird gemurmelt, hier und da fließen auch Tränen. Die Vorsitzende richtet sich auf, schließt bereits die Akten, die sie seit Beginn des Prozesses kaum aus den Augen gelassen hat, und erhebt sich. Ich begreife noch nichts. Alles geht zu schnell. Und dennoch kommt es mir vor, als zögen diese wenigen Sekunden wie in Zeitlupe an mir vorüber. Mein Vater fällt mir um den Hals und drückt mich fest an sich. Er weint. Es sind Freudentränen, die ich auf seinen Wangen sehe. Bin ich freigesprochen? Sieht man in mir das Opfer? Ist tatsächlich alles vorüber? Ich weiß nichts mehr, ich kann es nicht glauben. Meine beiden Anwältinnen kommen um ihr Pult herum und umarmen mich nun ihrerseits. Tränen der Rührung stehen ihnen in den Augen.

Und plötzlich tönt es aus dem Publikum: »Bravo! Bravo!« Dann

Alexandra Lange
mit Laurent Briot

Freigesprochen

Eine misshandelte Frau tötet, um zu leben

Mit einem Nachwort von
Janine Bonaggiunta und Nathalie Tomasini

Aus dem Französischen von Monika Buchgeister

BASTEI
LÜBBE
TASCHENBUCH

BASTEI LÜBBE TASCHENBUCH
Band 60770

1. Auflage: Februar 2014

Dieser Titel ist auch als E-Book erschienen

Vollständige Taschenbuchausgabe

Deutsche Erstausgabe

Für die Originalausgabe:
Copyright © 2012 by Alexandra Lange
Titel der Originalausgabe: »Acquittée. Je l'ai tué pour ne pas mourir«
Originalverlag: Michel Lafon Publishing, Paris

Für die deutschsprachige Ausgabe:
Copyright © 2014 by Bastei Lübbe AG, Köln
Textredaktion: Dr. Matthias Auer, Bodmann-Ludwigshafen
Titelillustration: © iStockphoto/Tom-N
Umschlaggestaltung: Götz Rohloff – Die Buchmacher, Köln
Satz: hanseatenSatz-bremen, Bremen
Gesetzt aus der Adobe Garamond Pro
Druck und Verarbeitung: CPI books Ebner & Spiegel
Printed in Germany
ISBN 978-3-404-60770-9

Sie finden uns im Internet unter
www.luebbe.de
Bitte beachten Sie auch: www.lesejury.de

ist ein weiterer Ausruf zu hören: »Danke!« Jetzt schwillt der Beifall weiter an: »Bravo! Danke!« schallt es mir entgegen. Dazu wird geklatscht. Ich kann kaum glauben, was ich sehe und höre. Vielen meiner Freunde und Verwandten kommen jetzt die Tränen. Aber es spenden mir auch Leute Beifall, die ich gar nicht kenne und die mich während der drei Tage beobachtet haben – vielleicht ganz einfach Liebhaber von Klatsch und Tratsch. Auch von ihnen sind manche sehr gerührt. Mein Blick fällt auf meinen Bruder, dann auf Sylvie, die Ex-Frau des Mannes, den ich getötet habe, die zu einer Freundin geworden ist, dann auf ihre Kinder … Alle sind aufgestanden. Manche trocknen ihre Tränen, andere halten ihre gefalteten Hände vor das Gesicht, als würden sie beten!

Ich frage meine Anwältinnen: »Muss ich nicht zurück ins Gefängnis? Bin ich wirklich freigesprochen?« »Ja, ja, jetzt ist alles vorüber …«, antworten sie mir mit einem strahlenden Lächeln.

Nun brechen alle Dämme in mir. Meine Gefühle überwältigen mich, von allen Seiten werde ich freudig bedrängt und umarmt. Im Getümmel werde ich zum Ausgang des Gerichts geschoben. Sylvie fällt mir um den Hals. Dann ihr Sohn Kévin, der so viele Demütigungen und Misshandlungen durch seinen Vater ertragen musste. Es war letztlich auch ihr Prozess. Der Sieg gehört uns irgendwie allen.

Fernsehteams belagern uns und filmen, wie wir uns unter Tränen umarmen. Ich wende mich um zu Christophe, einem Journalisten der Sendung *Von Sieben bis Acht* auf dem Fernsehkanal TF1, der mich seit Beginn des Prozesses begleitet und eine Ausnahmegenehmigung zum Filmen der Sitzungen erhalten hat. Ich lächle ihm zu, denn ich weiß, dass dank ihm Millionen von Franzosen Notiz von meiner Geschichte nehmen werden. Ich habe mich darauf eingelassen, weil ich mir sagte, dass meine Geschichte ganz allgemein für die Geschichte aller misshandelten Frauen steht. Sie kann als Beispiel dienen, oder zumindest als Zeugnis. Man muss so viel wie möglich an die Öffentlichkeit bringen.

Ich wollte, dass der Leidensweg von Frauen wie mir bekannt wird. Ich wollte das Schweigen derer anprangern, die Bescheid wissen und dennoch nichts sagen. Ich habe gehofft, dass meine Geschichte all jenen die Augen öffnet, die sich – ohne genauere Umstände zu kennen – immer wieder fragen, warum eine »misshandelte Frau nicht einfach fortgeht«.

1

Verstehen und erklären

Juni 2012. Der Prozess liegt nun schon einige Wochen zurück. Von Tag zu Tag tauchen neue Fragen in meinem Kopf auf, die für einen Durchschnittsbürger sehr belastend sein mögen, mir aber im Vergleich zu all den qualvollen Jahren nicht meine prinzipielle Zuversicht nehmen können. Wie wird meine Zukunft aussehen? Welchen Beruf werde ich ausüben können? Wann werde ich wieder mit meinen Kindern zusammenleben dürfen? Wie wird unsere neue Wohnung aussehen? Wie wird mein Leben, mein neues Leben überhaupt aussehen?

Natürlich denke ich vor allem an meine Kinder. Seit meiner Verhaftung befinden sie sich »in Obhut« des Jugendamtes der Stadt Douai. Ich darf sie alle zwei Wochen am Wochenende sehen. Dann besuchen sie mich in einem Wohnheim für soziale Wiedereingliederung, wo man mir nach meiner Entlassung aus dem Gefängnis eine kleine Wohnung zur Verfügung gestellt hat. Während ich diese Zeilen schreibe, klopft mein Herz schon freudig, denn ich weiß, dass ich sie morgen wieder sehen werde, dass wir uns fest umarmen, zusammen zu Abend essen und zusammen lachen werden. Am Samstag werden wir dann gemeinsam ins Schwimmbad gehen, die Eintrittskarten habe ich bereits besorgt …

Ich habe sehr viel nachzuholen mit ihnen. Uns ist so viel Zeit, so viel glückliches Beisammensein entgangen. Beinahe achtzehn Monate lang waren wir während meiner Haft voneinander getrennt, und davor haben wir all die Jahre, die von häuslicher Gewalt geprägt waren, ein Schattendasein geführt. Ich habe sie immer von ganzem Herzen geliebt, sie sind mein ganzer Stolz, und während meines langen Leidensweges waren sie mir stets ein fester Halt. Ich habe alles getan, damit sie möglichst glücklich sind (oder sollte ich eher sagen, »möglichst wenig unglücklich« sind?), aber wir konnten zuvor nicht einmal gemeinsam ins Schwimmbad gehen. Ihr Vater unternahm niemals etwas mit ihnen, nicht einmal ein Picknick mit der Familie oder einen Ausflug mit dem Kindergarten. Unweigerlich befällt mich immer wieder der Gedanke, dass auch sie wegen mir und meines Schweigens einen langen Albtraum durchleben mussten.

Ganz allmählich bringen wir wieder Ordnung in unser Leben. Und ich bin voller Zuversicht und Hoffnung. Denn eine Gewissheit habe ich jetzt endlich: Ich brauche nicht mehr zu befürchten, dass ich meine Kinder nicht aufwachsen sehen werde. Und jetzt will ich Pläne für sie schmieden. Ich will sie zurückgewinnen. Ich will eine Wohnung finden. Ich will neue Kochrezepte ausprobieren, um sie damit zu erfreuen. Irgendwann werden wir wieder alle zusammen unter einem Dach wohnen. Das weiß ich. Der zuständige Jugendrichter, die Sozialdienste, die mich begleiten und mir bei der Resozialisierung behilflich sind, und sogar meine Anwältinnen, die mir auch jetzt noch mit Rat und Tat zur Seite stehen – sie alle ermutigen mich, mein Ziel hartnäckig zu verfolgen. Und ich werde es erreichen. Ich werde wieder aufstehen und erhobenen Hauptes durchs Leben gehen. An erster Stelle für meine Kinder und für mich selbst, aber auch für alle misshandelten Frauen, die dieses Buch vielleicht einmal lesen.

Meine Anwältinnen hatten von Anfang an immer wieder betont: »Dieser Prozess muss von den Medien aufgegriffen werden, denn er hat exemplarischen Wert.« Jetzt, wo alles hinter mir liegt, begreife ich, dass sie recht hatten. Staatsanwalt Luc Frémiot, von dem mein Vater sagte, dass er ihn »am liebsten klonen würde, um mehr

Männer wie ihn hier auf Erden zu haben«, die Vorsitzende Richterin Madame Catherine Schneider, die mit einer Ausnahmegenehmigung Kamerateams im Gerichtssaal zuließ, meine Anwältinnen, die meine Kinder jetzt »gute Feen« nennen – wir alle haben einen großen Sieg errungen. Und dieser Sieg ist ein Sieg aller misshandelten Frauen.

Von den meisten Journalisten, die über meinen Prozess berichteten, hörte oder las man Sentenzen wie: »Ein sehr ungewöhnlicher Prozess!« – »Die Justiz hat ein außergewöhnliches Urteil gefällt.« – »Man könnte sagen, dass es sich hier um eine bahnbrechende juristische Entscheidung handelt.« Ich habe fast alles, was über meinen Fall verbreitet wurde, gelesen oder gehört. Es liegt mir fern, mich dessen in irgendeiner Form zu rühmen, aber es wäre auch falsche Bescheidenheit, wenn ich nicht zugäbe, dass mich derlei Aussagen nicht ungerührt lassen. Mein Hals war oft wie zugeschnürt, wenn ich die Kommentare mancher Journalisten hörte oder las. Wenn man es nicht gewohnt ist, verstanden zu werden, ist bereits die geringste Aufmerksamkeit, die einem geschenkt wird, ein gewaltiger emotionaler Schock. Mein ganzer Stolz ist es deshalb, den Kampf, den mein Prozess für mich bedeutete – gemeinsam mit all jenen, die mir beistanden –, tatsächlich geführt zu haben. Natürlich in erster Linie für mich selbst, aber auch für die anderen.

Als mich ein Journalist nach dem Ende des Prozesses fragte, ob ich jetzt »die Rolle der Fürsprecherin aller misshandelten Frauen« übernähme, antwortete ich ihm: »Das ist nicht leicht, denn damit akzeptiert man einen Status, den man eigentlich nicht haben will: Man gilt als Opfer. Allerdings ist natürlich auch klar, dass ab jetzt Verantwortung auf meinen Schultern lastet ... aber vielleicht mehr, als ich zu tragen imstande bin!« Mittlerweile sind ein paar Monate vergangen, und ich hatte Zeit, um über all das nachzudenken. Ich weiß nicht, ob ich besonders gut für die Rolle einer »Fürsprecherin« geeignet bin, aber es ist mir doch sehr daran gelegen, dass meine

Geschichte irgendeinen Nutzen hat. Und wenn mein Zeugnis auch nur ein einziges Opfer vor häuslicher Gewalt retten kann, dann weiß ich, dass mein Kampf nicht vergeblich war.

Ich gebe mich keinen Illusionen hin. Ich weiß, dass der Kampf gegen häusliche Gewalt noch lang, ja sehr lang sein wird, und es ist alles andere als sicher, dass er eines Tages gewonnen werden kann. Ich erinnere mich daran, dass ein paar Wochen nach meinem Freispruch ein ähnlicher Prozess an einem anderen Ort in Frankreich stattfand. Es ging um eine Geschichte, die der meinen in allen Aspekten sehr stark zu ähneln schien. Auch dort war eine Frau misshandelt worden, die schließlich am Ende ihrer Kräfte ihren Ehemann mit einer Schusswaffe niederstreckte. Sie wurde zu fünf Jahren Gefängnis verurteilt …

Mit meinem Entschluss, dieses Buch zu schreiben, möchte ich meinen Beitrag leisten im Kampf gegen häusliche Gewalt. Ich bin eine einfache Frau aus dem Norden Frankreichs. Aus Douai. Das liegt zwischen Lens und Valenciennes. Ich bin dreißig Jahre alt. Keinesfalls möchte ich irgendjemandem eine Lektion erteilen.

Mein Leben hätte ein ganz normales Leben sein können: Meine Eltern waren geschieden, aber meine Kindheit verlief glücklich. Mein Vater war Autoschlosser bei Renault, meine Mutter Hausfrau. Ich habe einen älteren Bruder und eine ältere Schwester, mit denen ich gern herumtobte, als wir klein waren. Meine Schulzeit habe ich in angenehmer Erinnerung …

Dann habe ich eines Tages einen gewalttätigen Mann kennengelernt.

Es wird manchem unbegreiflich sein, aber ich erinnere mich heute an keine wirklich glücklichen Augenblicke mit ihm – auf jeden Fall fällt mir spontan nichts ein. Trotzdem haben wir zwölf Jahre Seite an Seite gelebt, haben wir uns mit Sicherheit geliebt, zumindest in den ersten Jahren. Natürlich gab es anfangs Abende, die wir gemeinsam vor dem Fernseher verbrachten, Abende, an denen wir einen Film auf DVD angesehen haben. Es wurde vermutlich auch hin und wieder gelacht, wie es bei Neckereien zwischen frisch Verliebten oder bei Unterhaltungen mit Freunden der Fall ist ... Und später? Diese Augenblicke ohne Gewalt hat es sicherlich gegeben, aber ist es normal, dass eine Frau, die mehr als ein Jahrzehnt mit dem Vater ihrer Kinder zusammengelebt hat, nicht in der Lage ist, auch nur eine einzige schöne Begebenheit zu nennen, ohne eine gewaltige Erinnerungsleistung zu vollbringen?

Im Wohnheim, in dem ich nach meiner Haftentlassung zum Zweck der Resozialisierung untergebracht worden war, hatte ich mich mit einer jungen Frau angefreundet, die mir einmal in Form eines sehr treffenden Bildes eine Erklärung auf diese Frage geliefert hat. Und sie wusste wirklich, worüber sie sprach! Sie war bis zu ihrer Volljährigkeit von ihrem Vater misshandelt worden, zudem war sie Opfer einer Vergewaltigung geworden, bevor sie in unserem Wohnheim unterkam, um wieder in der Gesellschaft Fuß zu fassen. Diese junge Frau erklärte mir nun, dass sie und ich so viele furchtbare Momente erlebt hätten, dass wir unbewusst die gesamte Vergangenheit verdrängen würden – auch die schönen Erinnerungen. Und wenn es dann darum geht, wie das frühere Leben aussah, fällt einem trotz aller Anstrengungen nichts ein. Meine Freundin hat das folgendermaßen beschrieben: »Man hat so viel weiße Korrekturfarbe darübergepinselt, dass man Schicht um Schicht abtragen muss, um Spuren der Vergangenheit aufzudecken, und noch mehr muss man abtragen, um Spuren des Glücks wiederzufinden.«

Meine Verwandten versichern mir heute, dass ich eine Frau bin, die gerne lacht und ihrem Schicksal mit viel Ironie begegnet, die fröhlich ist und manchmal sogar ein echter »Spaßvogel« sein kann. Aber wenn ich heute lustig bin, wird mir erst klar, wie wenig ich das in meinem Erwachsenenleben bisher gewesen bin. Und dennoch habe ich es früher offenbar nicht so empfunden. Denn genau so sieht ein Leben mit häuslicher Gewalt aus: Indem man sich dem Willen des Mannes unterordnet, wiegt man sich lange in der Illusion, ein »beinahe normales« Leben zu führen.

Mit etwas Galgenhumor könnte ich sagen, dass sich die einzigen Erinnerungen, die ich nicht vertreiben kann, an meinem Körper selbst befinden. Auf meinen Schienbeinen zum Beispiel. Dort halten sich hartnäckig blaue Flecken und rötliche Male, die von Fußtritten herrühren, die mein Mann mir gab, als er Sicherheitsschuhe trug. Ein genaues Datum vermag ich dazu nicht mehr anzugeben – es geschah so oft –, aber ich erinnere mich daran, dass die dadurch verursachten Schmerzen so heftig waren, dass ich tagelang nur hinken konnte. Vier Jahre ist das jetzt mindestens her, und noch immer bin ich von diesen Tritten gezeichnet.

Ich will mich nicht selbst bemitleiden wegen meines Schicksals. Ich weiß, dass es sehr viel schlimmere Lebenswege gibt. Ich lebe schließlich noch. Genauso gut hätte es sein können, dass ich mich nicht aus diesem Martyrium befreien kann. Genauso gut könnte ich immer noch wehrlos und schweigend unter dem Einfluss meines Mannes stehen. Und es gibt so viel Grausamkeit in unserer Gesellschaft. Als ich noch in meinem Albtraum gefangen war, las ich hin und wieder die Zeitschrift *Der neue Detektiv*, in der ausschließlich aktuelle Gräueltaten und Verbrechen geschildert werden. Ob ich unbewusst Trost suchte, indem ich mir noch weitaus schmerzlichere Geschichten als meine eigene zu Gemüte führte? Möglich ist es. Auf jeden Fall bedrückte es mich immer sehr, vom Leid anderer zu lesen, ganz besonders, wenn es um Kinder ging. Aber niemals – und das zeigt, wie sehr ich mein eigenes Leid vor mir selbst »geleugnet« habe –, niemals habe ich auch nur für eine Sekunde daran gedacht, dass auch ich in dieser Zeitschrift auftauchen könnte.

Heute kann ich dieses Journal nicht mehr lesen. Ich habe weder das Bedürfnis danach noch den Mut dazu. Diese Mordgeschichten wegen dummer Eifersuchtsdramen, die Artikel über übel zugerichtete und gequälte unschuldige Kinder, misshandelte und vergewaltigte Frauen ... das alles ist mir unerträglich geworden. Ich gehöre jetzt zur Welt der »normalen« Leute, die nicht mehr alles zulassen und tolerieren können.

Meine Geschichte enthält mit Sicherheit Passagen, bei denen sich mancher Leser denken mag: Wie konnte sie das nur alles mit sich geschehen lassen? Warum hat sie sich nicht gewehrt? Kann man tatsächlich so dumm und schwach sein? Nur damit das klar ist: Ich stelle mir heute genau die gleichen Fragen. Aber heute ist eben nicht gestern.

Wenn ich in diesen Tagen mit dem Antlitz desjenigen konfrontiert bin, der mich jahrelang misshandelt hat – und sei es auch nur als flüchtiges Erinnerungsbild –, so wird mir übel. Immer noch packt mich die Angst. Nehmen die Umrisse seiner Gesichtszüge in meinen Erinnerungen schärfere Konturen an, so steht mir erneut sein finsterer und drohender Blick vor Augen, der in mir die allerschlimmsten Momente wachruft. Ich möchte gegen dieses Bild angehen, aber bis heute gelingt mir dies nicht. Und das bekümmert mich. Sein »wahres« Gesicht ist mir in den letzten Monaten ein einziges Mal begegnet. In der bereits erwähnten Reportage für die Sendung *Von Sieben bis Acht* wurde ein Portrait über ihn gesendet. Dabei kreuzten sich für den Bruchteil einer Sekunde unsere Blicke. Und in seinen Augen lagen für mich nichts als Bosheit, Wut, Gewaltbereitschaft, all die Abscheulichkeiten, derer er fähig war. Ich konnte nicht anders, als meinen Blick abwenden.

Vor Kurzem habe ich anlässlich meines bevorstehenden Umzugs unsere Familienphotos sortiert, um sie in Kartons zu packen.

Jeder andere hätte, und sei es nur aus Zufall, einen Blick auf diese Bilder geworfen, die ein ganzes Familienleben dokumentieren, aber ich hatte nicht die Kraft dazu. Ich werde sie vermutlich eines Tages wirklich durchsehen, und dann bin ich hoffentlich in der Lage, ein paar Bilder des Mannes zu behalten, mit dem ich so lange zusammenlebte. Ich möchte gern die Kraft dazu finden, denn die Kinder sollen eines Tages ein Bild ihres Vaters haben können, wenn sie diesen Wunsch verspüren.

Auch etwas anderes fällt mir sehr schwer: Ich kann den Namen meines Exmannes nicht mehr aussprechen. Ihn niederzuschreiben geht gerade noch, aber auch das ist schwierig für mich. Doch der Vollständigkeit halber tue ich das hier noch einmal: Sein korrekter Name lautet Marcelo Guillemin. Genannt wurde er jedoch von allen nur Marcelino. Das war eine Frage der Gewohnheit. Seine Eltern hatten es so gewollt (er war das jüngste Kind in der Familie), und niemand kam auf den Gedanken, ihn anders zu rufen.

Wie alle anderen benutzte auch ich meistens diesen Spitznamen, wenn ich mit ihm oder über ihn redete. Einmal wurde ich gefragt, ob ich ihn im Lauf unseres gemeinsamen Lebens jemals »Liebling« genannt hätte. Das ist sicher vorgekommen, ja, aber es muss ganz zu Anfang unserer Beziehung gewesen sein, vielleicht sogar ausschließlich während der ersten Monate. Bei den Vorüberlegungen zu diesem Buch habe ich lange nach einer befriedigenden Lösung für das Problem seiner Benennung gesucht, ohne wirklich fündig geworden zu sein. Deshalb habe ich beschlossen, dies in meiner Erzählung abhängig zu machen von meiner jeweiligen Stimmungslage, von den unterschiedlichen Begebenheiten und den Gefühlen, die diese bei mir auslösten. Es kommen also folgende Bezeichnungen vor: In den weniger schmerzlichen Passagen kann ich von »Marcelino«, »meinem Mann« oder »meinem Exmann« sprechen; aber es gibt auch Stellen, an denen ich dazu nicht in der Lage bin und es bei einem einfachen »er« oder »dieser Herr« belassen muss.

Wie nannte er eigentlich mich? Hat er mich ein einziges Mal »Liebling« genannt? Ich glaube nicht. Mag sein, dass er es am Anfang sogar tat, aber daran erinnere ich mich nicht. Wenn er »ruhig« war, hat er mich ganz einfach mit meinem Vornamen angeredet, Alexandra. Aber sonst wurden mir alle möglichen Beinamen – oder genauer Beleidigungen – zuteil, einer unangenehmer als der andere. Ich möchte nicht weiter ausholen, aber ein paar dieser Schimpfwörter sollen hier ein für allemal genannt werden. In all den Jahren war ich für ihn gerne eine »fette Kuh«, eine »Faulenzerin«, eine »Schlampe« oder eine »dreckige Nutte«.

Ich weiß, dass es kaum zu verstehen ist, wie eine Frau so lange mit einem Mann zusammenleben kann, der sie so behandelt. Das ist das eigentliche Thema dieses Buches. Dies zu verstehen und zu erklären. Die häusliche Gewalt zu verstehen (zumindest in der Art und Weise, wie ich sie erfahren habe) und den Einfluss zu erklären, den ein gewalttätiger Mann auf seine Frau ausüben kann.

Bis zu welchem Zeitpunkt habe ich ihn geliebt? Das lässt sich schwer sagen. Ich weiß nur, dass ich allmählich immer weniger Gefühle für ihn hatte, aber auch – und das ist sehr wichtig –, dass ich sehr lange gehofft habe – vielleicht sogar bis zum letzten Tag –, alles würde sich ändern.

In unserer Beziehung gab es viele schreckliche Augenblicke, aber es gab auch, das muss ich zugeben, Augenblicke des Einverständnisses. Diese blieben jedoch so selten, dass sich nie etwas änderte. Wir lebten in einem Wohnwagen, in einer Wohnung, in einem heruntergekommenen, dann wieder in einem gut ausgestatteten Haus – aber das änderte nichts. An jedem Ort musste ich Beschimpfungen aller Art, Demütigungen und natürlich Schläge einstecken. Auch ich trage ein Stück weit Verantwortung dafür, dass das so blieb.

Dieses Buch ist kein Versuch der Rache an ihm. Und wenn sie dennoch hier und da zwischen den Zeilen aufflackert, so ist dies nur der Abglanz eines ungeheuren Grolls (gegen ihn und gegen mich selbst), eines tiefen Bedauerns und einer noch tieferen Traurigkeit.

Nach dem Prozess hat ein Journalist geschrieben: »Während dieser drei schwierigen Tage belastete Alexandra Lange ihren verstorbenen Ehemann nur sehr wenig. Die Freunde, die Familie, die Nachbarn hingegen sprachen Klartext …« Meine Haltung vor Gericht habe ich auch beim Schreiben beibehalten wollen, denn es ging mir nicht darum, die Schuldfrage noch weiter zu verschärfen. Die Tatsachen sprechen für sich. Ihnen muss nichts hinzugefügt werden.

2

Zwei labile Geschöpfe

März 1997. Eine Freundin aus dem Gymnasium, Aurélie, hatte mir vorgeschlagen, sie bei sich zu Hause zu besuchen, um dort den Nachmittag gemeinsam zu verbringen. Gutgelaunt machte ich mich auf den Weg von der Wohnung meiner Mutter in Aniche, einer kleinen Gemeinde im Niemandsland zwischen Lens und Valenciennes, nach Émerchicourt, einem Nachbardorf von etwa eintausend Einwohnern, das drei oder vier Kilometer von uns entfernt lag. Dort verbrachte ich, wie abgemacht, den Nachmittag bei meiner Freundin. Wir tauschten uns über die Schule aus, aber auch über Liebesangelegenheiten, wie es alle Jugendlichen gerne tun. Die Zeit verging wie im Fluge, und so bot Aurélie mir als gute Freundin an, mich ein Stück weit nach Hause zu begleiten.

Auf dem Weg setzen wir unsere endlosen Gespräche fort, bis wir am Straßenrand auf einen Bekannten von ihr treffen. Es ist ein offensichtlich deutlich älterer Mann als wir. Er taucht an der Ausfahrt eines ausgedehnten Geländes auf, wo einige Wohnwagen und auch ein kleines Haus stehen, denen ich zuvor noch nie wirklich Aufmerksamkeit geschenkt habe. Aurélie begrüßt ihn, wechselt ein paar Worte mit ihm und stellt ihn mir vor. Er heißt Marcelino. Und ich erliege seinem Charme von einem Augenblick auf den anderen. Ein paar Worte reichen, und es ist um mich geschehen. Er ist ein wenig größer als ich, weder stämmig noch schmächtig, dunkelhaarig, aber es sind seine Gesichtszüge, die mich vor allem fesseln. In seinen Augen blitzt der Schalk, auf seinen Lippen liegt unentwegt der

Anflug eines Lächelns; dazu bewegt er sich so weich und geschmeidig, dass ich mir bereits ausmale, wie sanft dieser Mann sein muss. Merkt er, wie interessant ich ihn finde? Tatsache ist, dass er sich sehr oft zu mir umwendet und ich mich bereits frage, ob er mich anbaggern will. Und ich, die ich normalerweise sehr zurückhaltend bin, mache keine Anstalten, seinen harmlosen Schmeicheleien auszuweichen, denn – ich muss es zugeben – sie gefallen mir.

Unsere erste Begegnung hat nicht länger als fünf Minuten gedauert, aber um einen zwischen uns Mädchen damals gängigen Ausdruck zu verwenden, könnte man bereits jetzt sagen: »Ich bin in ihn verknallt.« Und dann ist da auch noch etwas anderes. Im Verlauf des kurzen Wortwechsels habe ich mitbekommen, dass dieser Mann zur Gemeinschaft des fahrenden Volkes gehört. Und das macht mich unerklärlicherweise neugierig. Vielleicht fasziniert es mich sogar.

Ich weiß nichts von diesem Marcelino, und dennoch gestehe ich meiner Freundin, als wir wieder allein sind, dass ich es nicht abwarten könne, ihn wiederzusehen. Rasch wird es mir zur Gewohnheit, auf dem Weg zu Aurélie langsamer zu gehen, wenn ich das Gelände mit den Wohnwagen erreiche, und ihn zu grüßen, wenn ich seine Gestalt von Weitem erkenne. Ist er nicht zu sehen, so bin ich enttäuscht und sehne bereits das nächste Mal herbei. Und dann, höchstens zwei oder drei Wochen nach unserer ersten Begegnung, kommt er auf uns zu, als Aurélie mich wieder einmal begleitet. Hat er die Gegenwart meiner Freundin genutzt, um sich uns zu nähern? Ist er wegen mir gekommen? Das habe ich nie erfahren. Als ich ihn sehr viel später danach fragte, versicherte er mir, dass er mich kaum bemerkt habe …

Wie dem auch sei, an jenem Tag schlägt er uns vor, in seinem Wohnwagen einen Kaffee mit ihm zu trinken – eine Einladung, die wir freudig annehmen. Und dort lerne ich einen wichtigen Teil seines Lebens kennen. Um uns herum spielen zwei Kinder. »Das sind meine, Sabrina und Kévin«, teilt er nebenbei mit, als wäre dies nicht sonderlich von Bedeutung. Er erklärt mir auch, dass er Vater einer weiteren – älteren – Tochter sei, die von seiner Exfrau stamme und die er als sein Kind anerkannt habe. Also muss er geschieden sein ... »Nun, die Scheidung läuft«, führt er aus. Das sind reichlich viele Neuigkeiten auf einen Schlag! Es verstimmt mich, und zwar ganz massiv. Dennoch beeinträchtigt es in keiner Weise meine Schwärmerei für diesen Mann. Ich bin gerade einmal siebzehn Jahre alt. Er ist vierzehn Jahre älter als ich. Das hätte meine glühende Begeisterung definitiv abschwächen sollen, aber das Gegenteil ist der Fall. Über eine Stunde nippe ich an meinem Kaffee und lausche den Erzählungen von seinem früheren und vor allem von seinem gegenwärtigen Leben, von seinen Reisen, seinem Wohnwagen, seinen geplanten Fahrten zu verschiedenen Jahrmärkten ... Dieser Kerl beeindruckt mich. Er hat schon so viel von der Welt gesehen, er kann so viele Anekdoten erzählen, dass mir mein Urteilsvermögen abhanden kommt. Kurz und gut, ich gerate geradezu in Verzückung über seine Lebensweise und über das, was ich für seine ... Reife halte.

Unsere Beziehung wurde rasch intim. Schon zwei Wochen später hatten wir unseren Rhythmus gefunden. Wir trafen uns immer bei ihm auf dem Gelände mit den Wohnwagen. Mindestens zweimal pro Woche ging ich dorthin, nämlich mittwochs und samstags, weil ich an diesen Tagen keinen Unterricht hatte. Unser Altersunterschied? War mir egal. Das Risiko, mein Abschlussjahr im Gymnasium wegen der mit ihm verbrachten Stunden zu gefährden? Kümmerte mich nicht, denn ich hatte nur eines im Kopf: Ich wollte ihn wiedersehen.

Schon bald machte ich die Bekanntschaft seines Vaters Joseph, dem eigentlichen Besitzer des Geländes, der in dem kleinen Haus wohnte. Ich begegnete auch Claude, einem seiner Brüder, der mit seiner Familie in mehreren Wohnwagen unmittelbar neben dem von Marcelino lebte. Ihre vier anderen Geschwister waren nie sesshaft geworden und zogen immer noch mit ihren Wohnwagen durchs Land. Ich muss zugeben, dass ich fasziniert war von den Gebräuchen der Zigeuner, von der Organisation des Alltags im Wohnwagen, von den Regeln eines Lebens in einer solchen Gemeinschaft und von der Möglichkeit, jeden Augenblick »aufbrechen« und fortgehen zu können. Das alles war so unglaublich neu für mich, so anders als alles, was ich bisher kannte! Mit meinen siebzehn Jahren sah ich in dieser Lebensart eine Form von Freiheit, die ich kosten wollte. Und dann ging alles ganz schnell. Viel zu schnell, wie mir heute klar ist.

Wenn sich bei den Zigeunern eine Frau in einen Mann ihres Clans verliebt, dann muss sie zu ihm ziehen und an seiner Seite leben. Das hat er mir so erklärt. Ich habe natürlich eine Weile gezögert, denn abgesehen von ein paar harmlosen Flirts war er mein erster Mann. Würde eine solche Entscheidung nicht auch meinen weiteren Schulbesuch und somit auch meine Zukunft gefährden?

Aber ich habe nachgegeben. Versprach er mir doch auch den Himmel auf Erden! Die Schule würde ich natürlich weiterhin besuchen, schwor er mir, mein Abitur würde ich machen und warum nicht auch den Führerschein, sobald das möglich wäre. Er sprach davon, dass wir eines Tages ein Haus und Kinder haben würden und dass ich arbeiten ginge. Ich ahnte zwar, dass wir nie ein Vermögen verdienen würden, aber die Vorstellung von einem gemeinsamen Leben war mir genug. Ich habe nie von etwas anderem als einem gemütlichen und glücklichen Familienleben geträumt.

Wie konnte ich nur so blauäugig in die Zukunft sehen? Wie konnte ich nur so naiv sein, dass ich in diese so plump ausgelegte Falle gegangen bin? Dieser Mann, den ich ein paar Monate zuvor noch nicht einmal kannte, hatte genau begriffen, mit welchen Versprechungen er mich ködern konnte. Mit sehr großer Treffsicherheit versprach er mir alles, wovon ich träumte, und schien damit auch die Wünsche meiner Eltern für mich zu erfüllen.

Mit der Zeit habe ich begriffen, warum er so sehr wollte, dass ich mein Leben mit ihm teilte. Dieser in Scheidung lebende Herr verspürte das irrationale Bedürfnis, seinem Umfeld und sich selbst zu beweisen, dass er ein echter »Kerl« war und dass er, wie jeder echte Kerl, der etwas auf sich hält, eine Frau im Haus hat. Keine seiner Versprechungen ist wahr geworden. Ich habe kein Abitur, keinen Führerschein und keine Arbeit ... Nichts von alldem habe ich erreicht. Aber ich kann es nicht ändern, ich bin zu ihm gezogen. Heute weiß ich, was mich wirklich dazu getrieben hat – weitaus mehr als dieser ein wenig kindische Wunsch nach »Freiheit«: Ich fühlte mich von meiner Mutter nicht wirklich geliebt.

27. August 1997. Dieses Datum kann ich niemals aus meinem Gedächtnis verbannen. An diesem Morgen brach ich auf, um ihn zu sehen, wie ich es am Ende jener Sommerferien fast jeden Tag tat. Ich sollte am Abend nach Hause zurückkehren, und vielleicht konnte ich ihn erst am übernächsten Tag wiedersehen, denn der Schulbeginn stand unmittelbar bevor, und damit begann auch mein Abschlussjahr. An diesem Tag bat er mich, bei ihm zu bleiben und mit ihm zusammenzuleben. Einfach so, ganz nebenbei. Er legte mir dar, dass das »bei ihnen« immer so ablaufe. Meine Entscheidung traf ich innerhalb weniger Stunden. Ich wog nicht das Für und Wider ab, sondern folgte einfach dem, was mein Herz mir sagte. Ich hatte nichts weiter bei mir als die Kleider, die ich am Leib trug, aber das konnte mich nicht von meinem Vorhaben abbringen. Er brauchte mir nicht mit einer Trennung zu drohen, um mich zu halten. Er verstand sich auf solche Angelegenheiten. Beruhigende Worte und verlockende Versprechungen reichten vollkommen, um mich herumzukriegen.

Ich wähle die Telefonnummer meiner Mutter. Ich bin aufgeregt, habe Angst vor ihrer Reaktion. Kilometerweit bin ich gelaufen, um eine Telefonzelle zu finden, und währenddessen hatte ich reichlich Zeit zum Nachdenken! Sie nimmt ab. Ohne Umschweife komme ich zur Sache: »Ich werde zum Schlafen nicht nach Hause kommen, weil ich jemanden kennengelernt habe. Ich werde mit ihm zusammenleben.« Natürlich ist sie wütend und will wissen, wer es ist. Ich erkläre ihr alles. Unsere Begegnung, wie lange die Sache schon läuft, wer er ist … Ich nenne seinen Namen. Da unterbricht sie mich. Sie kennt die Familie, den »Clan«, wie sie sagt. »Fahrendes Volk!«, schreit sie verächtlich. Für sie sind diese Menschen »schmutzig«, »unanständig«, ich sei »wohl verrückt geworden«. Ich will keine weiteren Kommentare von ihr hören. Ich weiß, wie sie sein kann: hart, willkürlich, starrsinnig und undifferenziert. Diese Eigenschaften haben mit Sicherheit viel dazu beigetragen, dass die Ehe mit meinem Vater in die Brüche ging. Auf ihn kommt sie am Ende zu sprechen: Vor dem Auflegen befiehlt sie mir, meinen Vater anzurufen, denn sie ahnt zurecht, dass das Gespräch mit ihm um einiges härter sein wird. Meine Mutter zu enttäuschen, das geht gerade noch. Meinen Vater jedoch vor den Kopf zu stoßen, dies ist eine ganz andere Sache.

Also nehme ich meinen ganzen Mut zusammen und rufe meinen Vater an. Aus den Worten, die nun auf mich niederprasseln, spricht nicht bloß Wut, sondern die rasende Empörung eines Vaters, der spürt, dass seine Tochter dabei ist, eine Riesendummheit zu begehen. Für ihn kommt es »nicht in Frage«, dass ich mit dem erstbesten Mann auf und davon laufe, noch dazu mit einem Zigeuner! Und er droht mir: »Du machst auf der Stelle kehrt und gehst weiter zur Schule. Dann reden wir nicht weiter darüber! Ich verspreche dir eines: Wenn du nicht zu deiner Mutter zurückgehst, dann sei auf der Hut!«

Ich versuche, ihn zu besänftigen, erreiche aber nur das Gegenteil, und nach ein paar Sätzen wird mir klar, dass er zu allem fähig sein wird, um mich wieder zur Vernunft zu bringen. Da gerate ich in Panik. Ich kenne meinen Vater nur zu gut, er ist ein Mann mit einem sehr aufbrausenden Temperament. Und ich spüre, dass er dieses Mal außer sich ist. In meiner kopflosen Verwirrung begehe ich eine weitere große Dummheit: Ich erzähle Marcelino, welche Wendung das Gespräch mit meinem Vater genommen hat. Da fackelt er nicht lange und treibt mich dazu, Anzeige zu erstatten! Er macht mir weis, es sei nur zu meinem Schutz. Und ich glaube ihm. Also mache ich mich auf den Weg ... In Begleitung meines neuen »Lebensgefährten« begebe ich mich auf die Polizeiwache von Denain, etwa fünfzehn Kilometer von uns entfernt. Ich erkläre, dass ich beschlossen habe, mit einem Mann zusammenzuleben, und dass mein Vater Drohungen ausgestoßen hat und ich nun Angst um »uns« habe ...

Erst sehr viel später ist mir bewusst geworden, was ich meinem Vater an diesem Tag angetan habe. Damals habe ich tatsächlich nur an eines gedacht: Ich wollte das Leben leben, für das ich mich entschieden hatte. Zum Glück hat mein Vater mich in der Zwischenzeit so weit verstanden, dass er mir diese jugendliche Torheit verziehen hat. Auch dafür möchte ich ihm hier noch einmal danken.

Es brauchte viel Zeit, Diskussionen, Versprechungen, endlose Verhandlungen und sogar ein Versöhnungstreffen, bis meine Eltern meine Entscheidung akzeptierten. Bei dieser Zusammenkunft waren wir zu fünft: meine Eltern, er, ich und ein Freund der Familie, der sich angeboten hatte, die Rolle des Mediators zu übernehmen. Wir saßen im Wohnzimmer meiner Mutter. Alle hatten akzeptiert, miteinander zu »diskutieren« und einander »zuzuhören«. Dass die Atmosphäre angespannt war, brauche ich nicht weiter zu betonen. Meine Mutter hatte Kaffee eingeschenkt und sagte nicht viel. Mein Vater seinerseits wiederholte nüchtern immer wieder die gleichen Fragen und war sichtlich entnervt: Warum wolle ich fortgehen? Warum so schnell? Ich erklärte in tausend verschiedenen Wendungen, dass ich mich in diesen Herrn verliebt hatte und nicht mehr bei meiner Mutter leben wollte. Er warf sich daraufhin in die Brust und leistete mir Beistand, versprach, dass ich die Schule weiter besuchen und wie geplant mein Abitur machen würde, dass ich sogar Fahrstunden nehmen könne usw. Er verstand es, die Dinge so darzustellen, dass er sogar meinen Vater überzeugte! Was meine Mutter betrifft, so glaube ich, dass sie in gewisser Weise von den Ereignissen überrollt wurde.

Ich packte ein paar persönliche Dinge zusammen (zwei Taschen mit Kleidung, zwei oder drei Nippsachen und ein paar Plüschtiere), und dann gingen wir auseinander, nicht gerade als gute Freunde, aber auf jeden Fall in besserem Einvernehmen als zuvor. Ich war erleichtert. Ein Blutbad hatte es nicht gegeben.

Meine ersten Wochen im Wohnwagen empfand ich wie eine riesige Extraportion an Sauerstoff. Ich fühlte mich wohl auf diesem sehr gut bestellten Gelände und in diesem Wohnwagen, der mir recht bequem vorkam. Man wähnte sich beinahe im Campingurlaub! Ich verbrachte meine Tage damit, meine Schulaufgaben zu machen, und vor allem damit, mein neues Heim in Ordnung zu halten. Ich wischte Staub, schrubbte und räumte auf. Ich war eine richtige kleine Hausfrau in meinem neuen Reich und legte bereits damals jenen ausgeprägten Sinn für Sauberkeit an den Tag, der dann einer meiner Hauptcharakterzüge wurde. Er tat nicht allzu viel, das ist wahr. Seine Hauptbeschäftigung war das Fernsehen. Aber ich beklagte mich nicht. Ich war »zu Hause«, »bei ihm«, und das reichte mir. Wir führten keine tiefschürfenden Gespräche über Freud oder Mozart, aber unsere belanglosen Unterhaltungen und unsere gemeinsamen Filmabende gefielen mir.

Außerdem war meistens noch sein Bruder Claude in der Nähe. Dieser arbeitete auf den Märkten der Umgebung und lebte mit seiner Frau und seinen vier Kindern direkt neben uns. Die ganze Familie war reizend, stets hilfsbereit und sehr freundlich. Ich liebte es, mich mit ihnen vor einem ihrer drei Wohnwagen über Gott und die Welt zu unterhalten, wenn ich ein wenig Zeit dazu hatte. Auch ein anderer Bruder von ihm hatte seinen Wohnwagen für einige Tage dort abgestellt, und auch eine seiner Nichten und ein Cousin machten hier Station, wenn ihr Weg sie bei uns vorbeiführte. Auf diese Weise vergingen meine ersten beiden Monate als »freie Frau«. Es waren insgesamt nur zwei Monate. Dann gab es eines Tages die ersten Schläge.

Ich überraschte meinen Lebensgefährten dabei, wie er sich einen pornographischen Film ansah. Noch dazu nicht allein. Ein zehnjähriger Junge, der Sohn seiner Freunde, war bei ihm. Diese Freunde gehörten ebenfalls zum fahrenden Volk und hatten uns besucht. Ihren jüngsten Sohn hatten sie für zwei oder drei Tage bei uns gelassen. Ich war natürlich schockiert. Wer wäre das nicht gewesen? Unverzüglich zeigte ich ihm meine Missbilligung, dass er sich solche »Dinge« ansah, und stellte klar, dass man solche Filme vor allem kein Kind ansehen lassen durfte. Es ist kaum vorstellbar, aber er war offenbar gekränkt. Zunächst erteilte er mir nur eine rüde Abfuhr, aber ich blieb hartnäckig, und so begann er mich zu beschimpfen. Ich muss dann in etwa Folgendes zu ihm gesagt haben: »Sprich nicht so mit mir!« Da stürzte er sich auf mich.

Mit einem Mal verhielt er sich wie ein wütendes Tier. In meiner Erinnerung sehe ich vor mir, wie er mich ohrfeigte, mich anschrie, mich schlug, mich anherrschte zu schweigen und mich erneut schlug. Ich habe vor Augen, wie ich versuchte zu schreien, um Hilfe zu rufen, aber seine Schläge folgten so dicht aufeinander, dass meine Stimme versagte. Ich sehe vor mir, wie ich mich zusammenkauerte. Und wie er immer weiter auf mich einschlug. Mit Faustschlägen. An mehr kann ich mich nicht erinnern. Ich weiß nur, dass ich mitten in der Nacht aufgewacht bin. Ich lag noch immer auf dem Fußboden, genau an der Stelle, wo er über mich hergefallen war. Ich hatte Angst und zitterte.

An jenem Abend machte ich also meine erste Erfahrung mit häuslicher Gewalt. Ohne zu wissen, was das war. Ich hätte auf der Stelle das Weite suchen sollen. Damals konnte ich das noch. Aber ich habe es nicht getan. Weiß der Himmel, warum nicht. Aus Liebe? Vermutlich (beim bloßen Gedanken an eine solche Vorstellung wird mir heute bereits schwindlig). Aus dem Gefühl heraus, dass dies nur ein »Zufall« war, der sich nicht wiederholen würde? Mit Sicherheit.

Dennoch hätte es mir eine Warnung sein können. Kurz nach diesem Vorfall vertraute mir sein Bruder Claude, den ich zwar häufig auf dem Gelände traf, der aber niemals unseren Wohnwagen betrat, etwas an, das mich endgültig hätte davon überzeugen müssen, meine Sachen zu packen. Bei einer unserer Unterhaltungen sagte mir dieser anständige Mann, dass Marcelino ein furchtbarer Mensch sei und ich ihm niemals trauen könne. Ganz nebenbei erklärte er mir, dass sie bereits seit Jahren nicht mehr miteinander sprächen, obwohl sie doch durch Blutsbande miteinander verbunden seien und nur ein paar Meter voneinander entfernt lebten: »Das ist so, weil ich es irgendwann gewagt habe, ihm zu sagen, dass er ein Faulenzer ist. Aber es stimmt, er *ist* ein Faulenzer!« Dann fügte er noch hinzu, dass auch ihr Vater, Joseph, keine bessere Meinung von ihm habe. Ja, dieser habe sogar Angst vor ihm. »Das ist niemand für dich. Er ist ein böser Mensch. Du wirst nicht glücklich sein. Geh fort, solange noch Zeit ist«, gab er mir zum Schluss noch mit auf den Weg.

Aber ich hatte meinen Dickkopf. Ich wollte es nicht glauben. Ich antwortete: »Das stimmt nicht.« Und im Stillen dachte ich: »Er war doch bisher so nett und aufmerksam. Es kann nicht sein. Er wird so etwas nicht wieder tun.« Ich war schlicht und ergreifend verliebt und Vernunftgründen nicht zugänglich. Hinzu kam, dass er einunddreißig Jahre alt war und ich erst siebzehn. Ich war jung, naiv und dumm. Ich war überzeugt, dass er nicht wieder beginnen würde.

Bis er wieder begonnen hat. Ich weiß nicht einmal mehr, wie viel Zeit bis dahin verstrichen war, wahrscheinlich ein paar Wochen. Ich erinnere mich auch nicht mehr an die Art der Schläge, die bei diesem zweiten Mal auf mich niedergingen. Es gab danach so viele solcher Szenen … Ich weiß nur noch eines: Mit diesem zweiten Mal habe ich die häusliche Gewalt in mein Leben gelassen.

Ich habe mein Abschlussjahr in der Schule nicht beendet. Nach drei Monaten gemeinsamen Lebens hatte ich den Spaß am Lernen verloren. Es gelang mir nicht mehr, dem Unterricht zu folgen. Alles war schwer, hart und kompliziert geworden. Mit dem Putzen, Kochen, Waschen und Aufräumen waren meine Tage hinreichend ausgefüllt. Deshalb beschloss ich, mit der Schule aufzuhören. Von einem Tag auf den anderen. Er hatte nichts dagegen.

Ich habe es für ihn getan. Weil ich glauben wollte, dass diese Entscheidung unsere Beziehung in Ordnung bringen würde. Mit einem Mal war mein Leben ganz brutal auf dieses von Wohnwagen zugestellte Gelände beschränkt.

Noch ein paar Jahre zuvor, sogar noch ein paar Monate zuvor hätte ich niemals gedacht, dass meine Zukunft so aussehen könnte. Ich wollte mir Zeit nehmen für meine Ausbildung und meine Jugend auskosten und sah mich schon das Leben in vollen Zügen genießen. Ich wollte an der Universität ein Studium für Grundschullehrer absolvieren. Dazu fühlte ich mich durchaus in der Lage. Der Umgang mit Kindern war mir stets sehr leicht gefallen und hatte mir viel Spaß bereitet. Ich bin sicher, dass ich eine gute Lehrerin hätte werden können …

Man hört doch nicht mit der Schule auf, nur weil man einen Mann kennengelernt hat, wird man mir jetzt entgegenhalten. Genau wie meine Eltern, die mir dies immer wieder vorwarfen. Und auch für mich ist das heute vollkommen klar. Diese Entscheidung bedauere ich beinahe am meisten. Aber damals dachte ich wohl nur: »Augen zu und durch!« Ein paar Monate später war ich schwanger und habe geheiratet. Niemand hat mich dazu gezwungen. Und für mich war dieser Verlauf die logische Folge unserer Begegnung, unseres gemeinsamen Lebens und der Liebe, die ich – trotz allem – für diesen Mann empfand.

Unsere Eheschließung wurde am 13. Juni 1998 im Rathaus von Émerchicourt vollzogen. Wie alle Brautleute waren wir im Vorfeld der Feier angespannt und gestresst. Zusammen mit meiner Freundin Aurélie und deren Mutter Rita hatte ich alles darangesetzt, trotz der spärlichen Mittel ein schönes Festmahl zuzubereiten. Im Haus meines Schwiegervaters Joseph deckten wir einen großen Tisch. Ich hatte auch ein schönes weißes Kleid ergattert, auf das ich mächtig stolz war! Und wir schafften es an diesem Tag tatsächlich, etwa fünfzehn Mitglieder unserer beiden Familien um den Tisch zu versammeln. Leider war niemand von seinen fünf Geschwistern da, mit denen er sich überworfen hatte, aber seine Kinder Kévin und Sabrina, sein Vater Joseph sowie zwei Nichten waren zu uns gestoßen. Ich selbst war sehr froh darüber, dass meine Freundin mit ihrem Freund, ihre Mutter, mein Bruder, meine Schwester, mein Vater mit seiner neuen Lebensgefährtin Marie-Paule und sogar meine Mutter da waren. Letztere hatte ich praktisch nicht mehr gesehen, seit ich das Haus so überstürzt verlassen hatte. Ich wollte, dass meine Hochzeit ein Tag der Freude für uns und unsere Gäste ist, und ich muss gestehen, dass ich ihn auch so erlebt habe. Noch heute habe ich vor Augen, wie wir im Rathaus unsere Heiratsurkunde unterzeichneten. Tief bewegt wie jede Braut lächelte ich jenes angespannte Lächeln, das den meisten jungen Frauen in diesem höchst emotionalen Augenblick im Gesicht steht. Ich war voller Hoffnung und überzeugt davon, dass nun alles wieder gut werden würde.

Es war ein schöner Tag, ja gewiss, aber wenn ich heute unser Hochzeitsphoto betrachte, bin ich einfach nur traurig. Denn ich gehöre zu jenen Frauen, die diesen »schönsten Tag ihres Lebens« am liebsten aus ihrer Erinnerung verbannen möchten. Auf diesem Bild sehe ich uns beide kerzengerade vor einer großen weißen cremegefüllten Hochzeitstorte stehen – und ich bringe es nicht mehr fertig, das Gesicht meines Ehemannes anzublicken. Ich verdecke ihn mit meinem Daumen, damit ich nur noch mich sehe. Ich bin jung und zart. Ich finde mich schön. Aber ich bin ein Kind. Ein Kind, das keine Ahnung hat. Am erstaunlichsten finde ich, dass ich nicht lächle. Mein Gesicht drückt keinerlei Emotion aus. Als wäre ich irgendwie abwesend.

Mit der Zeit habe ich begriffen, dass unsere Hochzeit eigentlich nur eine bühnenreife Komödie war. Niemand, vielleicht abgesehen von den arglosen Kindern, war glücklich darüber, ihr beizuwohnen. Denn niemand war meinem Ehemann von Herzen zugetan. Meine Schwester war zwar gekommen, hatte mich jedoch zu ihrer eigenen Hochzeit einen Monat zuvor nicht eingeladen, aus dem einfachen Grund, weil es in ihren Augen unzumutbar war, auch »ihn« an ihrer Tafel zu wissen. Was meine Eltern betrifft, so ist klar, wie sie über alles dachten. Ich erinnere mich noch heute an das Gesicht, das meine Mutter machte, als sie unseren unmittelbar neben dem Haus stehenden Wohnwagen sah, in dem ich nun lebte …

Letztlich herrschte eine düstere und bedrückte Stimmung. Es war keine gastfreundliche, herzliche Hochzeitsfeier, wie sie es hätte sein sollen. Es wurde kaum geredet. Die wenigen Worte, die man miteinander wechselte, schienen nur ausgesprochen worden zu sein, um das Schweigen zu brechen. Er war zwar da, aber das war auch schon alles. So gut es ging, versuchte er, vor diesen Leuten, die keinerlei Sympathie für ihn hegten, eine gute Figur abzugeben. Er half beim Auftragen der Speisen, blieb schweigend an meiner Seite und lächelte so oft wie möglich. Ich vermute, er war glücklich. Wie auch ich es zu sein glaubte.

Wir lebten ein Zigeunerleben. Und ich muss zugeben, dass mir dieses Leben durchaus gefiel. Ich fühlte mich frei, unabhängig und selbstständig. Ein Punkt störte mich jedoch gewaltig: Er arbeitete nicht. Oder nur sehr wenig. Hin und wieder nahm er zwar einige Termine beim Arbeitsamt wahr und besuchte ein paar Kurse (Grünpflege, Küchenhilfe etc.), aber ich glaube, dass er nicht ernsthaft daran interessiert war. Die meiste Zeit begnügte er sich mit dem Geld, das er von der Sozialhilfe erhielt. Hinzu kam die finanzielle Unterstützung, die ich von meiner Mutter bekommen hatte.

Es gab nur eine Aktivität, die ihn veranlasste, früh am Morgen aufzustehen, wenn unsere finanzielle Situation bedrohlich wurde: Er trieb dann Handel auf den Märkten im Umkreis, den Rummelplätzen und den verschiedenen Dorffesten in unserer Region. Zu Anfang unserer Beziehung hatte er sich beispielsweise in den Kopf gesetzt, Unterwäsche zu verkaufen. Ich sollte ihn dabei begleiten, obwohl ich nichts davon verstand, und um ehrlich zu sein, auch keinen Gefallen daran fand. Aber ich willigte ein. Wir standen früh auf, tranken einen Kaffee, beluden seinen Wagen mit Baumwollschlüpfern, die er bei einem nahegelegenen Großhändler erstanden hatte, und fuhren zeitig auf die Märkte von Somain, Aniche oder Sin-le-Noble, in der Hoffnung, dort noch eine kleine Nische für unseren Stand zu ergattern. Die Platzverteilung lief stets nach dem gleichen Prinzip ab: Wer zuerst kommt, mahlt zuerst. Und in dieser Hinsicht war er tatsächlich sehr motiviert und ambitioniert. So standen wir uns oft schon eine Stunde vor Öffnung der Märkte die Beine in den Bauch. Aber diese Unternehmungen waren nur von kurzer Dauer. Bereits nach ein paar Wochen mussten wir einsehen, dass unsere Ware nicht ausreichend Absatz fand.

Kurz darauf glaubte er eine andere Goldgrube aufgetan zu haben: Er wollte Süßigkeiten auf den Jahrmärkten verkaufen. Für dieses Unterfangen hatte er einen kleinen Anhänger aufgetrieben, in dem wir Zuckerwatte, Bratäpfel und Waffeln herstellen konnten. Diese

Unternehmung besaß immerhin den Vorteil, dass sie mir mehr Spaß machte. Ich erinnere mich, dass wir im Sommer 1999 am Erdbeerfest in Écaillon teilnahmen. Dort herrschte ein riesiger Auftrieb, und natürlich waren sehr viele Kinder dort. Es war ein sehr schöner, lauer Frühsommertag – ganz anders als die frostigen Morgenstunden, in denen wir unsere Unterhosen feilgeboten hatten. Tatsächlich waren wir nun einigermaßen erfolgreich und konnten mit dem Gewinn unseren Alltag eine Zeitlang sorgloser gestalten. Leider versiegte jedoch auch diese Einnahmequelle. Nicht wirtschaftliche Gründe waren hierfür verantwortlich, sondern Monsieur hatte keine Lust mehr. Ein paar Mal waren uns tatsächlich erhebliche Mengen an Bonbons gestohlen worden. Das war ihm Grund genug für die Schlussfolgerung, dass dies doch keine gute Sache sei.

Ich glaube, dass sein Bruder nur allzu recht hatte mit seiner Einschätzung: Er arbeitete nicht gern. Er versuchte es – vermutlich sogar mit einiger Anstrengung –, aber er tat es vor allem, um seinem Umfeld und besonders seiner Familie zu zeigen, dass er nicht der Faulenzer war, den man in ihm sah. Was mich betrifft, so hätte ich gerne eine Anstellung gehabt. Aber davon wollte er nie etwas hören. »Bei den Zigeunern«, predigte er mir immer wieder, »ist das nicht üblich. Die Frau bleibt zu Hause und kümmert sich um den Haushalt, die Mahlzeiten und die Kinder. Und wenn sie arbeitet, so tut sie das an der Seite ihres Mannes.« Im Lauf der Zeit habe ich dann allerdings Beispiele dafür gesehen, dass es keinesfalls ein unumstößliches Gesetz in dieser Hinsicht gibt und dass die Frau eines Zigeuners sich trotz der bestehenden Traditionen entfalten kann, ohne an ihrem Mann kleben zu müssen. Im Übrigen bin ich heute davon überzeugt, dass er vor allem befürchtete, ich könnte ihm entkommen. Schon damals sollte ich »sein Eigentum« sein. Ich sollte ihm gehören. Würde er mir erlauben, arbeiten zu gehen, so bestünde die Gefahr, dass ich andere Leute, dass ich andere Lebensumstände als unseren Alltag kennenlernte und dass er letztlich an Einfluss auf mich verlöre.

Es wäre unehrlich zu behaupten, dass er mir gar keine Freiheit zugestand. Schon in den ersten Monaten unserer Beziehung brachte er mir »seine« Kirche nahe. Nicht die katholische Kirche, deren Gebote mir aus meiner Familie in groben Zügen bekannt waren, sondern eine freikirchliche Gemeinde der Zigeuner. Denn mein Ehemann war sehr gläubig. Er betete oft, sprach mit glühender Begeisterung von seinem Glauben und wünschte, dass ich diesen Glauben teilte. »Es wird dir gefallen, ganz sicher«, hatte er mir versichert. Aus Neugierde und auch, weil ich die Welt des Mannes kennenlernen wollte, mit dem ich jetzt zusammen war, nahm ich also zum ersten Mal an einer Zusammenkunft der Gemeinde teil, kurz darauf zum zweiten Mal, und nur wenig später konvertierte ich. Er hatte sich nicht getäuscht.

Die frommen Zusammenkünfte in der Kirche von Escaudain, wo wir uns mit fünfzig anderen Gläubigen trafen, von denen drei Viertel Zigeuner waren, zogen mich vom ersten Augenblick in ihren Bann. Der Pastor las einen Abschnitt aus der Bibel vor, gab uns dann eine Deutung vor, worauf die Gemeinde betete, sang und wieder betete. Ich war von diesem Chorgesang beeindruckt und hingerissen. Ein Teil der Stimmen blieb dumpf und gleichförmig, während andere ihrer Anbetung lauthals Ausdruck verliehen. Am Ende umarmten sich alle Anwesenden! Man sang Lieder in der Zigeunersprache oder in französischer Sprache, die von der Liebe Gottes erzählten und davon, dass er seinen einzigen Sohn geopfert hatte, um die Christenheit zu retten. Ich war überwältigt von der Freude und Wärme, die diese Gesänge verströmten.

Zwar konnte ich die mir eigene Zurückhaltung nie ablegen, aber ich fühlte mich in dieser Kirche tatsächlich sehr wohl. Die Zusammenkünfte spendeten mir Trost (die Trennung von meinen Eltern, der Bruch mit meiner Mutter, die Schläge, die ich inzwischen wieder hatte einstecken müssen, hatten eine beinahe durchgehende

Traurigkeit in mir geweckt) und boten mir vor allem die Gelegenheit, Augenblicke der Heiterkeit und sogar der Freude mit ihm zu teilen.

Die Rückkehr in den Alltag mit seinen materiellen Sorgen war allerdings stets ernüchternd. Denn die Stimmung meines Ehemanns konnte sich von einer Minute auf die andere grundlegend wandeln. Ich verstand nicht, wie er zugleich so fromm und so widerlich sein konnte. Hinzu kam, dass er mit der Zeit immer mehr trank. Anfangs hatte ich zwar gesehen, wie er sich hin und wieder ein Bier genehmigte und auch einen Pastis oder einen Martini trank, aber ich hatte nicht sonderlich darauf geachtet und mir keine Sorgen gemacht. Natürlich wäre mir lieber gewesen, er hätte keinen Alkohol getrunken, aber noch sah ich keinen Grund, seine Trinkgewohnheiten zu einem Problem aufzubauschen. Bis zu dem Tag, als ich für ihn zum Supermarkt gehen sollte, um ihm eine Flasche Alkohol zu holen, weil er in unseren Schränken nichts mehr zu trinken gefunden hatte.

Ich habe viele Fehler gemacht. Und dies war ein großer Fehler. Ohne dass ich es mir wirklich klarmachte, wurde der »kleine Gang, um Nachschub zu holen« bald zur Gewohnheit. Ich wollte protestieren, aber ich erreichte ihn mit meinen Einwänden nicht. Sehr schnell war ich dann nicht mehr in der Lage, ihm etwas entgegenzusetzen. An manchen Tagen machte ich mich sogar dankbar auf den Weg, da ich wusste, dass er – einmal betrunken – rasch einschlafen würde. Ich musste mehrere Kilometer laufen, um diese verfluchten Flaschen zu kaufen, aber das störte mich nicht und brachte mir weitaus weniger Ärger ein, als ihm seine Wünsche zu verweigern. Manchmal bat ich meinen Vater bei einem seiner Besuche auch, mich im Wagen zum Supermarkt zu fahren, und dort mogelte ich unter die sonstigen Einkäufe auch die Alkoholika. Heute schäme ich mich dafür, denn ich verheimlichte ihm nicht nur die Wahrheit, ich willigte sogar ein, Geld von ihm anzunehmen, das er mir freundlicherweise anbot, damit wir an dem für uns oft schwierigen Monatsende nicht allzu sehr darben mussten. Auch mein Schwiegervater Joseph und mein Schwager Claude sprangen mir hin und wieder als Chauffeur bei. Sie waren gute Menschen. Ich erinnere mich auch, dass mich mein Schwiegervater einmal beiseitenahm und mir riet: »Du solltest ihm keinen Alkohol besorgen.« Und meine schreckliche Antwort weiß ich auch noch genau: »Wie soll ich das denn anstellen? Wenn ich ihm den Alkohol nicht besorge, schlägt er mich auch noch.«

Ich weiß im Grunde nicht, wann genau mein Mann wirklich zu trinken begann. Einmal sagte er mir, dass er »immer schon getrunken« habe, ohne dass ich verstand, was diese Worte eigentlich bedeuteten. Dann wieder erklärte er mir mehrfach, dass er »mit neun Jahren« zu trinken angefangen habe. Solche Dinge erzählte er mir, wenn er heiter, ruhig und trocken war. Vielleicht waren das sogar Momente, in denen er sich ändern wollte. Oder Momente, in denen er mir zumindest weismachen wollte, dass er sich ändern könnte. Ich weiß es nicht. Er konnte Dinge sagen und das Gegenteil meinen. Das habe ich nie ergründen können. Jedenfalls traf er damit bei mir den richtigen Ton, denn immer wieder hatte ich Mitleid mit ihm …

Natürlich war der Alkohol keine Lösung. Auseinandersetzungen zwischen uns waren jetzt an der Tagesordnung. Während sich seine Angriffe zu Beginn unserer Beziehung meistens auf pubertäre Schimpfwörter (»Schwachkopf«, »Idiot« …) gepaart mit noch relativ harmlosen Kränkungen (»Faulenzerin«, »Nichtsnutz« …) beschränkten, so wandelten sie sich nach und nach zu ungehörigen, vulgären Beleidigungen (»fette Kuh«, »Schlampe« …), wobei ich die schmutzigsten hier nicht nennen möchte. Viele seiner Beschimpfungen verstand ich zwar nicht, da sie der Sprache der Zigeuner entstammten, aber eine Übersetzung wäre gewiss nicht schmeichelhaft gewesen. Gerade einmal ein paar Monate verheiratet, war ich bereits zum Spielball seiner Boshaftigkeit geworden. Manchmal reichte es bereits, wenn ich ihn bat, mir bei der Erledigung alltäglicher Aufgaben behilflich zu sein, wenn ich ihm einen Vorwurf hinsichtlich seines Benehmens machte oder ihm eine verkehrte Antwort gab – schon bedachte er mich mit einer seiner bitterbösen Bemerkungen. Diese steigerten sich dann rasch zu üblem Geschrei, wenn ich die schlechte Idee hatte, nicht klein beizugeben. Das Gleiche konnte aber auch geschehen, wenn ich mich entschied, ihn »quatschen zu lassen« in der Hoffnung, das Gewitter würde sich wieder verziehen. Im Grunde wusste ich nie, wie ich mich drehen und wenden sollte, denn ganz gleich, ob ich ihm Widerworte gab oder den Mund hielt, seine Reaktion war nicht abzusehen – in den meisten Fällen beruhigte er sich freilich am Ende wieder. Allerdings nur bis zum nächsten Mal.

Wie ich bereits geschildert habe, hatte die körperliche Gewalt damals bereits Einzug in unser Leben gehalten. Aber das war nicht von einem Tag auf den anderen geschehen. Es war keineswegs so, dass ich auf einmal und urplötzlich Schläge einstecken musste, die dann ebenso plötzlich wieder der Vergangenheit angehörten. Die häusliche Gewalt im eigentlichen Sinne machte sich auf hinterhältige Weise breit. Wohldosiert gewissermaßen. Ein Klaps hier, ein Klaps dort. Im Allgemeinen sah alles erst einmal aus wie ein bloßer Scherz: ein kleiner Fausthieb gegen den Oberarm – »nur zum Spaß«; ein Schlag mit dem Geschirrhandtuch auf den Hintern – »um mich zu necken«, wie er sagte. Was für ein lustiges Spiel. Ihn brachte das zum Lachen. Mich hingegen überhaupt nicht, und das sagte ich ihm auch. Aber darüber machte er sich nur lustig. Ich möchte sogar behaupten, dass es ihm so noch mehr Spaß machte. Denn wenn ich ihm vorwarf, dass er mir wehgetan hatte, dann schien ihn das regelrecht zum Weitermachen anzustacheln. Warum handelte er so?

Welches »Gefallen« fand er daran? Es ist mir nie wirklich gelungen, mich in die Gedankenwelt eines gewalttätigen Ehemanns hineinzuversetzen, aber ich glaube, bei ihm war es seine Art, mir zu zeigen, dass er existierte. Mit seinen perversen Spielchen glaubte er, seine Bedeutung zu unterstreichen. »Er machte sich wichtig«, wie die Kinder sagen. In solchen Augenblicken habe ich immer wieder gesehen, wie sich ein leichtes zufriedenes Lächeln auf sein Gesicht schlich. Genau wie bei einem Bengel, der sich seines Prügelknaben vergewissert hat. Ich glaube, das war das Demütigendste für mich.

Jedes Spiel mit dem Feuer endet meist damit, dass man sich irgendwann auch einmal verbrennt. Eines Tages kam es dann zu echten Schlägen. Mir nichts, dir nichts. Von einem »Spiel« konnte nicht mehr die Rede sein. Ich muss ihm wohl schroffer als sonst geantwortet haben, vielleicht aber auch nicht. In jedem Fall artete sein »Spielchen« aus. Und in der Folge arteten sie dann immer wieder und immer häufiger aus. Das mag vielleicht so klingen, als wollte ich es mir leichtmachen, aber ich möchte ein Beispiel schildern, damit man eine Vorstellung gewinnt, wie eine solche Szene ablief:

»Mach den Haushalt«, fährt er mich an und versetzt mir einen Faustschlag gegen den Oberarm.

»Das habe ich doch schon getan …«

»Du hast den ganzen Tag nur herumgegammelt, du fette Kuh!«

»Ich habe bereits geputzt, und außerdem hast du mir gerade wehgetan …«

»Du Schlampe, mach jetzt endlich den Haushalt!«

»Aber ich …«

Und baff! Eine Ohrfeige, ein Faustschlag, ein Tritt mit dem Fuß … Ich versuchte, mich so gut es ging gegen die Schläge zu schützen, aber ich war nicht in der Lage, mich wirklich zu verteidigen. Also kauerte ich mich – physisch und psychisch – zusammen und wartete darauf, dass er aufhörte.

Gewalttätige Ehemänner sind machtbesessene Männer. Das ist vermutlich auch der Grund dafür, dass man sie nicht schon viel früher verlässt. Sie beherrschen die Technik von »Zuckerbrot und Peitsche« ganz vorzüglich. Ich habe im Verlauf der zwölf Jahre unseres Ehelebens so viele Schläge eingesteckt, dass ich mich nicht mehr an alle erinnern kann. Ich weiß nur noch, dass manche Zeiten schlimmer waren als andere. Seine »neckischen Kabbeleien« wie die Schläge mit dem Geschirrhandtuch auf den Hintern konnten sich beispielsweise ein paar Tage hintereinander wiederholen, um dann wieder für eine Zeitlang auszubleiben. Die wirklich gewalttätigen Szenen folgten zumindest in den ersten Jahren nicht so dicht aufeinander. Es gab Wochen, beinahe sogar Monate ohne Gewalt. Das war – unter anderem – ein Grund dafür, dass ich es so lange »ausgehalten« habe.

Rückblickend habe ich jetzt, wo schon ein paar Jahre vergangen sind, das Gefühl, dass sich in meinem Leben als misshandelte Ehefrau stets alles zum Schlechten gefügt hat. Immer, wenn ich das Gefühl hatte, alles nicht mehr aushalten zu können, trat ein Ereignis ein, das mich bewog, doch noch ein wenig abzuwarten. So war es auch zu Beginn unserer Beziehung, als ich schwanger war.

Wie schon im Vorfeld unserer Hochzeit hatte er so oft auf mich eingeredet, dass er »sofort« ein Kind wolle, dass ich es am Ende selbst auch wollte. Es war immer mein Wunsch gewesen, einmal Mutter zu werden, aber ich hätte lieber noch abgewartet. Ich war noch sehr jung, hatte bereits das Zugeständnis gemacht, mit der Schule aufzuhören, aber dafür hatte ich mit dem Theorieunterricht für den Führerschein begonnen ... Eine Schwangerschaft würde nun das einzige Vorhaben in ferne Zukunft verschieben, in das ich mich wirklich hätte »reinknien« können, seit ich bei ihm eingezogen war.

Aber er verstand es, die richtigen Worte zu finden, um mich bei dieser Entscheidung regelrecht zu betören. Er malte mir aus, dass dieses Kind unser Glück ausmachen würde. Er schwor, dass sich mit einem Kind alles ändern könnte. Er redete mir ein, dass es doch nicht dringend sei, den Führerschein zu machen, und ich ihn doch in Angriff nehmen könne, wenn das Baby da wäre … Also gab ich erneut nach. Und da ich nicht sofort schwanger wurde, beschloss ich, mich einer Behandlung mit Progesteron zu unterziehen. Danach klappte es. Und ich bedaure es nicht. Es erfüllte mich zutiefst, als ich mein Baby in meinem Bauch spürte. Ich empfand nicht nur, was vermutlich jede werdende Mutter empfindet, sondern mein Zustand flößte mir auch neue Hoffnung für mich selbst ein. Endlich wurde etwas tatsächlich konkret. Endlich würde etwas Positives geschehen.

Die Schwangerschaft verlief wunderbar einfach. Und ich muss zugeben, dass er währenddessen zu Höchstform auflief. Er blieb an meiner Seite, versäumte keinen meiner Besuche beim Frauenarzt, verströmte eine unerschütterliche Ruhe und konnte es kaum erwarten, unser Kind endlich in seinen Armen zu halten. Am 27. Januar 1999 war es dann soweit. Sobald die ersten Wehen einsetzten, fuhr mich mein Ehemann am Nachmittag ins Krankenhaus von Denain. Unsere kleine Séphora wurde erst viele Stunden später, mitten in der Nacht geboren. Es mag vielleicht verwundern, aber ich muss festhalten, dass er die ganze Zeit über dabei war. Und es war ein wunderbares Erlebnis. Wir lagen uns in den Armen wie ganz gewöhnliche Eltern.

Waren wir, er und ich, jemals »gewöhnlich«? Damit meine ich »normal«. Innerhalb der Norm. Was genau führte dazu, dass mein Ehemann gewalttätig wurde, und warum ließ ich es zu, dass ich geschlagen wurde?

Um dieses Buch zu schreiben, habe ich mich eingehend mit dem Problemkomplex der häuslichen Gewalt auseinandergesetzt, und es ist mir aufgefallen, dass alle Experten zu der Erkenntnis kommen, dass nichts eine Frau dazu prädestiniert, Opfer der Schläge ihres Lebensgefährten zu werden. Misshandelte Frauen gibt es in allen Schichten. Sie wurden keineswegs alle während ihrer Kindheit geschlagen oder vergewaltigt. Was die Männer betrifft, so scheint festzustehen, dass sie ganz unabhängig von ihrer Herkunft, ihrem sozialen Stand, ihrem Alter oder ihrem Einkommen, von einem Tag auf den anderen Gewalt anwenden können, um ihre Lebensgefährtin zu beherrschen.

Wie war es bei uns? Was mich betrifft, so habe ich sehr wenige Erinnerungen an meine Kindheit. Die Psychologin, die im Zuge der Ermittlungen ein Gutachten über meine Persönlichkeit erstellte, befand: »Sie hat keinerlei Erinnerung an die Kindheit, als sei dieser Abschnitt ihres Lebens durch Verdrängung der Amnesie anheimgefallen.« Mag sein, aber was hätte ich verdrängen sollen? Ich weiß es wirklich nicht und vermag mich an keine schwere traumatische Erfahrung zu erinnern.

Ich stamme, wie man sagen könnte, aus der Arbeiterklasse. Meine Eltern hatten drei Kinder, und ich bin das jüngste. Meine ältere Schwester Valérie ist vier Jahre älter als ich, mein Bruder Yohan nur ein knappes Jahr. Wir haben eine klassische, eher traditionelle Erziehung genossen, würde ich sagen. Ein wenig altmodisch. Die ersten Jahre meines Lebens habe ich in Lallaing verbracht, einem netten kleinen Städtchen mit 6000 Einwohnern, durch welches das Flüsschen Sarpe fließt, das auch schiffbar ist. Lallaing liegt etwa dreißig Autominuten von Lille, Cambrai und Valenciennes entfernt. Ich habe in der Tat nur wenige Erinnerungen an diese Zeit. Lediglich ein Stadthaus mit mehreren Wohnungen habe ich noch vor Augen. Und ein kleines Zimmer, aber damit hört es bereits auf. Allerdings war ich auch erst vier Jahre alt, als meine Eltern beschlossen, von Lallaing nach Aniche zu ziehen.

An diesem Ort habe ich deutlichere Erinnerungen. Es gab dort einen Flur, auf dessen rechter Seite das Wohnzimmer und dahinter das Esszimmer lagen. Ein bisschen weiter hinten kam dann die

Küche. Auf der linken Seite lagen die Toilette, das Badezimmer und eine Treppe, über die man zu den drei Schlafzimmern in der oberen Etage gelangte. Das erste Zimmer rechts war dasjenige meines Bruders. Links befand sich das Zimmer meiner Eltern und ein wenig weiter hinten im Flur lag das Zimmer, das ich mit meiner Schwester teilte. Hinter der Küche gab es einen kleinen Hof und eine Grünfläche. Jeder Nachbar hatte ebenfalls seine Parzelle. Außerdem habe ich noch weitere, unscharfe Bilder im Kopf: Ich sehe mich, wie ich Krabben esse, weil ich alles mitgegessen habe, selbst die Augen und das Hirn; ich sehe meine Schwester und mich in unserem Zimmer – anfangs schliefen wir beide in einem breiten Bett (ich rollte mich immer zusammen wie eine Kugel, was meine Schwester ärgerte, da ich ihr Platz wegnahm), später dann in einem Etagenbett; es gab sehr viel Spielzeug … Abgesehen davon habe ich noch sehr diffuse Erinnerungen an bestimmte Gefühlslagen, bestimmte Stimmungen. Kurz und gut, in meiner Erinnerung habe ich eine relativ glückliche Kindheit verbracht. Mein Bruder und meine Schwester sind der Meinung, dass wir nicht alles hatten, wovon wir träumten, während ich mich eher daran erinnere, dass es uns nie wirklich an etwas fehlte. Wir unternahmen wenig mit unseren Eltern und spielten auch wenig gemeinsam mit ihnen, aber ich weiß nicht, ob mir das gefehlt hat. Heute geht man mit den Kindern ins Kino, in den Park oder ins Schwimmbad, aber damals war das anders. Solche Unternehmungen machten wir nicht mit unseren Eltern. Ich kann daher nicht behaupten, dass ich das vermisst habe, denn ich kannte es ja nicht anders. Ich glaube auch nicht, dass ich jemals auf Ausflüge oder Spielzeuge meiner Freundinnen eifersüchtig war.

Abgesehen von den gewöhnlichen Streitereien unter Geschwistern spielte ich also zu Hause häufig tagelang mit meinem Bruder und meiner Schwester, und ich glaube, dass ich das schön fand. Ja, ich stellte vielleicht wirklich keine besonderen Ansprüche. Ich galt zudem als ruhiges, zart besaitetes Kind, das keiner Fliege etwas zu

Leide tat, das viel las und niemals etwas forderte. In der Familie rief man mich mit dem Kosenamen »Floh« (und obwohl ich jetzt schon über dreißig Jahre alt bin, nennt mein Vater mich manchmal noch immer so …). Bedeutet das alles, dass ich bereits damals leicht zu überreden und zu beeinflussen war? Mit Sicherheit.

Es hat also den Anschein, als wäre alles in schönster Ordnung gewesen. Nur in der Beziehung meiner Eltern kriselte es bisweilen äußerst heftig. Mein Vater war oft sehr hart gegenüber meiner Mutter. Dass er gewalttätig war, glaube ich jedoch nicht. Zumindest nicht physisch. Aber er hatte – und hat immer noch – eine so kräftige Stimme, dass mich sein Gebrüll erschreckte. Ich möchte aber klarstellen, dass ich ihm das nicht übelnehme. Allerdings muss ich sagen, dass rückblickend die Streitereien zwischen meinen Eltern die einzigen dunklen Wolken sind, die meine Kindheit verfinsterten. Und ihre Trennung, als ich noch nicht einmal neun Jahre alt war, traf mich wie ein Donnerschlag. Aber welches Kind will schon sehen, wie sich seine Eltern trennen? Ich war traurig. Es war keine sehr glückliche Zeit für mich. Ich wollte meinen Vater und meine Mutter bei mir zu Hause haben. Ich hätte mir gewünscht, dass sie trotz ihrer Streitereien zusammenblieben. In dieser Hinsicht sind Kinder ein wenig egoistisch.

In Anbetracht der, wie die Psychologen es nennen, »familiären Instabilität« bei mir zu Hause weiß ich nicht, ob diese Trennung letztlich eine depressive Stimmung bei mir hervorrief oder eine Erleichterung bedeutete. Wahrscheinlich beides ein wenig. Eines steht aber fest: Mein Leben nahm eine neue Wendung, und mein Naturell änderte sich.

Wie alle Scheidungskinder mussten wir unser Leben neu organisieren. In der Woche lebten wir bei unserer Mutter in dem Haus in Aniche, das sie behalten hatte. Wenn ich sage »in dem Haus«, dann bedeutete das tatsächlich, dass wir dieses sehr selten verließen. Ich habe beispielsweise keine Erinnerung an außerschulische Aktivitäten – bis auf Klassenfahrten oder Ferienfreizeiten, wenn wir keine Schule hatten. Zwar erlaubte mir meine Mutter manchmal, eine Freundin zu besuchen, aber zum großen Teil spielten sich meine Tage in der Schule und in meinem Zimmer ab. Allerdings empfand ich darüber kein Bedauern: Ich ging sehr gern zur Schule und konnte stundenlang mit meinem Bruder und meiner Schwester spielen, ohne dass es mich langweilte.

Dieses ruhige und gewöhnliche Leben habe ich bis zu meiner Jugendzeit geführt. Meine Schwester war die Erste, die uns verließ, als sie an die Universität von Roubaix ging. Sie wollte Anwältin werden, hatte in Roubaix ein Zimmer im Studentenwohnheim und kam nur noch am Wochenende nach Hause. Diese Veränderung rüttelte mich wach und weckte in mir zum ersten Mal den Wunsch, mich »woanders« umzuschauen, denn die Abende ohne sie empfand ich nun oft als sehr einsam. Zudem verschlechterte sich das Verhältnis zu meiner Mutter. Sie war immer schon eine sehr distanzierte und noch dazu recht »strenge« Mutter gewesen. Aber nun wurde alles noch schlimmer. Sie verbot mir praktisch alles. Nur in Ausnahmefällen durfte ich ausgehen, und dann bestand sie auf allen möglichen Einschränkungen: »Dann und dann bist du aber zu Hause.« – »Tu das nicht, tu jenes nicht.« – »Dorthin gehst du aber nicht.« Sie hatte eine Stelle als Näherin in einer kleinen Nähstube um die Ecke gefunden. Allein verantwortlich für uns drei Kinder, wurde sie immer strenger. Unablässig mussten wir ihr bei der Hausarbeit zur Hand gehen, Geschirr abwaschen, fegen, das Zimmer aufräumen, dies und jenes erledigen. Es war normal, dass wir ihr halfen, aber es kam mir so vor, als wäre sie mir gegenüber mit der Zeit immer härter und kälter geworden. Liebkosungen, Zärtlichkeiten oder auch nur vertraute Augenblicke gab es nur noch selten. Dieses Fehlen von Zärtlichkeit belastete mich, das ist mir heute klar.

Manchmal denke ich daran, wenn ich mit meinen Kindern spiele, wenn ich sie umarme und liebkose. Meine Mutter war ganz und gar nicht so.

Andererseits verlief meine Schulzeit alles in allem ohne große Dramen, sowohl in der Mittel- als auch in der Oberstufe. Ich legte mich nicht auf eine Fachrichtung fest, da ich vorhatte, Grundschullehrerin oder – warum auch nicht? – Tierärztin zu werden. Ich war eine mittelmäßige Schülerin im eigentlichen Sinn des Wortes. Von Trimester zu Trimester lobten die einen Lehrer meine »Ernsthaftigkeit« und meine »gute Arbeit« (in Französisch, den Sprachen, Mathematik und Geschichte), und die anderen bemängelten meine »Faulheit« oder meinen »mangelnden Einsatz« (in Sport, Physik und den anderen naturwissenschaftlichen Fächern). Ich war stets sehr wissbegierig und habe immer gern gelernt, sodass ich keinen Grund hatte, an der Verwirklichung meiner Jugendträume zu zweifeln. Nur kam es dann eben zu jener Begegnung, die den normalen Verlauf meines Lebens durcheinanderwirbelte und mich dazu brachte, alles von einem Tag auf den anderen über Bord zu werfen. Ob wohl alles anders gewesen wäre, wenn ich mich von meiner Mutter geliebt und beschützt gefühlt hätte? Ich glaube es. Leider.

Das Folgende habe ich erst sehr viel später herausgefunden: Ich war kein Wunschkind. Im Jahr 1978, als die Ehe meiner Eltern bereits nur noch auf sehr wackligen Füßen stand, wurde meine Mutter zum dritten Mal schwanger und wollte einen Schwangerschaftsabbruch vornehmen lassen. Aber daraus wurde nichts. Und so wurde ich am 14. Juni 1979 in Douai als Tochter von Marc und Évelyne Lange geboren. Man kann sich bessere Ausgangsbedingungen für eine gute Mutter-Tochter-Beziehung vorstellen.

Dreiunddreißig Jahre später muss ich feststellen, dass wir immer schon eine schwierige Beziehung zueinander hatten. Das geht so weit, dass mir heute, wenn ich von ihr spreche – Gott möge mir verzeihen – manchmal eine Wendung herausrutscht wie »meine Erzeugerin«. Sie hat mir zu sehr zu schaffen gemacht während all der Jahre.

Aus den Augen verloren haben wir uns zum ersten Mal nach unserer Hochzeit, und das für beinahe zehn Jahre. Sie konnte nicht verstehen, dass ich mit einem solchen Mann zusammenlebte. Im Grunde kann ich ihr daraus keinen Vorwurf machen, aber die Art, wie sie mir ihre Abneigung zeigte, war sehr hässlich. Wir begegneten uns nur sehr selten, im Wesentlichen an den Geburtstagen der Kinder meiner Schwester. Wenn ich auf sie zuging, um sie zu umarmen, wandte sie den Kopf ab. Und wenn ich versuchte, mit ihr ins Gespräch zu kommen, um ihr begreiflich zu machen, dass die Probleme zwischen ihm und ihr, aber nicht zwangsläufig auch zwischen ihr und mir lagen, stieß sie mich barsch und unmissverständlich zurück: »Ich will nicht mit dir reden.« Und schließlich versetzte sie unserer Beziehung im Gerichtssaal während meines Prozesses den Todesstoß. An jenem Tag war sie diejenige, die mich fallen ließ. Nach all den Schrecknissen, die hinter mir lagen, erfuhr ich nun, wo er nicht mehr lebte und ich womöglich einen Großteil meines zukünftigen Lebens im Gefängnis verbringen musste, so viel Hilfe und Unterstützung von allen Seiten, während sie ihren Auftritt für eine letzte Abrechnung nutzte. Sie sagte, dass sie mich nie wirklich geliebt habe. Dass ich immer schon ein sehr lebhaftes Kind gewesen sei. Dass ich meinen Vater ihr immer vorgezogen hätte. Und dass sie im Übrigen versucht habe, eine Abtreibung vornehmen zu lassen, weil sie von ihm vergewaltigt worden sei …

Mit schmerzlicher Verblüffung musste ich zuhören, wie sie mich quasi »belastete«. Es war mir unbegreiflich, wie eine Frau ihr eigenes Kind so niedermachen konnte. Ich empfand zugleich Schmerz und Wut. Ich wollte aufspringen, gegen diese Ungerechtigkeit um Hilfe rufen, aber ihre Aussage war – wenn mir diese Einschätzung zusteht – so durchsetzt von Bosheit und Bitterkeit, dass ich zugleich

Mitleid mit ihr empfand. Sie zitterte, verstrickte sich in Widersprüche bei ihren Ausführungen und schien mir nicht in normaler Verfassung zu sein. Wie dem auch sei, verzeihen werde ich ihr das vermutlich nie, denn an jenem Tag stand schließlich mein ganzes weiteres Leben auf dem Spiel.

In einem Punkt hatte sie allerdings recht. Ja, es stimmt, dass ich immer meinen Vater vorzog. Und es war seine Hand, die ich fest mit meinen Händen umklammerte, um diese Situation auszuhalten und nicht aufzuspringen, als meine Mutter ihre Gemeinheiten im Gerichtssaal verbreitete. Mein Vater war ein autoritärer Mensch, das kann man nicht bestreiten. Er konnte und kann noch immer sehr hart und auch sehr aufbrausend sein. Aber er ist auch ein gerechter Mann mit einem großen Herzen. Selbst nach der Scheidung blieb er ein mustergültiger Vater für mich. Den Unterhalt zahlte er stets pünktlich, das Haus in Aniche überließ er meiner Mutter, damit wir Kinder nicht in eine kleine Wohnung umziehen mussten, und als das Haus verkauft werden musste, weil meine Mutter an anderer Stelle ein neues Leben anfing, legte er den größten Teil seines Anteils auf Sparbüchern für seine Kinder an.

Zu ihm habe ich den Kontakt stets aufrechterhalten, und er war immer für mich da, wenn ich ihn brauchte. Nach der Scheidung lebte er eine Zeitlang bei seiner Mutter im Nachbarort Lallaing, bevor er mit seiner neuen Lebensgefährtin Marie-Paule zusammenzog. Sie besitzt ein sehr offenes Wesen, und ich hatte nie das geringste Problem mit ihr. Aus erster Ehe hatte sie eine kleine fünfjährige Tochter, mit der ich mich wunderbar verstand und sehr gern spielte. Und so stimmt es, dass ich im Schoß dieser kleinen Patchwork-Familie wahrscheinlich sehr viel glücklicher war als bei meiner Mutter. Und es stimmt auch, dass ich meinen Vater sehr verehre. War meine innige Beziehung zu ihm vielleicht sogar etwas zu ausgeprägt? Habe ich mich vielleicht von einem so viel älteren Mann blind verführen und dann auch beherrschen lassen, weil ich mich am Vorbild meines Vaters orientierte, was meine Vorstellungen von Männern anging? Darüber habe ich früher nicht nachgedacht, erst in den letzten Monaten habe ich mir diese Frage gestellt. Und ganz von der Hand zu weisen ist diese Vermutung sicherlich nicht.

Was die Kindheit und Jugend meines Ehemanns betrifft, so weiß ich bis heute nicht viel darüber. Nach den Informationen, die ich hier und da von verschiedenen Familienmitgliedern aufschnappte, und aus dem wenigen, was er selbst mir erzählt hat, konnte ich mir zusammenreimen, dass er immer im Wohnwagen gelebt hat. Einen großen Teil seiner Kindheit ist er mit seinen Eltern und seinen fünf Geschwistern von Dorf zu Dorf gezogen. Aus den Erzählungen der anderen ging hervor, dass seine Mutter ihn als kleines Kind über Jahre hinweg zwang, sich wie ein Mädchen zu kleiden, weil sein Vater sich zum Zeitpunkt seiner Geburt ein Mädchen gewünscht hatte. Er selbst hat dies mir gegenüber nie wirklich zugegeben, aber aus seinem Schweigen und seinen ausweichenden Antworten in den entsprechenden Momenten konnte ich schließen, dass diese Geschichte stimmte. Die Erinnerung an diesen Abschnitt seines Lebens stimmte ihn traurig, und wenn er darauf zu sprechen kam, litt ich mit ihm.

Nach den Schilderungen eines Bruders ist er in seiner Jugend dann sehr wild und unbeherrscht gewesen. Er suchte geradezu nach Streit und wurde bei entsprechenden Gelegenheiten schon damals hin und wieder gewalttätig. In diese Zeit fielen auch zwei Familientragödien, die ihm sehr zu schaffen machten: der Unfalltod eines Bruders und – noch schlimmer – der Tod seiner Mutter, die durch eine Krankheit dahingerafft wurde, als er noch ein Jugendlicher war. Über die spätere Zeit habe ich nur sehr lückenhafte Kenntnisse. Ich weiß nur, dass die meisten seiner Familienmitglieder aufgrund seines Benehmens nach und nach von ihm abgerückt sind oder sogar jeden Kontakt zu ihm abgebrochen haben.

Sehr genau weiß ich hingegen, was seine erste Ehefrau, Sylvie, mit ihm durchgemacht hat. Sie hat mir im Lauf der Jahre immer wieder Episoden ihrer Ehe erzählt, wenn sie ihre Kinder zu uns brachte. Im Verlauf der Ermittlungen und des Prozesses habe ich dann schließlich die genauen Details erfahren. Sie hatten im Jahr 1992 geheiratet, drei Jahre, nachdem sie sich in einer Diskothek über die Schwester von Sylvie kennengelernt hatten. Genau wie bei mir später verlief ihr gemeinsames Leben zunächst ohne größere Zwischenfälle. Das Paar richtete sich in einem der Wohnwagen auf dem Gelände von Émerchicourt in unmittelbarer Nähe seiner Familie ein. Anfangs war er durchaus »hilfsbereit« und »freundlich«, wie Sylvie sagte. Man hätte ihn geradezu mit einem Heiligenschein versehen können, ergänzte sie sogar. Er erkannte Laura, das erste Kind von Sylvie, als sein eigenes an, und zusammen bekamen sie dann noch eine Tochter namens Sabrina und später ihren Sohn Kévin. Aber zu diesem Zeitpunkt verschlechterte sich ihr Eheleben. Er begann »ein wenig« zu trinken. Und zu schlagen. Er trank nicht so viel wie zu meiner Zeit, aber zu Gewalttätigkeiten kam es nun bereits »fast täglich«, gab Sylvie an. Sie präzisierte außerdem: »Er musste nicht zwangsläufig betrunken sein, um gewalttätig zu werden.«

Genau wie ich konnte sie die ersten Schläge niemals vergessen. Er vermöbelte sie, weil sie ihm die Stirn bot. Er verpasste ihr Ohrfeigen, Fußtritte, Faustschläge, »alles, was man sich nur denken kann«. Vor Gericht erzählte sie: »Während unserer Beziehung musste ich immer wieder die Gewalttätigkeit meines Ehemannes ertragen. Die Kinder schlug er ebenfalls, sobald sie laufen konnten. Es kam sogar so weit, dass ich sie unter dem Bett versteckte, damit er sie nicht schlug.« Als sie sich an die schlimmsten Gräueltaten erinnern sollte, sagte sie: »Ich weiß nicht mehr, ich weiß nicht mehr … Er wollte, dass ich mit den Medikamenten, die ich gegen meine Depressionen nahm, Selbstmord begehe … Er wollte mir ein Messer in den Bauch rammen … Ich kann unmöglich alles aufzählen, was er mir angetan hat. Ich habe fünf Jahre mit ihm zusammengelebt. Das waren fünf Jahre in der Hölle.«

Wir haben die gleiche Hölle durchlebt, nur dass Sylvie es geschafft hat, ihr zu entfliehen. Das war im Jahr 1994. Er hatte sich auf sie gestürzt und ihr ein dickes Büschel Haare am Hinterkopf herausgerissen. Sie hatte daraufhin Anzeige gegen ihn erstattet, sie dann jedoch wieder zurückgezogen, »hauptsächlich aus Angst, die Kinder zu verlieren«, aber sie hat am Ende eine »einvernehmliche« Scheidung durchgesetzt, und somit ist es ihr gelungen, ihrem Leidensweg ein Ende zu setzen. Allerdings sagte sie mir einige Jahre nach ihrer Scheidung, dass sie immer noch Angst vor ihm habe, weil er immer noch bei ihr ›aufkreuze, um sie zu überwachen‹ und sie ›oft mit Drohungen‹ einschüchtere.

Warum habe ich ihr nicht besser zugehört, als sie mir schon bald all dies anvertraut hatte, um mich zu warnen? Ganz einfach, weil ich ihr keinen Glauben schenken wollte, oder genauer, weil ich nicht umhinkonnte anzunehmen, dass sie zwangsläufig ein wenig übertrieb. In der Zwischenzeit kam es dann aber so weit, dass ich selbst Schläge einstecken musste. Zugleich machte er Sylvie mir gegenüber regelrecht schlecht. Er schwärzte sie so heftig und nachdrücklich an, benutzte so nachvollziehbare Argumente (sie sei schmutzig gewesen, sie habe ihn betrogen, sie habe getrunken … dabei will ich es belassen), dass ich ihm schließlich mehr Glauben schenkte als ihr. Das gehört zu den Dingen, die ich heute nicht zu erklären vermag.

Inzwischen weiß ich, dass die Geschichte von Sylvie nur die unglückliche Vorstufe dessen war, was ich durchleben sollte. Bei mir kam es dann noch schlimmer.

3

Abstieg in die Hölle

Lange habe ich geglaubt, dass noch Ruhe bei uns einkehren könnte. Genau deshalb habe ich so oft auf den Bau und Erhalt unseres familiären Kokons gesetzt. Eine Familie liefert das Fundament und die Struktur, innerhalb derer man wachsen und gedeihen kann.

Nach der Geburt unserer Tochter Séphora wollte mein Ehemann sofort ein zweites Kind haben. Weil er einen Jungen wollte? Oder weil er einfach noch ein weiteres Kind wollte? Weil er mehr staatliche Zuschüsse bekommen wollte? Heute stelle ich mir diese Art von Fragen. Bei den Zigeunern war die Empfängnisverhütung noch nicht in der Weise üblich wie bei uns. Und er untersagte mir in aller Deutlichkeit zu verhüten. Ich war hin- und hergerissen bei dem Gedanken an ein zweites Kind zu einem so frühen Zeitpunkt. Ich musste mich bereits um Séphora kümmern, die noch ein Baby war, und mit zwei Kindern würde mein Führerschein (er galt mir in gewisser Weise als Verheißung einer zumindest punktuellen Unabhängigkeit) in noch weitere Ferne rücken – von meinem Wunsch nach einer Ausbildung und Arbeit einmal ganz abgesehen. Ich möchte jedoch nicht verhehlen, dass die Feststellung meiner erneuten Schwangerschaft nur ein Jahr nach meiner ersten Niederkunft wie ein heller Sonnenstrahl in meinen immer raueren Alltag fiel. Mein Ehemann kümmerte sich ein wenig mehr um die Kleine, und die Phasen der »Windstille« schienen mir etwas häufiger aufzutreten und länger anzuhalten. Unter den Tisch fallen lassen darf ich auch nicht, dass er beschlossen hatte, in unmittelbarer Nähe des Wohnwagengeländes ein Haus zu erwerben, das seiner Tante gehörte. Er war mit ihr übereingekommen, dass wir jeden Monat eine geringe Geldsumme überweisen würden, bis wir irgendwann die Restsumme aufbringen könnten. Eigentlich hat er mich nicht ernsthaft um Rat gefragt bei dieser Entscheidung, die doch von beachtlicher Tragweite war, aber ich muss gestehen, dass ich keineswegs verärgert darüber war, endlich wieder in einem »richtigen« Haus zu wohnen. Obwohl … besagtes Haus lag am Rand einer Bungalow-Siedlung, genau im Winkel zwischen einer breiten Fernstraße und einer kleinen Landstraße, und befand sich in einem jämmerlichen Zustand: Es gab kein Bad, kein WC, keine Heizung. Die einzigen Vorzüge bestanden in zwei Schlafzimmern, einem kleinen Stück Land und einem Kamin … der praktisch außer Betrieb und obendrein gefährlich verstopft war. Außer dem Kachelboden, der gerade erst gelegt worden war, musste alles andere, oder zumindest fast alles andere, erneuert werden. »Mach dir keine Sorgen, ich werde die notwendigen Arbeiten erledigen«, hatte er mir versprochen. Aber daraus wurde nichts. Es war mein Vater, der sich um alles kümmern musste. Damit ich den Winter im Warmen verbringen konnte (ich war immerhin schwanger), reparierte mein Vater den Kamin und begann da, wo es möglich war, die Wände mit Gips zu verkleiden, um die Isolierung der Räume zu verbessern. Er sah ihm dabei zu. Angesichts einer solchen Baustelle war er in jene Apathie verfallen, die ihn den ganzen Tag über tief in einem Sessel versinken ließ. Als mein Vater ihn bat, ihm zu helfen, behauptete er, er sei zu müde, oder er schützte ein Rückenleiden vor, das ihn vorgeblich am Aufstehen hinderte.

So verbrachten wir zwei Jahre in diesem Haus … letztlich wie in einem Wohnwagen. Die Beziehung zwischen meinem Vater und seinem Schwiegersohn war mittlerweile sehr angespannt. Mein Vater wollte sich nicht mehr allein bei uns abrackern, und mein Ehemann schob die nötige Erneuerung des Badezimmers immer wieder aufs Neue hinaus. Wir mussten uns also in einem Zuber waschen wie in den »guten alten Zeiten«. Und die Sanitäreinrichtungen? Draußen befand sich eine altmodische Fallgrube für Abwässer.

Trotz dieser Missstände fühlte ich mich in diesem Haus wohl. Ich war stets eine »Hausfrau« gewesen, und es machte mir immerhin mehr Spaß, unser neues »Zuhause« in Ordnung zu halten als unseren früheren Wohnwagen, wo ich mich auf Dauer sehr beengt gefühlt hatte. Zudem besaß ein großes Haus einen wichtigen Vorteil gegenüber einer Bruchbude auf vier Rädern: Im Fall eines »Unwetters« konnte man sich leichter in einen Winkel verkriechen. Denn es kam jetzt wieder verstärkt zu den Krisen, in deren Verlauf er mich beleidigte, demütigte und schlug.

Diese bedrohliche Stimmungslage herrschte auch, als Josué, unser Sohn, geboren wurde. Nach einer ebenso komplikationslosen Schwangerschaft wie beim ersten Mal brachte ich ihn am 22. November 2000 in Valenciennes zur Welt. Diesmal allein. Die Wehen hatten um fünf Uhr morgens eingesetzt. Ich hatte starke Bauchschmerzen und schaltete den Fernseher im Schlafzimmer ein, weil ich nicht mehr einschlafen konnte. Die Schmerzen verschärften sich weiter. Er schlief neben mir. Ich weckte ihn auf. »Es geht los«, sagte ich zu ihm. Er tat so, als würde er mich nicht verstehen, und drehte sich um. Also weckte ich ihn erneut auf, und schließlich willigte er ein und griff zum Telefon, um jemanden ausfindig zu machen, der mich ins Krankenhaus fahren könnte, da unser Auto schon seit Wochen nicht mehr fuhr. Er versuchte es bei einer seiner Schwägerinnen, aber sie musste zur Arbeit und war unabkömmlich. Also rief er die Feuerwehr an, die mich abholte, während er zu Hause blieb, um auf Séphora aufzupassen.

Ich habe noch vor Augen, wie ich in dem Gebärzimmer lag, mein Baby neben mir hatte und die Hebammen um mich herum hantierten. Ich war traurig, dass er nicht bei mir war. Trotz allem. Er kam erst im Laufe des Tages in Begleitung eines befreundeten Paares. Als wäre nichts gewesen. Er nahm den Kleinen in seine Arme. Er wirkte glücklich darüber, dass ich ihm einen Jungen geschenkt hatte. Und das machte mich dumme Gans auch glücklich. Glücklich über mich und über »uns«.

In solchen Augenblicken glichen wir tatsächlich einer ganz gewöhnlichen Familie. Mutter und Vater samt ihren beiden Kindern. Jemand, der jetzt über den Flur ging und einen Blick durch die Tür meines Zimmers warf, konnte nicht im Geringsten ahnen, wie gewalttätig und beleidigend mein Mann sein konnte, und auch nicht, dass sein Alkoholismus unser Leben zunehmend vergiftete.

Es gab nur einen Zwischenfall: Er brachte es fertig, sich mit den Krankenschwestern anzulegen, weil er wollte, dass ich schon einen Tag früher als geplant nach Hause kam, denn er befand sich wieder einmal in einer seiner Krisen. Dabei wurde er so ausfallend, dass er nur um Haaresbreite daran vorbeischrammte, mit Gewalt aus dem Krankenhaus geworfen zu werden!

Warum wollte er unbedingt, dass ich so schnell zu ihm zurückkehrte? Lange dachte ich, weil ich ihm fehlte, aber irgendwann begriff ich, dass er den Gedanken nicht ertrug, ich könnte ihm entgleiten. Und sei es auch nur für ein paar Tage, auf einer Neugeborenenstation.

Es ist schwierig, den Zeitpunkt genau auszumachen, an dem mein Leben zu einem Martyrium wurde, aber fest steht, dass die Monate nach der Geburt unseres zweiten Kindes unseren Fall in die Abgründe der Hölle beschleunigt haben. Wenn ich jetzt ein Resümee ziehen sollte, so würde ich sagen, dass ich mich zunehmend einem Mann gegenübersah, der seine Tage zu nichts anderem nutzte als zum Trinken – und wenn ihn doch ein plötzlicher Anfall von Energie packte, dann ging er auf mich los.

Bis auf eine Zeit, in der er sich – lange nach unseren kläglichen

Erfahrungen auf den Märkten – als Schornsteinfeger versuchte, kann ich mich nicht daran erinnern, dass er Anstalten gemacht hätte, eine geregelte Tätigkeit aufzunehmen. Und auch diese Marotte – anders kann ich es nicht nennen – war nur von kurzer Dauer. Er hatte sich selbstständig gemacht, denn er ertrug es nicht, »Befehle von jemand anderem zu empfangen«, wie er sagte. Letztlich hat er insgesamt höchstens zehn Schornsteine gereinigt. Von einem Tag auf den anderen befand er, dass dies zu »mühselig«, »nicht gut genug bezahlt« sei oder sonst irgendetwas. Durch Versuche dieser Art konnte er die Illusion aufrechterhalten, dass er »arbeiten wollte«, wie er oft wiederholte, und lange Zeit habe ich mich zum Besten halten lassen. Heute bin ich überzeugt, dass er Gefallen an einem durch staatliche Zuschüsse finanzierten Leben fand. Es gab ja regelmäßig die Sozialhilfe und die Familienbeihilfe, mit denen wir uns bis zum Monatsende durchschlagen konnten.

Was mich betrifft, so wird man sagen, dass ich nicht mehr gearbeitet hätte als er, und das stimmt. Aber ich hatte zwei kleine Kinder, um die ich mich kümmern musste (und das dritte kam schon bald hinzu). Ich besaß keinerlei Geld, um sie außer Haus hüten zu lassen, und es war unvorstellbar für mich, sie den ganzen Tag über ihrem Vater zu überlassen. Trotzdem habe ich eine Möglichkeit gefunden, ein wenig Geld hinzuzuverdienen. Zwei Jahre lang habe ich damals die Rolle einer Hilfspflegerin bei meinem Schwiegervater Joseph übernommen. Dieser Mann war über achtzig Jahre alt und litt zudem an Diabetes. Er konnte nur sehr schlecht gehen, und auch seine Arme wurden immer unbeweglicher. Deshalb schlugen wir ihm vor, auf unser Grundstück zu ziehen, und installierten dort einen kleinen Wohnwagen, sodass wir im Notfall rasch zur Stelle sein konnten. Es ergab sich ganz von selbst, dass ich ihm zunächst im Haushalt half, dann aber immer mehr Aufgaben übernahm. Ich putzte und lüftete den Wohnwagen, ich leerte seine chemische Toilette, ich wechselte sein Bettzeug, wusch ihm das Gesicht (mit einem Tropfen Kölnisch Wasser auf dem Waschlappen, weil er das so liebte!) und half ihm schließlich bei allem, was anfiel. Diese Arbeiten erledigte ich ein paar Monate lang, ohne etwas dafür zu verlangen, weil ich diesen tapferen Mann mochte und es mir Freude machte, ihm behilflich zu sein. Dann machte er es sich zur Gewohnheit, einen Schein zur Seite zu legen, »für die Kinder«, wie er mir lächelnd gestand. Schließlich unternahm ich aber die notwendigen Schritte bei den Behörden, um offiziell als Haushaltshilfe zu gelten. Nachdem Inspektoren die von mir geleistete Arbeit vor Ort überprüft hatten, wurde ich offiziell als »halbtags beschäftigte Haushaltshilfe« anerkannt, einschließlich einer Gehaltsabrechnung und eines Nachweises als Begleitperson. Das verschaffte Joseph die Gelegenheit, mich hin und wieder zu necken, denn mein Gehalt wurde auf sein Bankkonto überwiesen (er musste mich anschließend bezahlen), und es machte ihm Spaß, es als gut möglich hinzustellen, dass er mich am Ende des Monats »vielleicht« nicht mehr bezahlen würde. Je nachdem, wie unsere Verfassung gerade war, drohte ich ihm dann an, dass ich nicht mehr zu ihm kommen und ihm nicht mehr helfen würde; oder aber dass ich natürlich auch alles umsonst machen würde. Und wir lachten gemeinsam über unsere albernen kleinen Scherze.

Diese Arbeit bei meinem Schwiegervater verschaffte mir tatsächlich die tägliche Ration kleiner Aufmunterungen, die mich vor einem Zusammenbruch bewahrte. Denn mein Ehemann benahm sich jetzt zunehmend widerwärtig. Er hatte zwar genau begriffen, welche Vorteile es hatte, mich auf diese Weise arbeiten zu lassen (ich kümmerte mich um seinen Vater, brachte ein wenig Geld nach Hause, und bei alldem konnte er ein Auge auf mich haben), aber gleichzeitig sah er so die Möglichkeit, mir neue Vorwürfe zu machen. Seine Lieblingsmasche sah so aus, dass er mir an die Gurgel ging, sobald ich etwas zu lange für meine Aufgaben brauchte.

Dann befand er, dass »ich nichts von meiner Arbeit verstand«, dass ich »langsam und faul« sei, oder er beschuldigte mich in den schlimmsten Fällen, im Wohnwagen seines Vaters »anzuschaffen«. Und auch auf diese Beschimpfungen entgegnete ich nichts. Denn je mehr Jahre vergingen, desto weniger hatte ich die Wahl: Entweder ich schwieg, oder ich riskierte Schläge … vor den Augen der zutiefst verschreckten Kinder.

Diese Anfälle von Boshaftigkeit konnten ohne jeden Grund auftreten – sie sollten einfach nur seine Existenz bezeugen. Einfach nur daran erinnern, dass er da war. Vor den Schlägen gab es vollkommen unangebrachte Worte und Gesten. Schritt für Schritt verschob sich die Grenze, aber jeder Schritt führte weiter hinab in die Hölle der häuslichen Gewalt. Ebenso wenig habe ich es verstanden, der Verschärfung seiner sonstigen kleinen Grausamkeiten Einhalt zu gebieten. Ich konnte nicht darauf reagieren oder wusste einfach nicht, wie.

Drei Beispiele möchte ich herausgreifen:

Ein paar Monate nach unserem Umzug in das Haus in Émerchicourt hatte er eine Ente gekauft. Ich fand das eigentlich ganz lustig. »Das wird für ein wenig Unterhaltung auf unserem kleinen Grundstück sorgen«, dachte ich mir. Nur war das arme Tier für den Kochtopf bestimmt, wie er mir irgendwann kundtat. »Na, dann kannst du die Ente aber ohne mich essen«, erwiderte ich ihm. Er wusste, dass ich sehr tierlieb war, und das galt auch für diese Ente. Nach ein paar Monaten hatte ich deren Bestimmung beinahe schon vergessen, denn ich hatte mir angewöhnt, das Federvieh zu füttern und zu hegen, und so war es für mich eine Art Haustier geworden. Da zwang er mich, eine Szene mit anzusehen, die mir noch heute einen Schauer über den Rücken jagt. Ich war gerade in der Küche mit dem Abwasch beschäftigt, als ich durch das Fenster sah, wie er mit einem glatten Schnitt der Ente den Hals durchtrennte. Ohne sie vorher zu betäuben oder einzuschläfern. Und die Kinder befanden sich ebenfalls in unmittelbarer Nähe. Man muss diesen Mann gekannt haben, um zu begreifen, dass er sich absichtlich in unser Blickfeld gestellt hatte. Ich werde die Vorstellung nie loswerden, dass er dies getan hat, um mich zu verletzen. Weil er wusste, dass es mich schockieren würde.

Ich erinnere mich an eine weitere Tiergeschichte: Zur selben Zeit war uns ein kleiner Hund zugelaufen. Es war ein kleiner Mischling, den wir Guizmo nannten und den ich sehr liebte. Eines Morgens klopfte es an unsere Tür, und man teilte mir mit, dass er von einem Auto überfahren worden sei. Ich rannte los und fand ihn am Straßenrand, wo er schwer verletzt lag und kurz darauf starb. Inzwischen war auch er dazugekommen, und er schmiss das arme Tier in den erstbesten Mülleimer. Ich hätte diesen Hund so gerne beerdigt, und das sagte ich ihm auch, aber einmal mehr machte er sich schonungslos darüber lustig, was ich denken oder wünschen mochte. Seine Handlungsweise hatte nur ein Ziel: Er wollte zeigen, dass er »derjenige ist, der entscheidet«. Was ich dachte oder fühlte, war ihm völlig gleichgültig ...

Noch ein letztes Beispiel: Séphora war damals noch sehr klein und lernte gerade die ersten Wörter. Er hielt sie auf seinen Knien. Man hätte nun annehmen können, dass er mit ihr sprach wie ein Papa, der seinem Kind das Sprechen beibringen oder der seine Sinneswahrnehmung schärfen will. Aber anstelle von Sätzen wie: »Schau dir deine Mama an, schau, wie hübsch sie ist« oder »Wink der Mama doch einmal«, lautete seine Version: »Die da, die da ist widerlich, hau sie«, oder auch einmal: »Auf die da brauchst du nicht hören, sie ist eine Hu...«

Ich habe mir nicht immer alles gefallen lassen und manchmal versucht, ihm etwas zu erwidern. Im günstigeren Fall ging mein Protest bei ihm zum einen Ohr hinein und zum anderen wieder hinaus. Im ungünstigeren Fall kann man sich mittlerweile vorstellen, was geschah, und so gab ich schließlich auf. Ich erinnere mich, wie ich bei dem Vorfall mit Séphora bei mir dachte: »Rede du nur. Die Kinder sind viel intelligenter als du. Wenn die Kleine größer ist, wird sie schon sehen, wer der ›Widerling‹ ist.« Mein Kummer war so groß, dass ich nicht zu verstehen versuchte, warum es ihn in seinem tiefsten Inneren dazu trieb, mir so kindische Grausamkeiten zuzufügen. Ich beließ es für mich bei der in meinen Augen so offensichtlichen Erklärung: Er wollte mich verletzen.

Erst sehr viel später habe ich durch den Kontakt zu Psychologen herausgefunden, dass mein Ehemann unaufhörlich »nach Selbstbestätigung« lechzte. Mit seinen Boshaftigkeiten und Grausamkeiten wollte er nicht mehr und nicht weniger als seine männliche Dominanz bestätigen.

Mein Ehemann trug die Gewalt »in sich«. Davon bin ich überzeugt. Damit meine ich zunächst, dass er keinen – oder nur einen sehr kleinen – Unterschied zwischen einer Beleidigung und einem Schlag machte. Ich weiß nicht, ob dies für alle gewalttätigen Männer gilt (andere werden dies wohl behaupten), aber so wie ich es kennengelernt habe, konnte meinem Mann »einfach die Hand ausrutschen«, und eine solche Ohrfeige wurde dann als Kleinigkeit abgetan. Und dies galt nicht nur für mich. Bei meinem Abstieg in die Hölle hat ein Vorfall eine ganz besonders bittere Erinnerung hinterlassen. Eines Tages kam meine Mutter, mit der ich seit meinem überstürzten Auszug nur noch sehr sporadisch Kontakt hatte, unangekündigt zu Besuch, um Séphora zu sehen. Unglücklicherweise machte er ihr die Tür auf, als sie klingelte.

Den Anfang ihres Wortwechsels bekam ich nicht mit, aber hier der weitere Verlauf, so wie ich ihn in Erinnerung habe:

Sie steht an der Türschwelle. Er weigert sich, sie hereinzulassen. Er drängt sie zurück. Meine Mutter hebt ihre Handtasche, um ihm klarzumachen, dass sie sich nicht einschüchtern lässt. Sie macht ihre

Rechte als Großmutter der Kleinen geltend. »Du kannst mich nicht daran hindern, meine Tochter und meine Enkelin zu sehen«, sagt sie barsch. Sie versucht, sich mit Gewalt Einlass zu verschaffen. Er will das nicht zulassen. Der Ton wird schärfer. Und dann schlägt er sie. Es ist nicht nur eine leichte Ohrfeige. Der Schlag ist so heftig, dass die Brille meiner Mutter zu Boden fällt. Ich erstarre förmlich. Wie immer ich auch über meine Mutter denken mag, so bin ich doch völlig entsetzt über das, was sich vor meinen Augen abspielt. Dass er es wagt, sich an meiner eigenen Mutter zu vergreifen …

Auch sie steht unter Schock. Sie schreit, dass sie ihn anzeigen werde. Und schleudert ihm alle möglichen Schimpfwörter entgegen. Trotz allem gelingt es ihr, sich ins Haus zu drängen. Sie kommt zu mir und begrüßt mich. Der Tumult hält an, denn nun fliegen auch zwischen uns – verbal – die Fetzen. Sie setzt mir auseinander, dass sie den Weg hierher auf sich genommen habe, weil ich ihr die Enkelin vorenthielte. Ich antworte ihr, dass ich mehrere Kilometer zu Fuß zurücklegen müsse, um sie zu besuchen, sie wirft mir vor, dass ich sie nicht auf dem Laufenden hielte, und ich werfe ihr das Gleiche vor … Die Szene ist absurd. Und er sagt gar nichts mehr. Er sieht unserem heftigen, verbitterten Wortgefecht einfach nur zu, dann wird er Zeuge, wie meine Mutter Séphora einen flüchtigen Kuss auf die Wange drückt und verschwindet …

Ich bin vollkommen erledigt. Wieder einmal bin ich mit meiner Mutter in Streit geraten. Obendrein hat er sie jetzt auch noch geschlagen, und nun wirft er mir vor: »Alles ist deine Schuld! Du lässt dir von deiner Mutter viel zu viel gefallen! Du darfst nicht zulassen, dass sie so mit dir redet!«, schreit er mich an.

Und das ist noch nicht das Ende meiner Scherereien.

Noch am selben Tag ruft mein Vater, von meiner Mutter in Kenntnis gesetzt, bei mir an und teilt mir mit, dass er uns aufsuchen werde.

Ich höre, wie sein Auto näher kommt. Er ist in Begleitung meines Bruders Yohan. Was haben sie vor? Was wird geschehen? Mein Vater schlägt gegen die Tür. Mit Nachdruck! Schon jetzt ist klar, dass er nicht zum Spaß hergekommen ist. Mein Ehemann will die Tür nicht öffnen. Ich weiß, dass er Angst vor meinem Vater hat. Und mein Vater weicht natürlich nicht von der Stelle. Da nimmt er plötzlich Séphora auf den Arm. Er benutzt sie als menschlichen Schutzschild! Wie könnte mein Vater handgreiflich werden, wo sich die Kleine zwischen meinem Ehemann und ihm befindet?

Am Ende wird die Tür geöffnet. Mein Vater kommt sofort zur Sache: Er will wissen, warum er meine Mutter ohrfeige (nur weil sie geschieden sind, heißt das nicht, dass er sie nicht verteidigt), bestürmt ihn mit weiteren Fragen, versucht sich Einlass zu verschaffen, aber sein Gegenüber erwidert ihm, dass ihn das alles gar nichts angehe und er »hier nichts zu melden« habe. Mein Vater fordert ihn auf, die Kleine freizugeben und sich wie ein Mann zu verhalten. In dem ganzen Durcheinander gelingt es mir immerhin, Séphora wieder an mich zu reißen. Und nur den Bruchteil einer Sekunde später stürzt mein Vater sich auf seinen Schwiegersohn, schiebt ihn gegen die Wand, presst ihm einen Unterarm auf den Hals und verpasst ihm ebenfalls eine Ohrfeige. Gleiches wird mit Gleichem vergolten. Er soll seine Lektion lernen. Und bevor er seinen Griff lockert, stößt mein Vater noch hervor: »Wage es nicht, auch nur noch einmal die Mutter meiner Kinder zu schlagen!«

Aber Drohungen haben meinen Ehemann nie wirklich erreicht. Sobald mein Vater ihn freigegeben hatte, nahm er meinen Bruder Yohan ins Visier, der sich bisher im Hintergrund gehalten hatte. Er beleidigte ihn mit überflüssigen, sinnlosen Worten. »Du bist doch ein Schwuler!«, schrie er ihn an. Dann drohte er damit, ihm »Zigeuner von Korsika und aus Marseille« auf den Hals zu hetzen, und schwor, dass er sich mir nicht mehr nähern, geschweige denn mich sehen dürfe …

Nach diesem Vorfall habe ich meine Mutter für fast zehn Jahre nicht mehr gesehen. Sie warf mir vor, sie nicht verteidigt zu haben. Sie war der Meinung, ich hätte mich auf seine Seite geschlagen und ihr nicht genügend Beistand geleistet, da ich mich im Grunde für ihn und nicht für sie entschieden hätte.

Ihre Denkweise ist natürlich verständlich, aber das kann ich heute sehr viel leichter zugeben als damals. Denn damals machte er mir genau die gleichen Vorwürfe, was mein Verhalten meiner Mutter gegenüber anging.

Unterdessen ließ er Monat für Monat, Jahr für Jahr nicht von seiner Lieblingsbeschäftigung ab: Die Drohungen und Beleidigungen nahmen immer mehr zu und waren bald an der Tagesordnung. Vor allem mir gegenüber, aber auch gegenüber denjenigen, die es wagten, sich ihm in den Weg zu stellen. Das waren leider nicht sehr viele. Im Grunde glaube ich, dass mein Vater der Einzige war, der diesen Mut besaß.

Sie gerieten noch ein zweites Mal aneinander. Dieses Mal ging es um eine finanzielle Angelegenheit. Mein Vater hatte sich eingeschaltet, als wir das Haus von der Tante meines Ehemannes gekauft hatten, und war uns beigesprungen, als es um die Modalitäten bei der Bezahlung ging. Er war der Meinung, dass dieses »Abstottern« keine gute Idee sei, und hatte ein Darlehen aufgenommen, um unser Haus ein für alle Mal zu bezahlen. Wir verpflichteten uns, ihm in der Folge diese Summe in Raten abzubezahlen. Während diese Abmachung mehr oder weniger »stillschweigend« zwischen uns getroffen worden war, wurde in einem ordentlichen Vertrag schwarz auf weiß fixiert, dass das Haus jetzt uns gehörte. Somit bestand keine Gefahr mehr, bei Scherereien mit der Tante in die Röhre zu gucken. Aber wie nicht anders zu erwarten: Die Scherereien bekam dann mein Vater. Denn mein Ehemann beschloss irgendwann, nicht weiter zu bezahlen …

Mit seiner Geduld am Ende, tauchte mein Vater dann eines Tages bei uns auf, um die Schuldenfrage zu klären. Er legte die Schuldscheine der Bank auf den Tisch, und der Tonfall wurde auf beiden Seiten sehr schnell sehr gereizt. Mein Ehemann äußerte spöttisch, dass er das Haus verkaufen werde und mein Vater »uns niemals wiederfinden würde«! Als dies nicht den erwünschten Eindruck auf meinen Vater zu machen schien, nutzte er einen Augenblick der allgemeinen Unschlüssigkeit dazu, eine große Axt hereinzuholen und ihn damit zu bedrohen. Und als das auch noch nichts nutzte, rief er die Polizei von Aniche um Hilfe! Natürlich war er derjenige, den die Beamten beruhigen mussten, und nicht mein Vater, aber sie konnten nichts gegen ihn unternehmen (außer dass sie ihn aufforderten, seine Schulden zu begleichen), denn selbstverständlich hatte er die Axt vor ihrem Eintreffen versteckt.

Auch mein Vater hat die Axt nicht erwähnt. Er hat nichts zur Anzeige gebracht. Ich begriff erst später, dass er die Justiz offenbar nur deshalb nicht eingeschaltet hat, weil er mich schützen wollte. Er wollte mir nicht schaden, und er konnte sich einfach auch nicht vorstellen, was ich Tag für Tag durchmachen musste. Ich hatte mich ihm bis dahin noch nie anvertraut. Er wollte schlicht und ergreifend nicht, dass die Polizeibeamten erfahren, mit was für einem Mann seine Tochter zusammenlebte und zu welchen Verhaltensweisen dieser fähig war. Er wollte verhindern, dass ich es mit der Polizei zu tun bekam, und das kann ich ihm nicht vorwerfen. Ich hätte es mit Sicherheit genauso gemacht.

Atempausen gab es im Grunde nicht für mich. Die häusliche Gewalt ist eine Planierwalze, die auf ihrem Weg alles niedermacht: das Urteilsvermögen, den Widerspruchsgeist, den gesunden Menschenverstand. Sie ist wie eine Krankheit, die jeden Tag mehr an Boden gewinnt, weil man nicht gegen sie ankämpft, da man zu sehr damit beschäftigt ist, den Alltag zu bewältigen. Und damit hatte ich reichlich zu tun.

Dreieinhalb Jahre nach der Geburt meines ersten Kindes war ich mit dem dritten Kind schwanger. Und wieder hatte ich die Hoffnung, dass »sich dadurch etwas ändern könnte«. Was die Niederkunft anging, so ließ sich dieses Kind ewig Zeit!

Der Geburtstermin war für Ende September 2002 errechnet. »Wie der Zufall es wollte« (manchmal lächle ich lieber über mein Unglück, denn so fällt mir die Erinnerung leichter), war mein Ehemann zu diesem Zeitpunkt gerade für zwei Wochen fort zur Weinlese. Es ist richtig, dass ich ihn nicht zurückgehalten habe. Nicht nur, weil ich die Chance sah, dass er mit ein wenig Arbeit unseren Geldbeutel aufbessern würde, sondern auch, weil mir seine Abwesenheit zwei Wochen Ruhe versprach. Allerdings hatte ich keinen echten Nutzen davon. Zwar hatte ich meine Ruhe vor ihm, aber ich war erschöpft, denn ich musste mich um Séphora und Josué kümmern, die noch so klein waren, dass ich sie ständig beaufsichtigen musste. Außerdem wurde ich zunehmend unruhig: Der errechnete Geburtstermin war verstrichen, und auch die nächsten Tage gingen vorbei, ohne dass sich etwas tat … wie durch ein Wunder setzten die Wehen erst am 4. Oktober 2002, unmittelbar nach seiner Rückkehr ein. Als hätte ich unbewusst gewartet, bis er wieder zurück war.

Ich muss nicht sonderlich betonen, dass mir bei der Aufnahme im Krankenhaus ein gehöriger Rüffel der Krankenschwester zuteilwurde. Als ich ihr dann noch erklärte, dass ich das Ende der Weinlese abgewartet hatte, um mein Kind zur Welt zu bringen, war sie regelrecht empört: »Man wartet nicht einfach mehrere Tage über den Geburtstermin hinaus ab! Beim dritten Kind sollte man so etwas wirklich wissen! Damit geht man vollkommen unnötig ein Risiko ein!« Ich weiß nicht, ob sie recht hatte oder mich nur wegen meiner Unvorsichtigkeit tadeln wollte. Sicher ist, dass ich nach meiner Aufnahme ins Krankenhaus weitaus mehr zu ertragen hatte als bei meinen bisherigen Schwangerschaften.

Die Wehen gewannen urplötzlich eine solche Intensität, dass ich mich nicht daran erinnern kann, jemals solche Schmerzen ertragen zu haben. Ich glaubte beinahe, ich müsste »sterben«, so übermannten mich die Schmerzen. Ich bat um eine Periduralanästhesie, aber dafür war es bereits zu spät: Das Baby war bereits im Geburtskanal. Was für Qualen waren das! Er war da und tat, was er konnte, aber das war (obwohl der Vater in solchen Situationen ohnehin nicht viel tun kann) erbärmlich wenig … Mir wurde keine dieser kleinen Aufmerksamkeiten zuteil, wie man sie in den Filmen oft sieht: ein Papa, der die Hand der Mama drückt, der sie mit zärtlichen Worten aufmuntert, der ihr als Ausdruck seiner Unterstützung über die Stirn streicht … Aber nein, nicht doch, das entsprach nicht seinem Wesen. Viele Frauen würden ihren Ehemännern ein solches Verhalten verzeihen (die Männer können schließlich nicht alles richtig machen), aber für mich war das eine weitere bittere Erfahrung. Zum Glück erblickte die kleine Saraï-Béthanie gesund und munter das Licht der Welt. Und dann kam es zu einem Handgriff, der mich sehr überrascht hat: Als die Hebamme ihm vorschlug, die Nabelschnur zu durchtrennen, willigte er ein und nahm die Schere zur Hand. In diesem Augenblick verspürte ich tatsächlich einen Anflug von Zärtlichkeit für ihn. Vielleicht war er ja doch nicht so schlecht?

Ein Ereignis kurz darauf nahm einen sehr viel weniger günstigen Verlauf. Vor allem für ihn.

Er musste einkaufen gehen. Im Kühlschrank herrschte gähnende Leere. Es war bereits spät. Zu spät, als dass ich mich noch zu Fuß hätte auf den Weg machen können, was inzwischen zur Regel geworden war. Ich hätte das Geschäft erst nach Ladenschluss erreicht, aber mit dem Auto konnte man es noch rechtzeitig dorthin schaffen. Nur hatte er tagsüber bereits eine ordentliche Menge getrunken. Aber er hatte dennoch keine Bedenken und setzte sich ans Steuer. Schließlich gab es auch einen wichtigen Grund: Es war kein Alkohohl mehr im Haus.

Und dann geschah, was geschehen musste. Wir wurden angehalten. Natürlich war der Alkoholtest positiv. Aber das war noch nicht alles: Nach der Trennung von Sylvie war er bereits schon einmal wegen Trunkenheit am Steuer erwischt worden. Damals hatte er einen Unfall verschuldet und seinen Führerschein abgeben müssen. Zu diesem Vorfall hatte er mir erklärt, dass alles Sylvies Schuld gewesen sei, weil sie ihn zum Trinken verleitet und dann auch noch gezwungen habe zu fahren, wo er doch schon betrunken war …

Um es kurz zu machen, an jenem Abend ließen sich die Beamten auf keinerlei Diskussion mit ihm ein. Gleich mehrere von ihnen sprangen aus ihrem Wagen und nahmen ihn direkt in Gewahrsam, während die anderen mich zurück nach Hause brachten. Während der Fahrt glaube ich im Übrigen verstanden zu haben, dass die Polizei »ihn« bereits im Visier hatte und uns gefolgt war.

Bei der »sofortigen Vorführung« vor den Strafrichter lag der Fall klar auf der Hand. Er wurde wegen wiederholten Fahrens ohne Fahrerlaubnis und Trunkenheit am Steuer verurteilt und bekam sechs Monate ohne Bewährung. Jedoch konnte diese Strafe unter bestimmten Bedingungen (die bei uns allerdings nicht gegeben waren) durch eine elektronische Fußfessel ersetzt werden.

Ich habe ihn dann erst im Gefängnis wiedergesehen, und zwar – Ironie des Schicksals – in Valenciennes, wo ich selbst sieben Jahre später inhaftiert war, während ich auf meinen Prozess wartete.

Ich habe ihn dort dreimal besucht. Seine Nichte und ihr Mann haben mich und die Kinder zum Gefängnis gefahren. Sie waren noch zu klein, um den Sachverhalt zu verstehen – ich hatte versucht, ihnen in einfachen Worten zu erklären, was geschehen war –, aber ich wollte vor allem, dass sie ihren Vater sehen konnten. Das war eine prinzipielle Frage. Zuallererst beschuldigte er mich natürlich, ihn absichtlich zum Fahren gedrängt zu haben, weil er getrunken hätte. Mein einziges Ziel sei es gewesen, ihn hinter Gitter zu bringen und ihn loszuwerden. Das nahm er mir übel, betonte er mit Nachdruck. Dann lief es genau wie »draußen«: Er beruhigte sich wieder. Die Stimmung zwischen uns blieb kühl, aber er warf uns durch das Sprechgitter Küsschen zu. Und es schmerzte mich, ihn hinter Gittern zu sehen. Trotz allem, was er mir zufügte. Handelt es sich bei dieser Regung nicht um das Stockholm-Syndrom, das eine emotionale Bindung an den Peiniger beschreibt? Bei mir bestand diese aus einer Mischung von Hass, Liebe und Mitgefühl.

Tatsächlich habe ich oft Entschuldigungen für ihn gesucht. War es nicht der Alkohol, so war es die Traurigkeit, für die der Tod seiner Mutter verantwortlich war, oder sein »psychologisches Problem«, das ich zwar nicht genau fassen konnte, das mir aber geradezu in die Augen sprang.

Wie dem auch sei: Während er im Gefängnis saß, habe ich zum ersten Mal erwogen zu fliehen. Das heißt, tatsächlich das Weite zu suchen, mit Sack und Pack und den Kindern zu verschwinden. Aber ich habe mich nicht dazu entschließen können: Wohin sollte ich gehen? Zu meinem Vater, meinem Bruder, meiner Schwester oder einem anderen Mitglied meiner Familie? Dort hätte er uns rasch ausfindig gemacht. Und wie sollte ich von hier fortkommen? Mit welchen Mitteln? Was, wenn er sich an einem meiner Verwandten vergriffen hätte? Als ich früher einmal die Unverschämtheit besessen hatte, ihm zu drohen, hatte er mich bereits davor gewarnt, ihn zu verlassen und die Kinder mitzunehmen: Auch wenn er selbst nicht mehr imstande sei, an uns heranzukommen, könne er andere damit beauftragen. Er wollte mir damit zweifellos zu verstehen geben, dass die Zigeuner eine große Familie sind … Ich weiß zwar nicht genau, warum, aber dieser Satz hat sich mir nachhaltig eingeprägt, und ich glaubte ihm. Wenn ich heute daran zurückdenke, möchte ich mir am liebsten selbst eine Ohrfeige verpassen.

Also habe ich die Flucht nicht gewagt. Nicht dieses Mal. Stattdessen habe ich weiterhin all seinen Wünschen und Befehlen Folge geleistet. Er bat mich, das Haus zum Verkauf auszuschreiben, weil er es nicht mehr behalten wolle – und ich leitete die notwendigen Schritte ein. Er erklärte mir, dass wir auf das Wohnwagengelände zurückkehren müssten, weil er eine Telefonverbindung brauche (wie sie bei den Wohnwagen, nicht aber in unserem Haus vorhanden war), um statt seiner Gefängnisstrafe eine elektronische Fußfessel bewilligt zu bekommen – und ich kümmerte mich darum. Er musste seinen Anwalt anrufen – und ich erledigte es für ihn …

Mit anderen Worten, ich habe viel unternommen, um alles so für ihn einzurichten, dass er nach zwei Monaten Haft mit seiner Fußfessel zu uns in den Wohnwagen zurückkehren konnte.

Meine Anstrengungen während dieser zwei Monate wurden in keiner Weise gewürdigt. Zumindest nicht so, wie man sich das normalerweise vorstellt.

Unsere materielle Situation hat sich durch diese Veränderungen nicht verbessert, mit Ausnahme der Tatsache, dass wir dank des spärlichen Gewinns, den uns der Verkauf des Hauses nur zwei Jahre nach seinem Erwerb eintrug, einen etwas komfortableren Wohnwagen leisten konnten. Ansonsten waren unsere Geldmittel ebenso begrenzt wie zuvor. Das Kindergeld für unsere drei Kinder, achthundert Euro im Monat, stellte unser einziges Einkommen dar. Dank der Unterstützung einiger seiner Familienmitglieder, die dort auf dem Gelände lebten und mit denen ich mich gut verstand, wobei es sich weniger um Geld handelte denn um Hilfestellungen bei Reparaturen, Fahrdiensten usw., hätte ich es vielleicht über den Monat schaffen können. Aber wenn es mir einmal gelang, ein wenig Geld beiseitezulegen, um die Kinder anständig zu ernähren und zu kleiden, so verschwendete er das wenige, was uns blieb, für Alkoholika. Denn er steigerte seinen Konsum ständig. Bier, Wein, Whisky, Ricard … er trank alles. Und in zunehmend schwindelerregenden Mengen.

Eine weitere Schwelle überschritten wir, als die Streitereien und Beleidigungen immer mehr über einen gewohnheitsmäßigen, banalen Schlagabtausch hinausgingen. Damit meine ich, dass auch ich selbst im Verlauf unserer derben Auseinandersetzungen begonnen hatte, ihm so hässliche Schimpfwörter an den Kopf zu werfen, wie ich sie vier Jahre zuvor niemals auszusprechen gewagt hätte und die ich hier auch keinesfalls wiederholen möchte. Ich wähnte, auf diese Weise eine letzte Möglichkeit zur Gegenwehr gefunden zu haben (wenngleich ich natürlich wusste, dass ich damit das Risiko erhöhte, mir Schläge einzufangen). Ich glaubte, dass ich ihm durch den Gebrauch seiner eigenen Sprache begreiflich machen könnte, wie sehr diese Worte verletzten. Manchmal genauso sehr wie Schläge. Bisweilen besaß ich sogar die Kühnheit, mich über ihn lustig zu machen. Aber im einen wie im anderen Fall erwiesen sich meine Versuche, ihm eine »Reaktion« (das heißt eine Änderung oder Einsicht) abzuringen, als vergeblich. Und oft habe ich sie sogar zutiefst bereut. Die Folge war, dass mein Mann mir zunehmend Angst machte. Regelmäßig versetzte er mir Faustschläge und Fußtritte, von Klapsen und Flüchen ganz zu schweigen. Hinzu kam die Erinnerung an die Ohrfeige bei meiner Mutter, die wütend vor meinem Vater geschwungene Axt … Er trat nun vermehrt mit solch drohenden Gebärden auf. Eines »schönen« Tages, nach einer der unzähligen Streitigkeiten mit einem seiner Brüder, kaufte er ein Gewehr für den Fall, dass ihm »noch einmal einer querkäme«. Das war vermutlich Ausdruck einer weiteren Krise, aber diesmal richtete sich sein Zorn nicht nur gegen mich, sondern auch gegen seinen Bruder. »Damit werde ich ihm die Meinung sagen!«, schleuderte er mir entgegen. Glücklicherweise kam einer seiner Neffen auf die gute Idee, diese Waffe gewissermaßen außer Gefecht zu setzen, bevor es zu einer Tragödie kommen konnte.

Er hatte sich auch angewöhnt, ein Messer bei sich zu tragen, praktisch von morgens bis abends. Diese Manie muss er schon früher einmal gehabt haben, denn Sylvie, seine erste Frau, hatte etwas Ähnliches erzählt. Er schob das Messer in seine Tasche oder klemmte es hinten am Rücken unter den Gürtel. Ich erinnere mich sehr gut, wie mein Blick zum ersten Mal darauf fiel, als er sich bückte. Das Blut stockte mir in den Adern. Warum trug er ein Messer bei sich? Ich weiß es nicht wirklich. Nicht für handwerkliche Tätigkeiten, so viel steht fest. Ich glaube, er wollte seinem Gegenüber, ganz gleich wem, Angst einjagen können. Was mich betrifft, so ist ihm das auch voll und ganz gelungen. Der Anblick des Messers erschreckte mich. Bis ich mich daran gewöhnte. Wie an alles andere …

In dieser Phase gerieten wir immer tiefer in den Sumpf der »alltäglich« gewordenen Gewalt, aber eine Sache machte mir noch mehr zu schaffen als die Beleidigungen und Schläge, die mir widerfuhren: Er erhob seine Hand jetzt immer öfter auch gegen die Kinder. Er war nicht nur ein strenger Vater, der ohne viel Federlesens einen Klaps oder eine Ohrfeige austeilte, er war ein Rohling. Bei jedem noch so geringen Anlass schlug er sie. Wenn ich Zahlen nennen sollte, so würde ich schätzen, dass sich alle drei Tage eines der Kinder »eine fing«, wie er zu sagen pflegte. Er fand immer einen Grund, um sie zu schlagen, sei es eine »Laune« des einen Kindes oder die Weigerung eines anderen zu essen, was auf dem Tisch stand. Und wenn er zuschlug, so geschah das mit einer so maßlosen Härte, dass ich zusammenzuckte.

Ich sah den Abdruck seiner Hand auf dem Hinterteil der Kinder, wenn sie unbekleidet waren. Ich sah ihre von den Schlägen ins Gesicht aufgeplatzten Lippen.

Solche Erinnerungen möchte ich heute am liebsten aus meinem Gedächtnis verbannen. Aber um zu begreifen, wie ungeheuerlich dieser Mann sich zunehmend aufführte, muss ich weitere Erinnerungen zulassen. Die erste Erinnerung könnte jemandem beinahe harmlos erscheinen, der die Perversität alltäglicher Gewalt – physisch wie moralisch – nie erlebt hat; und wer nie Kinder hatte, wird es vielleicht gar nicht verstehen. Mich aber schmerzt die Erinnerung immer noch: Josué war ein sehr hübsches Kind mit langem lockigen Haar und einem so sanften Gesicht, dass ihn die Leute auf der Straße oft für ein Mädchen hielten: »Ach, was für ein süßes Mädchen!«, staunten sie. Und das erfüllte mich mit Stolz! Da tat es der Sache auch keinen Abbruch, dass sie sich täuschten, was sein Geschlecht anging (das passiert schließlich bei vielen Kindern!). Ich sah nur, dass er überall bewundernde Blicke auf sich zog. Aber auf meinen Ehemann hatte dies eine vollkommen entgegengesetzte Wirkung. Eines Tages packte er ihn beim Arm und schleppte ihn, ohne mir vorher Bescheid zu sagen, zum Friseur, um ihm die Haare sehr kurz schneiden zu lassen, so dass er beinahe einen Stoppelschnitt hatte. »So wird er wenigstens nicht mehr für einen Schwulen gehalten werden!«, stellte er abschließend fest. Ich nahm ihm diese Aktion furchtbar übel! Mein Josué sah nun so traurig aus …

Die bloße Erwähnung der zweiten Erinnerung, von der ich nun berichten will, erfüllt mich noch im Nachhinein mit Angst. Saraï, unsere jüngste Tochter, war mit ihm im Wohnwagen, während ich draußen beschäftigt war. Da hörte ich sie plötzlich weinen. Es war ein sehr klägliches Weinen, das jede Mutter hellhörig werden lässt, zumal Saraï erst acht Monate alt war. Eilig betrat ich den Wohnwagen, um nachzusehen, was vorgefallen war: Mit finsterem Blick stand er an der Küchenzeile und stützte sich mit geballten Fäusten auf die Arbeitsplatte. Saraï stand in ihrem Reisebettchen, klammerte sich mit ihren Händen an das Geländer des Bettes und weinte hemmungslos. Ich fragte, was geschehen war, aber er antwortete mir nicht. Seine Augen hatten einen Ausdruck, den ich kannte und fürchtete. Genauso blickte er drein, wenn er mich schlug. Ich erstarrte förmlich. Rasch warf ich einen Blick auf Saraï. Sie war doch noch ein Baby … Aber er jagte mir solche Angst ein, dass ich für den Augenblick nicht einmal wusste, wie ich reagieren sollte. Ich wagte es nicht, auf die Kleine zuzugehen. Ich musste warten, bis er hinausgegangen war, um sie in meine Arme zu schließen und zu trösten. Ich habe nie erfahren, was an jenem Tag tatsächlich geschehen ist, aber eine Mutter kann das Weinen ihres Kindes sehr gut einschätzen. Und eine misshandelte Frau kennt den Blick ihres Ehemannes bei seinen Wutanfällen.

Der Schrecken hatte jeden Tag ein anderes Gesicht. Auch an das folgende Ereignis erinnere ich mich noch, als sei es gestern gewesen. Josué war bereits dreieinhalb oder vier Jahre alt. Um ihn zu bestrafen, schlug er ihn so zügellos, dass er mit dem Kopf an die Kante eines Möbelstücks schlug. Es grenzte an ein Wunder, dass Josué mit einem deftigen blauen Auge davonkam, das die ganze Augenhöhle, von der Augenbraue bis zum Backenknochen, ausfüllte.

Wie konnte ich solche Grausamkeiten zulassen? Was hätte ich tun sollen? In diesen Augenblicken stauten sich in mir Hass, Wut und Verachtung für ihn, und zugleich war ich erfüllt von einem furchtbaren Gefühl der Ungerechtigkeit. Warum traf mich so etwas? Warum traf es meine Kinder?

Ich habe zu keinem Zeitpunkt hingenommen, dass man ein Kind schlägt, aber wenn ich ihm meine Abscheu zu verstehen gab und ihm vorhielt, dass man so etwas nicht tut, hörte er mir nicht zu und ging noch gewalttätiger auf mich los, wenn ich insistierte. Ich war in einem Netz gefangen, aus dem ich mich nicht mehr befreien konnte. Und so gewöhnte ich mich daran zu schweigen … und meine Kinder »nach den Schlägen« zu trösten. Was diese betrifft, so entwickelten sie den gleichen Überlebensinstinkt wie ich: Sie flüchteten sich in meine Arme, sobald sie ihm entkommen konnten.

Ob sie ihren Vater liebten? Ich glaube schon, dass sie ihn lieben konnten. Denn mitunter verstand er es, sie zum Lachen zu bringen, oder er kümmerte sich beim Essen oder Anziehen um sie – wenn er gerade wollte. Es wäre eine Lüge zu behaupten, dass er sich ihnen gegenüber nur wie ein Monster verhalten hätte. Angst hatten sie allerdings vor ihm, und zwar reichlich! Natürlich wegen der Schläge, aber auch, weil sie nie wussten, was geschehen würde. Manchmal begingen sie Dummheiten, ohne dass er etwas dagegen unternahm, manchmal fingen sie sich Ohrfeigen oder Faustschläge für Nichtigkeiten ein. Er war furchtbar ungerecht und unberechenbar ihnen gegenüber …

Je mehr seine Gewalttätigkeit den Kindern gegenüber zunahm, desto mehr wälzte ich Pläne zu fliehen. Aber er besaß die Gabe, mir immer wieder Hoffnung zu machen, wenn ich so weit war, sie in die Tat umzusetzen. Das ist meiner Meinung nach eine Eigenschaft aller gewalttätigen Ehemänner. Zu seiner Strategie zählte, dass wir immer wieder den Standort wechselten, sei es auf ein und demselben Gelände, sei es der Umzug vom Wohnwagen in das Haus, um mich im Glauben zu wiegen, es würde sich »etwas ändern«. Insgesamt sind wir ungefähr zehnmal in zwölf Jahren umgezogen, und jedes Mal hatte *er* das beschlossen.

Als er im Sommer 2003 wieder von seiner elektronischen Fußfessel befreit war, verkündete er mir einmal mehr, dass wir unsere Sachen packen würden. Ihm stand ganz einfach der Sinn nach Veränderung. Er hatte das Bedürfnis, in einem anderen Umfeld zu leben. Es ging in Richtung Béthune. Dort gab es ein richtiges Gelände für das fahrende Volk, so wie man es bisweilen am Straßenrand sieht. Zweihundert Wohnwagen standen da, wenn nicht sogar noch mehr. Unter den Bewohnern befanden sich auch Mitglieder seiner Familie, die Kinder eines seiner Brüder sowie einige Neffen und entfernte Cousins.

Ich hatte nichts gegen eine Veränderung einzuwenden. Warum nicht fortgehen? Wenn dies vielleicht sogar unseren Alltag mit seinen destruktiven Gewohnheiten aufbrechen konnte …

Eine andere Wahl hatte ich ohnehin nicht. Ich redete mir ein, dass es ihm guttun würde, dass er vielleicht nicht länger in seiner Unzufriedenheit verharren würde, ohne von der Stelle zu kommen, dass er andere Familienmitglieder treffen und eine Beschäftigung finden könnte … Die Hoffnung stirbt zuletzt … Aber es blieb alles beim Alten. Es sollte dort sogar zu einer der schlimmsten Misshandlungen kommen (wenn es überhaupt möglich ist, derlei Dinge in eine Hierarchie zu zwingen), die ich zu ertragen hatte.

Er hatte unsere kleine Familie auf drei Wohnwagen verteilt. Der erste war ein ehemaliger Planwagen, der recht annehmlich hergerichtet war: Es gab als Küche eine große Arbeitsfläche, eine Mikrowelle, einen kleinen Kühlschrank, ein Spülbecken, einen Gasherd, eine Waschmaschine usw. In den beiden anderen Wohnwagen befanden sich unsere Schlafzimmer: ein großes für uns und die drei Kinder sowie ein kleines für Kévin, seinen Sohn aus erster Ehe, der gerade zehn Jahre alt geworden war und jetzt wieder bei uns wohnte. Seit seiner frühesten Kindheit war er verhaltensauffällig, und seine Mutter Sylvie wusste nicht mehr, wie sie mit ihm umgehen sollte. Kévin machte eine Dummheit nach der anderen. Er war brutal, gab Widerworte in der Schule, nahm immer wieder Reißaus und beschloss irgendwann, bei seinem Vater zu leben. Ich muss zugeben, dass es beide offenbar glücklich machte, wieder zusammenzuwohnen, und Kévin schien bei uns ruhiger zu werden, freilich ohne sich nun von einem Tag auf den anderen in ein braves Kind zu verwandeln.

An jenem Tag, es war im Sommer, spielten die Kinder draußen, während ich das Abendessen zubereitete. Er lag wie so oft in einem Sessel und leerte Glas um Glas, sodass er bereits betrunken war. Vollkommen betrunken. Ich weiß nicht mehr aus welchem Grund, aber ich war den ganzen Tag über bereits gereizt gewesen und empfand nun sein Verhalten mit einem Mal als unerträglich. Deshalb fuhr ich ihn an: »Du könntest mir zumindest etwas helfen. Mir reicht's, dass du immerzu trinkst. Das gehört sich nicht für einen Familienvater!« Er antwortete mit den üblichen Schimpfworten: »Du kannst mich am A… lecken!«

Ich mochte noch so sehr Angst vor seinen Reaktionen haben, diesmal ertrug ich es einfach nicht, ein weiteres Mal gedemütigt und beleidigt zu werden. Also erwiderte ich: »Nein, leck du mich doch am A…« Und schon ging es los. Ich kann mich nicht mehr an jedes Detail erinnern, denn ich habe über Jahre hinweg versucht, diese albtraumhafte Szene aus meiner Erinnerung zu verbannen, aber Folgendes weiß ich immer noch:

Im Bruchteil einer Sekunde stürzt er sich auf mich, packt mich noch fester als sonst am Hals und beginnt, mich zu würgen. Ich schreie verzweifelt um Hilfe und hoffe, dass jemand herbeieilt (meine Schreie müssen in den benachbarten Wohnwagen zu hören gewesen sein, da zu dieser Jahreszeit die Türen offenstanden). Also drückt er noch fester zu, um meine Schreie zu ersticken. Ich beginne zu röcheln. Aber nichts scheint ihn von seinem Tun abbringen zu können. Er schmettert meinen Kopf gegen die Tür des Kühlschranks. Und schlägt mich. Faustschläge. Ohrfeigen. Einen Hieb auf den Kopf … Meine Furcht und meine Schmerzen übersteigen das bisher gekannte Ausmaß. Panik erfasst mich. Außer mir vor Angst schreie ich wieder um Hilfe, aber niemand kommt.

Ich weiß nicht mehr, wie es zu einem Ende kam, so benommen war ich von den Schlägen. Ich vermute, er hörte mit einem Mal von selbst auf und ging hinaus, während ich eine mir endlos erscheinende Zeit vollkommen entkräftet liegenblieb. Überall verspürte ich Schmerzen. In den Armen, den Beinen, im Bauch, im Gesicht. Und als endlich meine Tränen flossen, kam es mir vor, als sei mein Kopf in einen zu engen Schraubstock gezwängt, so dass jede Regung zur Qual wurde.

Nie zuvor war mein Ehemann so gewalttätig gewesen. An jenem Tag ist er wie ein wildes Tier über mich hergefallen. Zum ersten Mal wies mein Körper deutliche Spuren seiner Schläge auf: Überall hatte ich blaue Flecken, an meinem Hals zeichneten sich Würgemale ab, und direkt über einer Augenbraue bildete sich ein dickes Hämatom, beinahe so groß wie ein Tischtennisball.

Bis zu diesem Zeitpunkt hatte er es stets so angestellt, dass keine Spuren zu sehen waren. Die Faustschläge auf den Körper und die Fußtritte gegen die Beine konnte ich unter meiner Kleidung verstecken, das wusste er sehr genau. Und wenn er mich ins Gesicht schlug, so tat er das gerade mit so viel »Zurückhaltung«, dass später nichts mehr davon zu sehen war. War das Kalkül? Ich glaube schon, selbst wenn sich eine solche Behauptung schwer beweisen lässt. Aber dieses Mal trug ich Wunden und Spuren der häuslichen Gewalt davon wie nie zuvor. Ganz deutlich konnte ich das an den Augen der Kinder ablesen. Und ich glaube, es waren vor allem ihre Blicke und nicht so sehr meine eigenen Qualen, die mich dazu trieben zu handeln. Endlich.

In den folgenden Stunden und Tagen lebten wir nicht mehr als Ehepaar zusammen. Wir gingen aneinander vorüber, ohne auch nur einen Blick zu wechseln. Er nahm seine Mahlzeiten getrennt von uns ein, ich gab den Kindern zu essen und versuchte dabei, auch selbst etwas zu mir zu nehmen, aber ich hatte keinen Appetit. Ich spürte, dass er mich mit bitterbösen Blicken bedachte, als hätte ich etwas Schlimmes getan und müsste dafür bestraft werden. Er sprach nur das Nötigste mit mir, teilte mir lediglich mit barschen Worten mit, dass ich nichts mehr in unserem Schlafzimmer zu suchen hätte. Weil ich mich auflehnte. Er zwang mich, in dem Planwagen mit der Kochnische zu schlafen. Dies befahl er mir mit so drohenden Worten, dass ich nicht einmal mehr wagte, mich zu den Kindern ins Bett zu legen, wie ich es zuvor schon oft getan hatte.

So saß ich schließlich dort allein auf dem Boden, lehnte mich an die Wand und überließ mich meinen Tränen. Ich fühlte mich erniedrigt. Er behandelte mich wie ein Tier, bestrafte mich wie einen Hund. Ich fühlte mich so beschmutzt, so verhöhnt …

Einen Vorteil hatten die Spuren der Schläge jedoch: Sie fielen auf und wurden bemerkt. Eine Frau aus seiner Familie (die mir als Schwägerin einer seiner Nichten bekannt war) und auch eine andere Frau, die gerade mit ihrem Lastwagen auf unserem Gelände Halt machte, stellten entsprechende Fragen. Die eine hörte mir einfach nur zu, was mir bereits sehr guttat, die andere überzeugte mich davon, dass ich etwas unternehmen müsse, und wollte mich unbedingt aus meiner Situation befreien. Beide Frauen haben es nicht ertragen, mich in einem solchen Zustand zu sehen. An dieser Stelle möchte ich ihnen für ihre Unterstützung noch einmal danken. Denn sie haben mich bewogen, zum ersten Mal die Polizei zu rufen.

Er war wieder einmal irgendwohin verschwunden, vermutlich um zu trinken. Ich sehe noch vor mir, wie ich diesen Telefonanruf tätigte. Am anderen Ende der Leitung war ein Polizist, dem ich schilderte, dass mein Ehemann mir Gewalt angetan habe, dass ich Spuren der Schläge aufwiese und eine Anzeige machen wolle. Er hörte mir zu, notierte meine Ausführungen und teilte mir mit, dass sobald wie möglich eine Streife vorbeikomme.

Was für eine Erleichterung! Ein Gefühl von Freiheit durchflutet mich. Ich habe es getan! Aber zugleich empfinde ich auch Angst. Was wird nun geschehen? Was werden sie mich fragen? Wie wird er reagieren? Schon fährt draußen das Polizeiauto vor. Ich gehe ihm entgegen. Die Nachbarn, die draußen vor ihren Wohnwagen sitzen, lassen mich allein. Keiner rührt sich. Und die Polizisten bleiben in ihrem Wagen sitzen! Einer von ihnen nimmt aus gebotenem Abstand die Spuren der Schläge in meinem Gesicht in Augenschein und sagt zu mir: »Wenn es nichts weiter ist, können wir nicht viel tun, Madame. Blut ist schließlich nicht geflossen.« Und mit diesen Worten machen sie kehrt!

Ich war am Boden zerstört – im Grunde mehr als vor dem Telefonanruf. Mein Mut war dahin, die Reaktion der Beamten blieb mir ein Rätsel. Konnten sie denn nicht sehen, dass mein Gesicht geschwollen war? Hätte ich sie halbtot empfangen müssen? Ich fühlte mich verloren, und ich war wütend. Nun beschloss ich, »Plan B« umzusetzen, zu dem mir die Frau geraten hatte, die zufällig in unserem Camp Station machte. Ohne das Wissen meines Ehemanns packte ich Taschen mit Kleidung für mich und die Kinder, die ich im Lastwagen dieser Frau versteckte. Es bedurfte mehrerer Anläufe, damit er keinen Verdacht schöpfte, aber ich glaube, dieses Mal hätte mich nichts von meinem Vorhaben abhalten können. Es stand fest, dass ich keinen Fuß mehr in diesen verflixten Wohnwagen setzen würde. Ich würde ihn verlassen, ja, das würde ich!

Zwei Tage später, am 26. Oktober 2003, war es dann soweit. Ich brach mit meinen Kindern auf. Es kam nicht in Frage, sie bei diesem Monster zurückzulassen. Ich nahm sie an die Hand, und gemeinsam bestiegen wir den Lastwagen der Frau. Die Kinder konnten nicht begreifen, was ich vorhatte (sie waren zwischen einem und vier Jahren alt), aber sie folgten mir ohne Widerworte. Kévin nahm ich ebenfalls mit. Zwar war er nicht mein Kind, sondern sein Sohn, aber ich wollte auch ihn retten. Vor den Schlägen war er ebenso wenig sicher wie die anderen Kinder. Und ich mochte diesen Jungen, trotz der Dummheiten, die er begangen hatte, und seiner schlechten Manieren. Er befand sich schließlich in der gleichen schwierigen Situation wie wir. Sein Verhalten zeigte mir, dass ich richtig lag mit meiner Einschätzung: Ich unterrichtete ihn erst im allerletzten Augenblick von meinem Plan, und obwohl er kein Kind war, das sich ohne Weiteres herumkommandieren ließ, zögerte er jetzt nicht lange und kletterte mit uns in den Lastwagen.

Ich forderte die Kinder auf, sich zu verstecken, duckte mich selbst auf dem Beifahrersitz flach zur Seite, und schon ging die Fahrt los. Ich war von der Angst besessen, er könnte uns sehen, und lag unablässig auf der Lauer, um jede noch so entfernte verdächtige Gestalt ins Visier zu nehmen. Unsere Chauffeurin brachte uns zu einer

Einrichtung, die sie kannte, einer sozialen Beratungsstelle in Béthune. Dort bat mich eine zuvorkommende Frau, ihr meine Situation zu schildern. Ich erzählte ihr, dass ich seit meiner Heirat von meinem Mann misshandelt würde und dass seine Gewalt mir gegenüber ein immer unerträglicheres Ausmaß angenommen habe, bis ich schließlich vor ein paar Tagen von ihm so heftig geschlagen worden sei, dass ich noch heute Spuren davon am Körper trüge. Beschämt fügte ich noch hinzu, dass auch die Kinder nicht vor Schlägen verschont blieben. »Ich werde versuchen, eine Unterkunft für Sie und die Kleinen zu finden«, versicherte die Sozialarbeiterin, bevor sie uns in ein angrenzendes Zimmer brachte, wo wir eine Mahlzeit einnehmen konnten.

Auch diese Stunden habe ich noch sehr genau in Erinnerung, denn sie schienen mir nicht enden zu wollen. Während die Kinder Erbsen, Möhren und Kartoffelpüree verschlangen, behielt ich ohne Unterlass die Tür im Auge. Immer wieder kam die Sozialarbeiterin herein und hatte jedes Mal schlechte Neuigkeiten. Sie konnte keinen Platz für uns ausfindig machen. Auch wenn sie stets ein paar beruhigende Worte für mich fand und versuchte, die Kinder nicht zu erschrecken, konnte ich an ihren Gesichtszügen sehr genau ablesen, dass sie selbst zusehends den Mut verlor. Und nachdem sie alle einschlägigen Unterkünfte der Region angerufen hatte, gestand sie uns endlich: »Es gibt keinen einzigen freien Platz für Sie.«

Jetzt blieb uns nur noch eine Lösung: Wir mussten in ein einfaches Hotel ziehen, das ein paar Kilometer entfernt lag. »Wir werden die Kosten für die ersten Nächte übernehmen und hoffen, dass wir dann bald etwas anderes für Sie finden«, erklärte sie mir, bevor sie hinzufügte: »Es gibt aber noch ein anderes Problem. Es betrifft Kévin, den großen Jungen.« Da ich nicht das Sorgerecht für ihn besaß, konnte ich ihn nicht bei mir behalten. Ich musste ihn bei den Mitarbeitern des Jugendamtes lassen. Das schmerzte mich sehr, und ich hätte viel darum gegeben, wenn unsere Flucht anders verlaufen wäre, aber was sollte ich tun? Jedenfalls ist es sicher das geringere Übel, tröstete ich mich. Denn zumindest war Kévin nicht bei ihm geblieben.

Eine Woche lang hielten wir uns in diesem winzigen Hotelzimmer auf. Ich zog es vor, nicht hinauszugehen und abgeschieden dort zu verharren, um uns nicht der Gefahr auszusetzen, entdeckt zu werden. Außerdem hatten wir alle etwas Ruhe bitter nötig. Ich verließ das Hotel lediglich, um bei den Sozialdiensten nachzufragen, ob sie endlich ein Quartier für uns gefunden hätten. Nur einmal, ein einziges Mal, wagte ich es, die Kinder mit nach draußen zu nehmen … Wir gingen in ein Schnellrestaurant, denn ich wusste, dass es ihnen Spaß machen würde. Sie konnten nicht länger in unserem Unterschlupf eingesperrt bleiben, aber ich blieb weiterhin auf der Hut.

Abgesehen von diesen wenigen Schritten nach draußen bestanden meine Tage darin, zu warten (ich wusste selbst nicht genau worauf) und mit den Kindern zu reden. Sie gestanden mir, dass sie genug hätten von unseren Streitereien, und fragten mich, warum ihr Vater mich so heftig schlage. Die Armen, sie waren noch so klein … Ich antwortete ihnen, dass sich alles fügen werde, aber dass ihre Mama es so nicht mehr habe aushalten können und wir nun die Zeit ohne ihn möglichst gut nutzen sollten.

Von Zeit zu Zeit besuchten uns die LKW-Fahrerin und jene »Schwägerin«, die mir nach dem Vorfall Beistand geleistet hatten. Sie wollten wissen, wie es uns gehe, und brachten kleine Geschenke mit, die uns die Zeit vertreiben sollten. Beide waren mir eine wunderbare Stütze. Trotzdem waren es diese beiden, die es ihm – freilich ohne ihr Wissen – ermöglichten, mich ausfindig zu machen.

Es war die Nichte meines Ehemannes, durch die alles aufflog. Ich glaube nicht, dass sie in böser Absicht gehandelt hat, aber sie folgte diesen beiden Frauen, um herauszufinden, wo ich wohnte, und um mich zur Rückkehr zu bewegen. Ihr Onkel sei »verzweifelt«, sagte sie mir. Ich komplimentierte sie zwar hinaus, aber nun nahm das Schicksal seinen Lauf. Er wusste jetzt, wo er mich finden konnte. Nur ein paar Stunden später erhielt ich einen Telefonanruf. Das war er. »Du fehlst mir.« – »Du musst zurückkommen.« – »Ich werde mich ändern.« – »Ich habe jetzt verstanden …« – »Ich kann nicht mehr!« … Ich gab nicht nach und überließ ihn noch ein paar Tage seiner Verzweiflung. Aber im Grunde hatte ich bereits eingelenkt. Die Zeit wurde mir allmählich lang, er hatte mich (beinahe) davon überzeugt, dass er am Boden zerstört sei, ich wusste, dass er jeden Augenblick an unsere Tür klopfen konnte, und obendrein glaubte ich felsenfest, dass er dieses Mal nun endlich begriffen hätte, worum es ging.

Er holte uns mit dem Auto ab. Während der Fahrt wechselten wir nur wenige Worte miteinander, und obwohl sie nicht länger als zwanzig Minuten dauerte, kam sie mir unendlich lang vor. Ich sah die Straße vorüberziehen und konnte nicht verhindern, dass ich sekündlich zwischen Angst und Hoffnung schwankte. Einerseits befiel mich die Angst, erneut mit den Kindern in diesem Wohnwagen festzusitzen, andererseits regte sich die Hoffnung, dass er sein Versprechen halten würde. Er hatte mir geschworen: »Ich werde nicht wieder damit anfangen …«

Zehn Tage später gab es einen erneuten Rückschlag. Ich wurde auf die Polizeiwache vorgeladen und von einem Polizeibeamten vernommen. Nachdem ich Kévin beim Jugendamt zurückgelassen hatte, wurde ein Verfahren eingeleitet. Er sei in einer medizinisch-psychologischen Einrichtung untergebracht worden und habe dort im Verlauf von Gesprächen »Dinge erzählt«, erklärte mir der Polizist. Kévin habe von »angeblichen Berührungen« durch seinen Vater gesprochen, präzisierte er dann.

Daraufhin erzählte ich, was ich wusste, oder zumindest das, was Kévin mir in dieser Hinsicht erzählt hatte: »Kévin hat mir vor ein paar Wochen anvertraut, dass er im Wohnwagen auf seinem Bett lag, als sein Vater, der auf einem Sessel saß, sich plötzlich umdrehte und ihn berührte. Er hat mir versichert, dass es nur dieses eine Mal vorgekommen ist. Außerdem war er bekleidet.« Dann ergänzte ich allerdings noch: »Ich muss jedoch hinzufügen, dass Kévin sehr häufig nicht die Wahrheit sagt und ich ihm, was diese Geschichte angeht, nicht glauben kann.«

Anschließend bat mich der Polizist um weitere Erklärungen und Gründe für meine Vermutung, und ich bekräftigte noch einmal: »Kévin sagt sehr häufig nicht die Wahrheit. Einmal hat er uns beispielsweise weisgemacht, dass sein Stiefvater, der neue Lebensgefährte seiner Mutter, ihn geschlagen habe. Er hatte tatsächlich einen Bluterguss am Bein. Später erfuhren wir, dass dieser Bluterguss von einem Streit in der Schule stammte. Kévin führt uns manchmal ganz schön an der Nase herum, müssen Sie wissen.« Abschließend äußerte ich noch einmal mit voller Überzeugung: »Jedenfalls würde mein Ehemann sich niemals in dieser Hinsicht an seinem Sohn vergehen!«

In diesem Augenblick hegte ich keinerlei Zweifel an meiner Behauptung. Dass er gewalttätig, gemein, beleidigend sein konnte, das stand außer Frage, aber dass er eines seiner Kinder sexuell missbrauchen könnte, schien mir unvorstellbar.

Der Polizeibeamte nutzte unser Gespräch, um mich auch über meine Flucht und die Tage davor zu befragen. Ich sagte ihm, dass mein Mann und ich in Streit geraten seien und dass er getrunken habe. Ich präzisierte »ein oder zwei Gläser Pastis«. Dann fügte ich hinzu, dass er sehr gereizt gewesen und überhaupt ein sehr aufbrausender Mensch sei, dass ich ihn beleidigt hätte und er mich mit großer Brutalität am Hals gepackt habe, um mir seinen Kopf heftig ins Gesicht zu stoßen. Ich machte noch weitere Angaben, aber ich verschwieg oder veränderte manche Kleinigkeiten.

Ich war hin- und hergerissen: Zum ersten Mal bot sich mir die Möglichkeit, die ausgestreckte Hand eines Gesetzesvertreters zu ergreifen, aber noch war meine Angst zu groß. Deshalb erklärte ich: »Mein Ehemann hat mir versprochen, dass er nicht mehr trinkt, dass er sich in Behandlung begeben wird und weder die Kinder noch mich in Zukunft schlägt.« Der Polizeibeamte hakte noch einmal nach: »Wenn er jedoch sein Versprechen nicht hält, sind Sie dann bereit, ihn zum Schutz der Kinder zu verlassen?« Ich musste an mich halten, um ihm nicht ins Wort zu fallen: »Ja, das werde ich tun. Ich habe Ihnen ja bereits gesagt, dass ich es nicht mehr ertrage, wenn er sich an ihnen vergreift.«

Auch in diesem Fall war ich von der Richtigkeit meiner Behauptungen überzeugt. Umso mehr, als er mir sein Wort gegeben hatte, und ich hielt ihn nicht nur für aufrichtig, sondern ich wollte auch glauben, dass er in der Lage wäre, sein Wort zu halten. Und wenn ich mir schwor, dass er nach dieser Chance nicht noch eine weitere bekommen sollte, so sagte ich das nicht leichthin, sondern meinte es auch.

Doch es kam anders: Die Beleidigungen, Drohungen und Schläge ließen nicht lange auf sich warten. Bei einem weiteren Streit fielen dann jene schrecklichen Worte: »Du weißt ja noch, wie ich vorher war. Jetzt werde ich noch schlimmer sein.« Diese Ankündigung hätte mich endgültig dazu veranlassen müssen, fortzugehen und niemals wieder zurückzukehren, aber es geschah genau das Gegenteil. Er hatte seine Drohung mit einem so abgrundtiefen Hass ausgestoßen, dass ich nicht einmal mehr auf den Gedanken kam, ein zweites Mal ein solches Risiko einzugehen …

»Jetzt werde ich noch schlimmer sein …«

Das war nicht gelogen. Meinen Fluchtversuch habe ich teuer bezahlt – nicht nur mit Schlägen. Es kam noch »schlimmer«, so wie er es versprochen hatte.

Zu den Qualen, die ich ertrug, gehörten auch solche, die unser Sexualleben betrafen. Unsere Intimbeziehung hatte schon lange nicht mehr viel mit derjenigen eines normalen Liebespaares zu tun. Sie kam eher dem gleich, was man »Vergewaltigung in der Ehe« nennt. Er nahm mich stets mit Gewalt, beinahe wie ein Tier. Mir blieb überhaupt keine Wahl, denn ich besaß nicht die physische Kraft, um mich gegen ihn zur Wehr zu setzen. Wenn er Lust hatte, schob er meinen Rock hoch und packte mich. Die Erinnerungen daran sind grauenhaft. Er tat mir weh, und ich weinte, aber nichts konnte ihn aufhalten.

Eines Tages ging er jedoch noch einen entscheidenden Schritt weiter in meiner Erniedrigung und Herabwürdigung ohne Selbstbestimmungsrecht über den eigenen Körper. Er raubte mir den letzten Rest meiner Würde, indem er mich dazu zwang, mich zu prostituieren.

Diese Abscheulichkeit war das Schlimmste, was ich hinnehmen, aushalten und letztlich auch mir selbst eingestehen musste. Bis zu meinem Prozess habe ich nie darüber gesprochen. Und ich glaube, ich hätte dieses Geheimnis mein Leben lang gehütet, wenn eine Freundin vor Gericht nicht auf dieses entsetzliche Thema zu sprechen gekommen wäre.

Vor der mit meinem Fall beauftragten Untersuchungsrichterin hatte ich die Tatsachen geleugnet. Die Richterin hatte mich folgendermaßen befragt:

»Ich lese Ihnen jetzt die Erklärung Ihrer Freundin Brigitte X. vor, die behauptet, Sie mit einem Unbekannten bei sexuellen Handlungen überrascht zu haben. Sie hätten dazu erklärt, dass es dabei um die ›Begleichung von Schulden‹ gehe …«

»Das ist vollkommener Unsinn! Ich falle aus allen Wolken!«, hatte ich erwidert.

»Aus welchem Grund sollte sie so etwas behaupten, wenn es nicht der Wahrheit entspricht?«

»Ich weiß es nicht … ich weiß es nicht!«

Verzweifelt versuchte ich, die Tränen zurückzuhalten und mich nicht zu verraten. Aber es gelang mir nicht, und so versuchte ich, zumindest von dem Thema abzulenken und alles in ein harmloseres Licht zu rücken.

»Ich kann dazu lediglich sagen, dass ein ›Freund‹ meines Ehemannes mich ein einziges Mal darum gebeten hat, aber ich habe mich geweigert.«

Dann war es um meine Fassung geschehen. Haltlos flossen meine Tränen. Die Richterin versuchte, mich zu beruhigen, und stellte mir erst einmal harmlosere Fragen, bevor sie weiterbohrte.

»Sind Sie sicher, dass das, was Ihre Freundin uns erzählt hat und was ich Ihnen vorhin vorgelesen habe, nicht der Wahrheit entspricht?«

Wie soll man solche Dinge zugeben? Ich vermochte es nicht, nicht einmal vor einer Richterin. Also erfand ich eine andere Geschichte:

»Ja, es stimmt. Aber es ist nicht so, wie sie glaubt. Es stimmt, dass der Bruder, von dem ich Ihnen erzählt habe, versuchte, mich zu vergewaltigen. Er kam in unseren Wohnwagen, als ich ganz allein dort war. Er bedrängte mich. Ich versuchte, ihn zurückzuschieben, und genau in diesem Augenblick kam meine Freundin Brigitte herein. Auf diese Situation muss sie sich bezogen haben …«

Jahrelang habe ich mir gesagt, dass ich lieber sterben würde, als diese Schmach einzugestehen. Bis zu dem Tag meines Prozesses, als das Gericht meinen Leidensweg in vollem Umfang nachzuzeichnen versuchte und Brigitte in den Zeugenstand gerufen wurde, um noch einmal zu berichten, was sie wusste.

Sie trat vor und sagte: »Ich wollte Alexandra unangekündigt einen Besuch abstatten. Ich hatte gesehen, dass Marcelo nicht da war. Ich klopfte und trat gleichzeitig in den Wohnwagen ein, wie ich es schon öfter getan hatte. Alexandra lag rücklings auf dem Bett, ihr Rock war weit hochgeschoben, und die Beine waren geöffnet. Ein Mann lag beinahe noch auf ihr, ein sehr korpulenter Mann. Er erhob sich und baute sich mit noch offener Hose vor mir auf. Kaum hatte er mich erblickt, war er auch schon verschwunden. Schockiert und wütend fragte ich Alexandra: ›Was ist denn hier los? Was bedeutet das?‹ Und sie antwortete mir: ›Es ist eben so. Marcelo schuldet ihm Geld.‹«

Die Vorsitzende Richterin dankte ihr und richtete das Wort nun an mich: »Madame Lange, bitte treten Sie in den Zeugenstand.« Scham und Wut erfüllten mich so sehr, dass ich ihrer Aufforderung nur wie betäubt nachkam. »Entspricht die Schilderung der Wahrheit?« Ich konnte nicht sprechen. Die Worte blieben mir förmlich im Halse stecken. Ich weinte und brachte mühsam hervor: »Ich erinnere mich nicht …« Sanft, aber zugleich unerschütterlich beharrte die Vorsitzende: »Solche Erlebnisse vergisst man nicht, Madame Lange …«

Da vernahm ich plötzlich Brigittes Stimme, die mir zurief: »Los, Alex, sprich es doch aus! Los …« Im Saal hinter mir ertönten jetzt die Stimmen anderer Freunde: »Los, Alex! Wenn es stimmt, dann muss es nun auch ausgesprochen werden.« Da nahm ich meinen ganzen Mut zusammen, holte tief Luft, schloss die Augen und murmelte: »Es stimmt. Es ist vorgekommen. Er sagte, es müsse sein, um Schulden zurückzubezahlen.« Daraufhin fragte die Vorsitzende: »Ist es oft vorgekommen?« Zum ersten Mal in meinem Leben wagte ich nun, diese abscheuliche Wahrheit zuzugeben: »Es ist ungefähr zehn Mal vorgekommen …«

4

Unter Einfluss

Zwölf Jahre habe ich an seiner Seite gelebt. Zwölf lange Jahre. Zwölf Jahre voller (physischem und psychischem) Leid in seiner unmittelbaren Nähe. Ich finde keine Erklärung dafür. Warum bin ich so lange bei ihm geblieben? Ich war »unter Einfluss«, wie die Psychologen es nennen.

Jetzt, wo ich Phase für Phase aufarbeite, all die Schläge und all die anderen Qualen, beginne ich allmählich, den Mechanismus dieses teuflischen Räderwerks zu verstehen. Bis ich tatsächlich begreife, wie ich mich in diese Abwärtsspirale habe hineinziehen lassen können, werde ich sicher noch einige Jahre brauchen. Wenn ich mich jetzt dieser noch gar nicht so fernen Vergangenheit zuwende, bestürzt es mich, wie vermutlich auch den Leser, was ich alles hingenommen habe.

Ohnmacht, Naivität, Dummheit, Schwäche, Arglosigkeit, Feigheit ... Jeder wird es anders nennen. Tatsache ist, dass ich mich während all dieser Jahre habe »manipulieren« lassen. Aus freiem Willen oder unter Zwang. Und natürlich habe ich das Ausmaß seiner Dominanz nicht kommen sehen. Ob ich sie mir jemals in vollem Umfang klargemacht habe? Erst durch die Befragung und den Prozess, durch die Zeugenaussagen aller möglichen Personen und die psychologischen Gutachten, deren Erstellung ich im Verlauf der Untersuchung zugestimmt hatte, wurde mir allmählich bewusst, was mit mir geschehen war. Erst heute erfasse ich, welch unglaublichen Einfluss dieser Mann nach und nach auf meinen Körper und meinen Geist ausgeübt hat. Aber eines habe ich bereits begriffen: Je länger der Albtraum andauerte, desto größer war sein Einfluss auf mich … und desto länger konnte der Albtraum dauern.

Es gibt Diskussionsforen, es gibt Debatten, Konferenzen, Präventionskampagnen, Hilfsvereine für misshandelte Frauen und mittlerweile sogar auch Anlaufstellen für von Gewalt betroffene männliche Opfer. Fast überall ist vom gleichen Mechanismus zwischen dem Peiniger und seinem Opfer die Rede: Der Mann, der gewalttätig wird, sieht im Gebrauch der Gewalt ein ›Mittel, Einfluss auf das Familienleben zu nehmen und Kontrolle über seine Partnerin‹ zu gewinnen. Dieses Verhalten wird als ein Weg der ›Konfliktlösung‹ eingesetzt, es soll ›jede Form des Widerstands der Partnerin brechen und eine unmittelbare Erfüllung seiner Bedürfnisse bewirken‹. Der Einsatz von Gewalt wird kulturgeschichtlich untermauert durch das traditionelle Bild von Männlichkeit, das ›maskuline Stereotyp, das für Männer keine alternative Form der Gefühlsäußerung‹ bereitstellt. Im Allgemeinen haben diese Männer eine strenge Auffassung von femininer und maskuliner Rollenverteilung. Sie verharmlosen oder leugnen ihre Gewalt, sie haben Angst, ihre Lebensgefährtin zu verlieren, die sie brauchen – was ihre Gewalt natürlich in keinster Weise entschuldigt. Meistens verstehen es gewalttätige Männer sehr gut, ›außerhalb des Familienkreises ein durch und durch anständiges Bild von sich zu vermitteln‹. Oft hegen nicht einmal Angehörige oder Freunde den Verdacht, dass es in der Ehe eines ihnen nahestehenden Paares zur Gewaltanwendung kommt. Und selbst wenn ein solcher Verdacht besteht, wird das Ausmaß der Gewalt fast immer heruntergespielt, sei es nun vorsätzlich oder nicht. Außerdem muss noch festgehalten werden, dass die Gewalt niemals einfach auf Alkohol- oder Drogenkonsum zurückgeht. Auch Stress kann nicht als alleinige Erklärung bemüht werden. Der gewalttätige Mann entscheidet sich für die Gewalt, und er ist immer für sein Verhalten verantwortlich. (Diese Beschreibungen gehen auf verschiedene Quellen zurück, die ich in den Anlaufstellen eingesehen habe.)

Das alles kann ich mir natürlich zugutehalten. Ebenso kann ich mich in der Beschreibung des ›Opfers‹ wiedererkennen. Warum verlässt eine misshandelte Frau ihren Peiniger nicht? Die angeführten Gründe treffen auch auf mich zu: Weil sie ›die Hoffnung auf eine mögliche Änderung des Partners‹ nie aufgibt; weil sie bemüht ist, ›die Familie zusammenzuhalten und den Kindern nicht den Vater zu nehmen, solange dessen Gewalt sie nicht in Gefahr bringt‹; weil sie gequält wird ›von der Angst, man könne ihr die Kinder wegnehmen‹; weil Druck von außen ausgeübt wird; weil vom Umfeld Vorwürfe ausgehen. Und vor allem: ›Eine Frau, die aus einer solchen Situation fliehen will, ist oft auf sich allein gestellt und muss diesen Schritt ohne jede Unterstützung, ja oft sogar gegen den Widerstand des Umfeldes vollziehen.‹ Sie sieht sich einer ›sozialen Isolation‹ ausgesetzt. Ein Nachsuchen um Hilfe scheint zwecklos zu sein, es fehlen die ›ökonomischen Mittel‹, und es müssen ›materielle Hindernisse‹ überwunden werden (die betroffene Frau muss zuerst eine Notunterkunft, dann eine Arbeit und eine richtige Wohnung finden ...). Sie muss massiven Drohungen standhalten und die Angst vor Vergeltungsmaßnahmen überwinden, die nicht nur sie, sondern auch die Kinder oder andere Verwandte treffen können. Der Partner kann sie mit Selbstmorddrohungen erpressen, die sich verstärken, wenn die Frau die Beziehung beenden will. Sie muss die ›Vorbehalte, sich an Institutionen, vielleicht sogar an die Justiz zu wenden‹, überwinden.

In all diese Fallen bin ich hineingeraten. Aber im Rückblick lassen sie sich natürlich auch sehr leicht ausmachen.

Ein für alle Mal möchte ich jedoch mit der sehr weit verbreiteten Vorstellung aufräumen, dass ›eine misshandelte Frau es ja so haben will, da sie sonst doch gehen würde‹. Eine solche Behauptung kann nur aufstellen, wer niemals häusliche Gewalt kennengelernt hat. Es ist niederträchtig und unsinnig, so etwas zu äußern. Darin sind sich die Fachleute einig: Für Sozialarbeiter, Psychologen und Mitarbeiter von Hilfsorganisationen für die Opfer häuslicher Gewalt steht gleichermaßen fest, dass keine Frau sich gerne Gewalt antun lässt – auch wenn dieser Eindruck manchmal entstehen mag.

Mein von häuslicher Gewalt geprägtes Leben wäre nur eine ganz normale Geschichte wie andere auch, wenn sie nicht mit diesem – den Journalisten zufolge – ›außergewöhnlichen‹ Prozess geendet hätte.

Wie alle misshandelten Frauen war auch ich ›sozial isoliert‹, lebte gewissermaßen abgeschottet wie unter einer Glocke. Unsere vielen Umzüge trugen das Ihrige dazu bei, wie ich bereits ausgeführt habe. Bewusst oder unbewusst erreichte er so, dass wir aus dem Blickfeld eines auf unseren (seinen) Fall aufmerksam gewordenen Nachbarn, Polizisten oder Erziehers verschwanden. So verhielt es sich beispielsweise nach meinem Fluchtversuch mit den Kindern und den daraufolgenden Anhörungen wegen der vermeintlich unsittlichen Berührungen. Drei oder vier Monate, nachdem wir uns auf dem Gelände für fahrendes Volk in Béthune eingerichtet hatten, machten wir kehrt, und es ging auf das Gelände in Émerchicourt zurück. Analog zum Monopoly-Spiel assoziiere ich beim Schreiben dieses Buches damit: »Gehe zurück auf Los!« – alles fing wieder von vorne an … Diese Form des Galgenhumors hilft mir dabei, nicht den Boden unter den Füßen zu verlieren.

Diese Umzüge und das »ausfallende Benehmen« meines Ehemannes (wenn ich es so nennen darf) haben mich zunehmend von meiner Familie und meinen Freunden entfernt. Niemand konnte mehr verstehen, dass ich bei einem solchen Mann blieb, zudem verhielt er sich meinen Angehörigen gegenüber auf eine so unangemessene Weise, dass sie uns am Ende keine Besuche mehr abstatteten. Er untersagte mir zwar nicht den Umgang mit meiner Familie, äußerte sich jedoch immer wieder sehr abschätzig über meinen Bruder, meine Schwester und meine Eltern. Letztlich war mein Vater der Einzige, der sich nicht um die Meinung meines Ehemannes scherte und sich zu große Sorgen machte, um mich ganz allein zu lassen, und deshalb beharrlich die Verbindung zu mir hielt.

Im Verlauf der Ermittlungen erzählte mein Bruder Yohan von einem Umstand, den ich vergessen hatte, der aber auf sehr drastische Weise zeigte, wie isoliert ich angesichts der Glocke war, unter der ich lebte: Die Geburt von Saraï und Josué habe er – so seine Darstellung – nur dadurch mitbekommen, dass er mir mit ihnen im Supermarkt begegnete …

Ich habe leider keinerlei Erinnerung daran, wie er reagierte oder welche Erklärung ich ihm lieferte. Diese Begebenheit gehört zu einer ganzen Reihe von beschämenden Situationen, die ich verdrängt habe. Ich vermute, dass ich zu Boden blickte und mich wortkarg gab. Denn im Lauf der ersten Jahre unserer Beziehung versuchte ich meinen Angehörigen gegenüber zu verbergen, wie es um mich bestellt war. Darüber hinaus vermied ich zeitweise, sie zu sehen, da ich Vergeltungsmaßnahmen meines Ehemanns fürchtete.

Die häusliche Gewalt errichtet eine unsichtbare Mauer zwischen dem Leben hinter dieser Mauer und dem Leben »draußen«. Manchen misshandelten Frauen gelingt es, ein soziales Leben aufrechtzuerhalten. Aber dafür müssen sie enorme Anstrengungen unternehmen, damit niemand einen Verdacht schöpft, wie es hinter dieser Mauer aussieht. Andere – wie ich – verlieren nach und nach den Kontakt zur Außenwelt. In jedem Falle gerät man in einen Teufelskreis.

Gerät eine Frau »unter Einfluss«, so verliert sie ihre ureigene Freiheit. Es gab Zeiten, da verbot mein Mann mir beispielsweise, Hosen oder kurze Röcke zu tragen. Nur lange Kleider waren mir erlaubt. Sie sollten möglichst alles bedecken und von den Handgelenken bis zu den Fußknöcheln reichen. Seiner Meinung nach sollte eine Frau so gekleidet sein. Zum Teil entsprach dies den Vorstellungen, wie sie in der Welt der Zigeuner weit verbreitet sind – und hierüber kann ich mir kein Urteil erlauben –, aber mich beschleicht zugleich der Gedanke, dass auch dies eine Art war, mich einzusperren und über mich zu verfügen. Die langen Kleider verbargen den Körper und waren gewissermaßen meine ganz persönlichen Burkas: Diese Gewänder sollten mich vor den Blicken anderer schützen.

Sah er mich in einer Hose, so befahl er mir, sie auszuziehen, und wenn ich ihm widersprach, konnte er sehr aufbrausend sein. Bisweilen schwor er mir, dass er all meine Hosen in Stücke reißen würde. Solche Ausbrüche durfte man bei ihm keinesfalls als Scherz verstehen. Ich erinnere mich, dass er mir eines Tages so überzeugend androhte, meine Hosen in den Müll zu werfen, dass ich meine Schränke ausräumte, zwei oder drei Hosen in einen Müllsack stopfte und den Rest ›in Sicherheit‹ brachte. Dann sagte ich ihm, dass ich bereits selbst alles weggeworfen hätte. Wie nicht anders von mir erwartet, verlangte er Beweise meines Tuns, und da zeigte ich ihm den Müllsack … Aber diese Episode war nur ein kurzes Aufflackern eines noch vorhandenen Stolzes. Meistens unterwarf ich mich seinem Willen.

Ich muss mich heute nicht mehr schämen, wenn ich sage, dass ich mit der Zeit so weit herabgestuft wurde, dass ich wie eine Sklavin lebte. Er zwang mich dazu, aber natürlich habe ich es auch nicht geschafft, mich zu widersetzen. Oder zumindest nicht in ausreichendem Maß. Ich zog es meistens vor, mich mit seinen Forderungen zu arrangieren, um Beleidigungen oder Misshandlungen aus dem Weg zu gehen und kurzfristig möglichst wenig Schaden zu nehmen. Das gilt beispielsweise für das »Besorgen von Nachschub«. Es kam sehr häufig vor, fast jeden Tag. Und zwar zu Fuß! Von dem Gelände in Émerchicourt musste ich bis nach Aniche (vier Kilometer) oder Auberchicourt (fünf Kilometer) laufen. Wenn ich schon den Weg dorthin gehen musste, nutzte ich die Gelegenheit auch aus! So ergab sich für mich die Möglichkeit, auf die Post oder in die Apotheke zu gehen, ich konnte Geld am Automaten ziehen und versuchte, so viel einzukaufen, dass es gleich für mehrere Tage »reichte«. Aber damit gab ich freilich auch nach und fügte mich. Zudem nahmen die Gänge zwei bis drei Stunden in Anspruch. Beladen wie ein Packesel kam ich mit lauter Taschen zurück. Meist waren auch die Kinder dabei, die diese Wege, auch wenn sie weit waren, dem Aufenthalt im Wohnwagen vorzogen.

Wenn Beleidigungen und Demütigungen täglich stattfinden und es regelmäßig zu Schlägen kommt, so richtet man sich in einem Zustand permanenter Unterwerfung ein: Man will keinen erneuten Wutausbruch und keinen erneuten Schmerz riskieren und glaubt, dass es besser ist zu schweigen. In den letzten Jahren hatte ich sogar die Angewohnheit angenommen, die Augen zu senken, sobald er die Stimme erhob und ich ahnen konnte, was gleich kommen würde. Auch das habe ich mir erst klargemacht, nachdem es zu der Tragödie gekommen war. Man musste mich erst darauf aufmerksam machen und mir die Szene vor Augen halten: eine Frau, die mit gesenktem Haupt vor ihrem Mann steht …

All diese Bilder sind mir jetzt wieder in Erinnerung gekommen. Ich musste so handeln, weil ich mich ihm gegenüber minderwertig fühlte, und das war angesichts der entwürdigenden Schimpfwörter, die er für mich fand, nicht weiter erstaunlich. Ausschlaggebend war jedoch, dass ich Angst hatte. Ich senkte den Blick, um seine Augen nicht sehen zu müssen, um diesen eisigen Blick nicht aushalten zu müssen, der schon schmerzte, noch bevor er mich körperlich anrührte.

Wie alle gewalttätigen Männer – so hat man mir es jedenfalls gesagt – war auch mein Ehemann ein unvergleichlicher Manipulator. Er verstand es ganz ausgezeichnet, mich wieder zu besänftigen, wenn er spürte, dass ich kurz davor war, ihn zu verlassen. Auch bei meinem Fluchtversuch war es so. Mit großem Geschick tischte er mir oder anderen Lügen auf und stellte sich selbst als Opfer dar, um Mitleid zu erwecken. Das Ziel war immer das gleiche: Er wollte verbergen, wie unser Alltag aussah. Er wollte die Gewalt und sein wahres Wesen verbergen. Und er wollte vor seinen Verpflichtungen und seiner Verantwortung davonlaufen. Er war einfach nicht bereit, sich der Wirklichkeit zu stellen.

Eine seiner klassischen »Nummern« bestand darin, dass er mir kundtat, ihn hätte ganz plötzlich eine schlimme Krankheit befallen. Beim Gedanken daran muss ich heute beinahe lächeln, aber ich muss auch zugeben, dass seine Erfindungen – so skurril sie auch sein mochten – mir immer wieder Mitleid einflößten. Ganz besonders erinnere ich mich an den Tag, als er mir mit ernster Miene verkündete, dass er sich mit AIDS angesteckt hätte. Das war nach seiner Entlassung aus dem Gefängnis, wo er – wie erwähnt – wegen Trunkenheit am Steuer einsitzen musste. Diese Behauptung war so plump … aber wie sollte ich sicher sein, dass sie tatsächlich nur erfunden war? Bei solchen Geschichten erwies er sich stets als erstaunlich wortgewandt und ideenreich und erreichte immer, dass ich mir Sorgen machte und sogar Schuldgefühle bekam, da ich ihm zu all seinem Leid auch noch so viel Ärger bereitete! Später dichtete er sich auch einmal Prostata- und Lungenkrebs an. Zwar kam mir durchaus der Gedanke, dass in der Summe gesehen all diese Krankheiten ein wenig viel für einen einzigen Mann waren, aber gleichzeitig konnte ich mich nicht dazu durchringen, so zu tun, als hätte er nichts. Er besaß eine außerordentliche Gabe, mich in einem Zustand der Ungewissheit zu halten! Ich sah, wie er zu Arztterminen aufbrach und niedergeschlagen und verstört wieder auftauchte, als hätte ihm jemand eine schlechte Neuigkeit eröffnet. Auf meine Fragen antwortete er wenig und reichlich vage, sodass ich mir kein genaues Bild von seinem Zustand machen konnte. Fast jedes Mal ging seine Strategie auf: Ich hegte zwar Zweifel, war unsicher, aber – ich muss es zugeben – ich machte mir Sorgen. Dabei verstieg er sich bei seinen Geschichten zu den aberwitzigsten Kapriolen. Ich erinnere mich zum Beispiel an den Tag, als er mir sagte, dass er den Arzt wechseln wolle, da der bisherige keine Krebserkrankung bei ihm diagnostiziert habe und ihm deshalb eine entsprechende Behandlung verweigere ...

Wie gut die Strategie funktionierte, sich selbst als Opfer darzustellen, hatte mein Mann im Übrigen auch deshalb erkannt, weil er sie bei anderen erfolgreich erprobte. Einem Paar aus der Nachbarschaft, einer Freundin, einem Freund seines Sohnes ... allen hat er früher oder später einmal von seinen Krebserkrankungen erzählt. Er ging sehr gezielt vor bei der Auswahl der Menschen, denen er diese Geschichten auftischte. Wenn ich mir eine Liste mit ihren Namen mache, so fällt auf, dass sie alle zu unserem engsten Bekanntenkreis zählten und daher von ihnen eine gewisse Gefahr für ihn ausging: Sie konnten am ehesten herausfinden, was ich bei ihm auszuhalten hatte. Und so sollten seine erfundenen Geschichten bei ihnen den gleichen Zweck erfüllen wie bei mir: Er wollte die »Opferrolle« spielen, um das Bild des Peinigers zu verdrängen.

Eine weitere, absurde Geschichte, bei der ich nicht dabei war, kommt mir in den Sinn. Es war an einem Heiligabend. Er war betrunken und ging auf die Kinder seines Bruders Claude los: Angeblich wollte er sie mit einer Schere »pieksen«. Handelte es sich um ein dummes Spiel, oder war es eine seiner Gewaltattacken? Wie dem auch sei, die Mutter der Kinder geriet in Panik, rief ihren Mann unverzüglich zu Hilfe, und schon brach ein Streit zwischen den beiden Männern aus. Ein paar Stunden später beklagte er sich bei mir und gab vor, dass man ihn mit einem Messer am Bein verletzt habe. Als Beweis für den Angriff seines Bruders zeigte er mir seine Wunden. Allerdings begriff ich nicht, wie er zu den Schnittverletzungen am Bein gekommen sein wollte, ohne dass seine Hose die geringsten Beschädigungen aufwies! Ich habe erst im Nachhinein erfahren, was tatsächlich vorgefallen war. Im Verlauf ihrer Auseinandersetzung hatte mein Ehemann ein Messer gezückt und seinem Bruder eine Verletzung im Gesicht zugefügt. Feuerwehr und Polizei mussten einschreiten, um die kritische Situation zu entschärfen. Das Ergebnis für Claude sah so aus, dass er im Krankenhaus von der Nase bis zum Ohr mit etwa dreißig Stichen genäht werden musste, während mein Ehemann auf die Wache mitgenommen wurde. Auf dem Rückweg muss er sich selbst verletzt haben, damit – eine andere Erklärung fällt mir nicht ein – wenigstens ich zu ihm halte …

Es ist ganz typisch für gewalttätige Männer, dass sie andere in genau dem Maße belügen, wie sie auch sich selbst belügen. Immer wieder gelangen sie an einen Punkt, an dem sie sich rechtfertigen müssen, und ihre Lügen verleiten sie dann zu der Einschätzung, dass das alles nicht ihr Fehler ist; sie ziehen sich auf die Aussage zurück: »Ich kann nichts dafür.«

Ich glaube, dass für meinen Ehemann gilt, was für die meisten gewalttätigen Partner gilt: Hatte er das Gefühl, bei seinen eigenen Ungeheuerlichkeiten ertappt worden zu sein, konnte ihn nichts mehr aufhalten. Ich erinnere mich beispielsweise daran, dass er ein schmutziges Gerücht über meine Person in die Welt setzte. Gegen Ende des Jahres 2005 waren die Beleidigungen und Gewalttätigkeiten so zahlreich geworden, dass viele Personen in unserem Umfeld langsam Verdacht schöpften. Er brachte daher auf dem Markt von Pecquencourt das Gerücht in Umlauf, ich hätte ein Verhältnis mit einem unserer Freunde. Ich wusste zwar ohne jeden Zweifel, dass ich mir nichts vorzuwerfen hatte und alles reine Erfindung war, aber die Vorstellung, der ein oder andere könnte solchen Dummheiten Glauben schenken, verletzte mich natürlich – abgesehen von der Tatsache, dass mein eigener Mann ihr Urheber war. Warum erzählte er so etwas? Welches Vergnügen fand er daran? Heute scheint mir die Antwort auf der Hand zu liegen: Er wollte mir den Ruf eines »leichten Mädchens« anhängen, das mit jedem Mann ins Bett ging. Das hatte den doppelten Vorteil, dass er mich einmal mehr erniedrigen konnte und zugleich etwaige Gewalttätigkeiten von ihm in einem anderen Licht erschienen. Durchaus möglich, dass er obendrein auch noch Mitleid erheischen konnte. War es bei einer solchen Frau denn nicht verständlich, dass er cholerisch und hart wurde?

Es ist allgemein bekannt, dass die Lüge – im wahrsten Sinne des Wortes – der alltägliche Begleiter von häuslicher Gewalt ist, und dies kann ich nur bestätigen. Ein gewalttätiger Mann lügt andere und sich selbst an, um zu verbergen, wie er tatsächlich ist. Das Gleiche trifft aber auch für eine misshandelte Frau zu. Wie bereits gesagt, zählt die Hoffnung auf Besserung zu den Gründen, weshalb eine der Gewalt ihres Mannes ausgesetzte Frau ihn nicht verlässt. Aber im Grunde ist auch das eine Lügengeschichte. Denn bei meiner Situation, bei all den Misshandlungen, die ich zu ertragen hatte, belog ich mich selbst, wenn ich vorgab, diese Hoffnung zu hegen. Das ist mir heute klar.

Zweimal unternahm er den Versuch, mit dem Trinken aufzuhören. Ich sollte ihm keinen Alkohol mehr kaufen, und wenn er mich bei den Einkäufen begleitete, sagte er zu mir: »Nein, geh nicht dort vorbei, sonst gerate ich in Versuchung …« Das verschaffte mir etwas Ruhe bei uns zu Hause, die Szenen waren (etwas) seltener, er war den Kindern gegenüber weniger aggressiv, und ich dachte: »Vielleicht wird er es diesmal tatsächlich schaffen, sich zu ändern.« Aber das war eine Illusion: Sein Charakter blieb derselbe. Er konnte von einem Augenblick auf den anderen außer sich geraten, und unsere Beziehung blieb weiterhin eine Beziehung zwischen einem »Herrschenden« und einer »Beherrschten«. Seine guten Vorsätze stellten nur kurze Unterbrechungen dar, die nie von Dauer waren.

Ich muss zugeben, dass mein Ehemann vermutlich auch selbst bisweilen geglaubt hat, dass er sich bessern könne. Zwar war das nicht sehr oft der Fall, aber es wäre zu einfach, ihn auf einen Rohling ohne Skrupel oder Gewissen zu reduzieren. Nein, er muss es tatsächlich geglaubt haben. Ich erinnere mich an eine Postkarte, die er mir aus dem Elsass geschrieben hat, wo er zur Weinlese war. Er bat mich auf der Karte »um Verzeihung für [sein] Verhalten und für all die Streitereien«. Auch meiner Mutter hatte er einmal geschrieben, und von heute aus betrachtet, stimmt dieser Brief nachdenklich. Damals hatte er mir lediglich erklärt, dass er ihr einen »Entschuldigungsbrief« geschickt habe (es war kurz nach der entscheidenden Auseinandersetzung mit der Ohrfeige), und nichts weiter.

Im Laufe des Untersuchungsverfahrens konnte ich Einsicht in diesen Brief nehmen. Hier die Abschrift seiner Worte, bei der ich lediglich die Rechtschreibfehler korrigiert habe:

»Liebe Evelyne,

ich schicke Dir diese wenigen Worte, um Dir etwas sehr Wichtiges mitzuteilen.

Erst einmal muss ich Dich um Verzeihung bitten für all das Leid, das ich dir zugefügt habe, und wenn Du mir nicht verzeihen willst, so ist das nicht schlimm. Aber bitte nimm wieder Kontakt zu Alex auf. Wie Du weißt, hast Du durch Gottes Gnade und durch unseren Herrn Jesus Christus drei prächtige Enkelkinder. Ich gebe Dir unsere Adresse …

Marcelino

P.S.: Pardon.«

Ob er wohl glaubte, was er schrieb? Haderte er wirklich mit sich selbst? Machte er sich wirklich Vorwürfe und bekümmerte ihn sein Werdegang? Plagte ihn sein schlechtes Gewissen? Oder log er ein weiteres Mal ganz bewusst, um sein Image aufzubessern? Ich kann es nicht entscheiden. Keine dieser Hypothesen ist von der Hand zu weisen, aber eines ist sicher: Lange Zeit habe ich fest an die Aufrichtigkeit seiner Worte geglaubt. Und genau das hält eine misshandelte Frau in der Hoffnung gefangen, in ihrem Leben würde sich irgendwann alles zum Guten wenden.

Ohne diese Hoffnung bleibt man nicht zwölf Jahre bei einem gewalttätigen Mann. Ich bin keine Masochistin. Ich habe auch niemals in Erwägung gezogen, dass die Gewalttätigkeiten ein Verhängnis sind. Dass es mein Schicksal ist, misshandelt zu werden. Ich habe so lange ausgehalten, weil ich niemals aufgehört habe daran zu glauben, dass er am Ende einsehen würde, was aus ihm geworden war.

Vielleicht klingt das sogar zynisch, aber ich glaube, er weckte auch dadurch Hoffnung in mir, dass er … versuchte, sich umzubringen. Ich werde später noch erklären, warum. Tatsächlich hat er versucht, sich das Leben zu nehmen, und zwar nicht nur einmal, zweimal oder dreimal, sondern ungefähr fünfzehn Mal. Er lag in fast allen umliegenden Städten einmal im Krankenhaus: in Denain, Lens, Douai, Lille … (irgendwann hörte ich auf, zu zählen und aufzulisten). All diese Selbstmordversuche fanden in einem kurzen Zeitraum zwischen 2004 und 2005 statt, als seine Gewalt zur Routine geworden war. Konnte auch er die Situation nicht mehr aushalten? Es war die Zeit nach dem Gefängnisaufenthalt und nach meiner Flucht mit den Kindern; die Zeit, in der sich seine Schandtaten immer weiter steigerten …

Manchmal habe ich Angst um ihn gehabt, manchmal überhaupt nicht. Aber fast jedes Mal, wenn er sich etwas antat, war das für mich Grund genug, wenn nicht an einen Neuanfang, so doch zumindest daran zu glauben, dass es bei ihm »Klick gemacht« hatte.

Das erste Mal hat sich besonders fest in meine Erinnerung eingegraben. Wir standen mit unserem Wohnwagen auf dem Gelände seines Vaters bei Émerchicourt. Wie so oft, wenn er betrunken war oder es zu einem heftigeren Streit als normalerweise zwischen uns gekommen war, hatte er die Nacht in einem Sessel in der »Wohnzimmerecke« verbracht. Dort fand ich ihn, nachdem ich am frühen Morgen aufgestanden war. An seinem Gesicht sah ich sofort, dass etwas nicht stimmte. Er war ganz benommen von den Tabletten, die er geschluckt hatte. Ich rief den Notarzt, der auch kurz darauf mit Blaulicht bei uns eintraf. Man wollte von mir wissen, was er eingenommen habe. Ich wusste es nicht, aber anhand der herumliegenden Medikamentenschachteln und der um ihn verstreuten Alkoholflaschen konnte man sich rasch ein Bild machen. Man versuchte ohne allzu großen Erfolg, ihn selbst zu befragen. Mehr Aufschluss lieferte die Anzahl der leeren Blister, die neben ihm lagen. Man nahm ihn mit und pumpte ihm den Magen aus. Wie bei den späteren Versuchen auch dauerte sein Krankenhausaufenthalt lediglich vierundzwanzig Stunden. Es war falscher Alarm. Ich bin versucht zu schreiben: »ein vorgetäuschter Versuch«. Ich glaube behaupten zu können, dass er niemals wirklich erwogen hat, sich das Leben zu nehmen. Er hätte weitaus mehr schlucken müssen (und können) als nur ein paar Tabletten.

Bei einem anderen Versuch änderte er die Methode. Die Umstände, unter denen dieser Versuch stattfand, sind wirklich bemerkenswert.

Er hatte am Morgen einen Termin auf der Polizeiwache, um zu den mutmaßlichen unsittlichen Berührungen seines Sohnes Kévin befragt zu werden. Ich hörte, wie er aufbrach, aber bei der Polizei erschien er nicht: Die Beamten tauchten wenig später bei mir auf und erkundigten sich, ob er bei mir sei. Ich verneinte natürlich. Sie überprüften, ob er sich nicht doch im Wohnwagen versteckt hatte, dann suchten wir in der Umgebung nach jemandem, der ihn gesehen habe könnte. Eine Haushaltshilfe, die bei meinem Schwiegervater arbeitete, gab uns schließlich den richtigen Hinweis. Sie hatte gesehen, wie er an diesem Morgen in einen abgelegenen Winkel des Geländes gegangen war. Die Beamten forderten mich auf, beim Wohnwagen zu bleiben, während sie selbst dort nachsahen. Ich hörte, wie sie seinen Namen riefen, aber zunächst regte sich nichts. Erst als sie in eine kleine unbewohnte Hütte eingedrungen waren und dort nach ihm riefen, ließ sich eine leise, jämmerliche Stimme vernehmen: »Ich bin hier oben«, flüsterte er. Er stand oben auf einer Leiter, um sich an einem Deckenbalken zu erhängen. Aber gesprungen ist er natürlich nicht.

Ich habe einen Menschen gekannt, der Selbstmord begangen hat. Es war der Vater einer Freundin. Dieser Mann hat zu niemandem irgendetwas über sein Vorhaben gesagt. Er verschwand aus dem Haus, und eine Viertelstunde später war alles geschehen. Er hatte sich erhängt. Wenn man sich wirklich umbringen will, dann geht es auch nicht schief. Das klingt zynisch, ist aber meine Meinung. An jenem Morgen hätte mein Ehemann – wie bei anderen Versuchen auch – reichlich Zeit gehabt, ins Leere zu springen, wenn er seinem Leben wirklich ein Ende hätte setzen wollen.

Ob ich bedaure, dass er es nicht getan hat? Ich weiß es nicht. Im Lauf der vergangenen Monate habe ich vor den Untersuchungsbeamten, der Untersuchungsrichterin, den Journalisten, meinen Anwälten und meinen Angehörigen immer wieder beteuert, dass ich nie die Absicht hatte, meinen Ehemann zu töten. Ich habe mir zu keinem Zeitpunkt seinen Tod gewünscht. Niemals. Aber heute beschleicht mich manchmal der Gedanke, dass ein solcher Tod ein weniger tragisches Ende bedeutet hätte.

Die meisten Experten, die sich mit dem Thema Selbstmord beschäftigt haben, gehen davon aus, dass ein Selbstmordversuch sehr häufig die Flucht aus einer unerträglich gewordenen Situation ist. Sie beschreiben auch, dass der Selbstmordversuch eine Verzweiflungstat ist, der oft eine Phase übermäßigen Alkohol- oder Medikamentenkonsums vorausgeht. Sie legen dar, dass die »Suizidgefährdeten« sich massiv abgelehnt fühlten, was auf einen Verlust familiärer und beruflicher Bindungen sowie eine weitreichende soziale Isolation zurückgehe. Der Selbstmordversuch sei eine »verzweifelte Botschaft an die als feindlich empfundene oder dem eigenen Unheil gegenüber gleichgültige Umwelt«. Noch allgemeiner, und etwas vereinfacht, sieht man in einem Selbstmordversuch einen »Hilferuf«, einen »Ruf nach jemandem, der einschreitet«. Ich bin keine Psychologin und kann natürlich auch nur mutmaßen, was im Kopf meines Ehemannes vorging, aber ich bin heute überzeugt davon, dass es sich um einen solchen Hilferuf handelte.

Ertrug er selbst nicht mehr, wozu er geworden war? War ihm der mir gegenüber so gewalttätige Mann, der er geworden war, zu viel? War ihm unser Leben zu viel? Empfand er vielleicht in klaren Momenten sogar Scham mit Blick auf das Monster, das er in anderen, weniger klaren Momenten sein konnte? Und reichte diese Scham so weit, dass er nur diesen einen Ausweg sah? Wollte er Mitgefühl wecken, Vergebung erreichen? Gewiss waren all diese Erwägungen im Spiel. Die »Inszenierung« des Erhängens, wie ich es nennen möchte, als die Polizisten ihn zu dem Vorfall mit Kévin befragen wollten, bestärkt mich in meiner Einschätzung. Wenn man mit einem Mann zwölf Jahre zusammengelebt hat, kennt man ihn recht gut, und aus meinen Erfahrungen heraus neige ich zu der Annahme, dass es zu dieser Inszenierung nicht gekommen wäre, wenn er sich nichts vorzuwerfen gehabt hätte, und dass er durch diesen Kunstgriff eine milde Beurteilung erlangen wollte.

Wie dem auch sei, ich wiederhole es noch einmal, auch seine »Suizidversuche« trugen dazu bei, meine Hoffnung auf Besserung zu nähren. Das will ich genauer erklären. Zunächst einmal folgte auf jeden Versuch eine Phase der Beruhigung (ohne Zweifel vor allem eine Folge der Behandlungen, die die Ärzte ihm verordneten), und er beteuerte mir gegenüber fast jedes Mal, dass er genug habe von einem solchen Leben und jetzt alles ändern wolle. Außerdem redete er oft davon, dass er seine Mutter wiedersehen wolle, die seit fast zwanzig Jahren tot war. Sie fehlte ihm ganz fürchterlich. Ich habe sie nicht gekannt, aber ich glaube, dass er tatsächlich eine sehr enge Bindung zu ihr hatte, so wie das bei mir und meinem Vater auch der Fall ist. Um es kurz zu machen, er wickelte mich »über die Gefühlsschiene« ein, wenn ich das so sagen darf, und es wäre gelogen, wenn ich behaupten würde, das hätte mich stets kalt gelassen.

Ein einziges Mal habe ich es gleichwohl gewagt, mich gegen seine »Hilferufe« zu stemmen, an die ich immer weniger glaubte. Ob dies Zufall war oder in Zusammenhang mit meinem Verhalten stand, vermag ich nicht zu entscheiden, aber es war jedenfalls sein letzter Selbstmordversuch. Er hatte unglaublich viele Medikamente geschluckt und befand sich in einem komatösen Zustand. Wie üblich rief ich die Feuerwehr, die ihn ins Krankenhaus von Denain brachte, wo ihm – wie üblich – der Magen ausgepumpt werden sollte. Aber diesmal rief mich ein Psychiater zu sich in sein Büro.

Er wollte wissen, wie mein Leben aussehe, wie er sich zu Hause verhalte, um mir anschließend zu verkünden, dass der Fall meines Ehemanns so schwerwiegend und besorgniserregend sei, dass man ihn in die psychiatrische Abteilung eines Krankenhauses einweisen sollte. »Wie denken Sie darüber?«, fragte er mich und wartete auf meine Zustimmung. Ich zögerte zunächst, aber er insistierte beharrlich: »Glauben Sie nicht, dass dies eine Lösung sein könnte?« Da kam mir ein leises »Ja …« über die Lippen. Man könnte nun annehmen, dass ich ihn loswerden wollte. Darum ging es aber nicht. Ich war der Meinung, dass er Hilfe brauchte. Wenn er psychisch krank war, so würden wir auf diese Weise doch vielleicht herausfinden, was er hatte und warum. Vielleicht würde sich dann auch eine Möglichkeit abzeichnen, wie man ihm helfen konnte.

»Dafür muss allerdings eine Formalität erfüllt sein«, fuhr der Psychiater fort. »Ich benötige einen Antrag auf Unterbringung. Dieser muss von einem Familienmitglied gestellt werden.« Man nennt dies »Unterbringung auf Verlangen eines Dritten«. Dabei handelt es sich um ein sehr streng reglementiertes Verfahren. Grob gesagt gibt es in Frankreich drei Modi der Unterbringung bzw. Einweisung in eine psychiatrische Einrichtung. Diese drei Modi sind im Gesetz vom 27. Juni 1990 genau geregelt, und zwar »im Einklang mit den bestehenden Gesetzen und zum Schutz der aufgrund von psychischen Auffälligkeiten oder Störungen eingewiesenen Personen«. Der erste und häufigste Modus ist die »freiwillige Einweisung«, bei der die eingewiesene Person mit der Unterbringung einverstanden ist. Bei schweren Fällen wird die Einweisung behördlich angeordnet. Dies geschieht, wenn wegen der psychischen Störungen vom Betroffenen eine akute Gefahr für Dritte oder für das öffentliche Leben ausgeht. Diese Anordnung wird nach ärztlichen Gutachten durch das Gericht verfügt. Zwischen diesen beiden Modi ist die Einweisung auf Antrag eines Dritten anzusiedeln: Eine Person kann ohne ihre Zustimmung eingewiesen werden, wenn die Art der psychischen Probleme deren Zustimmung vereitelt, der Krankheitszustand der Person jedoch eine stationäre ärztliche Überwachung erfordert.

»Sie müssten einen handgeschriebenen Antrag verfassen ...«, fuhr mein Gegenüber fort und zeigte mir den Vordruck. Dort sollte ich meinen Namen und Vornamen eintragen, das Datum vermerken und schließlich auch unterzeichnen.

Es versteht sich von selbst, dass ich zögerte. Der Arzt machte mir klar, dass dies die beste Lösung sei, aber ich hatte natürlich auch schwere Bedenken: Was würde geschehen, wenn mein Ehemann herausfände, dass ich ihn hatte einsperren lassen?

Am Ende habe ich unterzeichnet, und meine Unterschrift verbannte ihn für sechs Monate ins Krankenhaus. Das waren sechs Monate Aufschub – für alle. Zum ersten Mal waren wir so lange voneinander getrennt, und während der ersten Wochen durfte ich ihn nicht einmal besuchen. Wir konnten nur am Telefon miteinander sprechen, aber er war so schläfrig von den Medikamenten, dass unsere Gespräche stets ein rasches Ende fanden. Nach einiger Zeit konnte ich ihn dann mit den Kindern besuchen. Wenn er wegen der Tabletten nicht allzu benommen war, verbrachten wir sogar recht »angenehme« Momente miteinander, soweit das in einer solchen Situation möglich war. Er erfuhr, was sich bei uns zugetragen hatte, und wir ließen uns von seinem Tagesablauf erzählen, von seinen Gesprächen mit den Krankenschwestern, dem Psychologen, dem Fortgang seiner Behandlung, den Mahlzeiten, seinen begleiteten Spaziergängen oder Radausflügen.

Was mich betrifft, so verbrachte ich die Zeit zwischen den Besuchsterminen mit den Kindern im Wohnwagen und begnügte mich damit, dass es Tage ohne Tränen waren. Das reichte mir vollständig. Bis zu dem Tag, als ich der Versuchung des Ehebruchs erlag. Es ist nur ein einziges Mal vorgekommen, aber ich muss es gestehen. Schon seit längerer Zeit begegnete ich regelmäßig einem Mann beim Einkaufen. Zunächst hatten wir uns angewöhnt, einander zu grüßen, dann wechselten wir ein paar Worte miteinander, und irgendwann unterhielten wir uns auch länger. Nun, wo mein Ehemann außer Reichweite war, nutzte ich die Gelegenheit, um weiterzugehen. Ich weiß natürlich, dass das nicht richtig war, aber auch hier verstehe ich das Ganze mit dem heutigen Abstand besser: In dieser Phase fühlte ich mich stärker als sonst. Ich hatte mich dem Zugriff meines Mannes bis zu einem gewissen Grad entwunden, sein Einfluss bröckelte. Ich wollte – das versteht sich von selbst – herausfinden, ob ich noch jemandem gefallen könnte. Ob ich noch einmal von jemandem Trost und Zärtlichkeit erhalten würde. Ob noch etwas anderes in mir steckte als nur die Person, die »zu nichts taugte«, wie mein Mann mir seit so vielen Jahren immer wieder vorhielt.

Der Einfluss, den ein gewalttätiger Ehemann auf seine Partnerin ausübt, lässt sich nicht verstehen, wenn man die Momente ausblendet, in denen das Leben wieder ganz normal weiterläuft. Es ist wie auf dem Meer: Niemals schätzt man die Ruhe mehr als nach einem Sturm. Die Wochen nach seinen Selbstmordversuchen und der lange Krankenhausaufenthalt meines Ehemanns waren solche Phasen. Gewiss, die Medikamente trugen ihren Teil dazu bei, aber selbst wenn es nur ein künstliches »herzliches Einverständnis« war, empfand ich es als Wohltat. Ich denke, dass ich zu keinem Zeitpunkt mehr an einen möglichen Wandel geglaubt habe als zu jener Zeit.

Ich erinnere mich, dass er ein paar Wochen vor Beendigung seines Krankenhausaufenthaltes von dort geflohen ist. Ich war gerade dabei, das Essen für die Kinder zuzubereiten, als ich ihn auftauchen sah. Er war fünfzehn Kilometer zu Fuß bis zu uns hierhergelaufen! Überrascht fragte ich ihn, was das denn solle, und er antwortete mir, dass er die Unterbringung im Krankenhaus nicht mehr ertrage, dass er »nach Hause« zurückkehren wolle, dass wir ihm fehlten, dass er »uns brauchte«. Es schien mir, als habe er sich tatsächlich verändert, und ich dachte: »Das ist nicht mehr derselbe Mann wie vorher.«

Nachdem die Pfleger ihn wieder abgeholt hatten, fanden Gespräche mit dem Psychiater statt, der darüber zu urteilen hatte, ob er aus dem Krankenhaus entlassen werden konnte. Im Verlauf dieser Gespräche wiederholte er unablässig, dass er Gewissensbisse verspüre, dass er um Verzeihung für all das bitte, was er mir zugefügt habe, und dass er nun begreife, »um was es geht«. Ich habe ihm geglaubt. Ein weiteres Mal! Sicher kann man mir das vorhalten, aber diesmal stimmte meine Einschätzung mit derjenigen der Ärzte überein, die ihn kurz darauf aus ihrer Obhut entließen. Ich muss auch zugeben, dass dies zunächst kein Schaden war. Nicht unmittelbar zumindest. Plötzlich war er dazu in der Lage, den Kindern gegenüber Aufmerksamkeit an den Tag zu legen. Er nahm sie auf die Knie, gab ihnen zu essen oder half ihnen beim Anziehen (das mag für ein ganz normales

Ehepaar erstaunlich klingen, aber diese kleinen, einfachen Aufmerksamkeiten bedeuteten für mich ganz außergewöhnliche Geschenke, die bereits ausreichten, um mir ein Lächeln ins Gesicht zu zaubern).

Schon vor seiner Einweisung ins Krankenhaus konnte er während der Phasen nach den Selbstmordversuchen, in denen er hochdosierte Medikamente nahm, mit mir sprechen, ohne mich dabei anzuschreien oder mich zu beleidigen. Manchmal konnte er sogar wirklich lustig sein. Er brachte die Kinder zum Lachen, und heute weiß ich, dass genau diese Augenblicke nicht nur Verschnaufpausen bedeuteten, sondern jahrelang die Hoffnung in mir wachhielten. Denn mein Ehemann war durchaus fähig zu all diesen Dingen, er ließ sie uns nur sehr selten zuteilwerden.

Allerdings war der Sturm nach einer solchen Ruhephase umso heftiger ... Und nach seinem Aufenthalt in der Psychiatrie und der medikamentösen Behandlung, die ihn einige Monate »ruhiggestellt« hatte, kehrte dieser Rhythmus auch wieder ein. Bald war alles wieder beim Alten. Und ich blieb nicht sein einziges Opfer. Ein befreundetes Ehepaar, das uns trotz allem helfen wollte, musste sein Entgegenkommen teuer bezahlen.

Georges war ein Freund meines Vaters und seiner Lebensgefährtin Marie-Paule. Sie kannten sich seit fünfzehn Jahren. Ich war ihm bereits begegnet, als ich noch zur Schule ging, und auch wir waren Freunde geworden. Ich hatte ihn natürlich meinem Ehemann vorgestellt, und sie waren einander sympathisch. Eine wichtige Gemeinsamkeit fanden sie in ihrem Glauben, auch Georges beherzigte die Grundregeln der christlichen Religion in seinem Leben voll und ganz. Er war freundlich und hilfsbereit zu all seinen Mitmenschen und hatte auch eingewilligt, Taufpate unserer ersten Tochter Séphora zu werden, was mich sehr gerührt hatte. Er war es auch, der mich einmal gemeinsam mit der Kleinen in dem psychiatrischen Krankenhaus abholte, als ich sie nicht dorthin hatte mitnehmen können. Bei dieser Gelegenheit hatte er mir vorgeschlagen, unseren Wohnwagen auf sein Grundstück in Vendin-le-Vieil in der Nähe von Lens zurückzubringen, wenn mein Ehemann nach seiner Entlassung vielleicht ein anderes Umfeld bräuchte, damit es ihm besser ging: »Ihr könnt so lange bleiben, wie ihr wollt, so lange, bis du wieder auf den Beinen bist«, hatte er ihm in seiner üblichen hilfsbereiten Art angeboten. Zunächst zögerten wir, aber dann gab ein trauriges Ereignis den Ausschlag. Mein Schwiegervater starb am 12. April 2005, und da unser Wohnwagen auf seinem Gelände gestanden hatte, mussten wir ohnehin umziehen. Wieder einmal.

Dort, auf dem Grund und Boden von Georges, ging der Albtraum dann von Neuem los. Beleidigungen, Vorwürfe, Schläge … Er musste nur vergessen, seine Medikamente zu nehmen (und meistens weigerte er sich schlichtweg, sich an die Verordnung zu halten), und schon begann er erneut, mich zu schlagen. Nur hatte er jetzt neben den gewöhnlichen Vorwänden, die ihm als Anlass dienten, mich zu maßregeln (ich sei eine »Faulenzerin«, ein »Nichtsnutz« usw.), eine weitere Inspirationsquelle gefunden: die amtliche Unterbringung in der Psychiatrie, die ich mit meiner Unterschrift in die Wege geleitet hatte, sowie sein Gefängnisaufenthalt. Er war zu dem Schluss gekommen, dass ich seine Einweisung und seine Verhaftung eingefädelt hätte, um ihn loszuwerden. Deshalb schwor er mir bei all seinen Ausbrüchen, dass ich mein Vorgehen eines Tages noch teuer bezahlen würde …

Innerhalb von nur ein paar Monaten wurden seine Gewaltausbrüche quasi zu einem Dauerzustand. Die einzigen Verschnaufpausen waren die Tage unmittelbar nach den Spritzen, die »seine finsteren Gedanken« vertreiben sollten. Dann befand er sich in einem so lethargischen Zustand, dass er nicht einmal mehr die Kraft hatte, mich herumzustoßen. Aber sobald die Wirkung nachließ …

An eine ganz besonders bedrohliche Situation auf dem Gelände von Georges erinnere ich mich noch heute sehr genau. Ich war gerade dabei, eilig das Geschirr vom Mittagessen wegzuräumen, um die Kinder wieder in die Schule zu bringen, als er wegen einer Kleinigkeit begann, Flüche gegen mich auszustoßen. Zunächst ließ ich ihn gewähren, wie ich es mittlerweile immer häufiger tat, aber er hörte nicht auf und beschimpfte mich immer weiter. Wie genau seine Worte lauteten, weiß ich nicht mehr, aber ich erinnere mich noch sehr gut daran, was ich erwiderte und was dazu führte, dass er vor Wut schäumte. Nachdem reichlich Beleidigungen auf mich niedergeprasselt waren, sagte ich (lediglich): »Du auch ...« Da ergriff er eines der Messer, die neben dem Waschbecken lagen, stürzte auf mich zu und schrie dabei: »Ich werde dich umbringen, du dreckige H...! Ich werde dich umbringen!« Ich erstarrte förmlich und verharrte regungslos. Mein Blick ging zu den Kindern hinüber, und in ihren Augen sah ich das blanke Entsetzen. Was konnte ich tun? Was würde mit mir geschehen? Die Erinnerung an diese Szene jagt mir noch heute einen Schauer den Rücken hinunter. Ich schloss die Augen und brach in Tränen aus. Das Messer legte er zwar wieder weg, und die Schläge fielen nicht so aus, dass sie besonders erwähnenswert wären, aber eine solche Angst hatte ich noch nie verspürt. So viel ist gewiss.

Seine Gewalttätigkeiten waren zwischenzeitlich jedoch häufig derart schlimm geworden, dass ich es zum ersten Mal wagte, jemanden um Hilfe zu rufen. Ich schickte mehrere SMS an meine Freundin Brigitte, die mich seinerzeit auch mit dem fremden Mann im Wohnwagen überrascht hatte. Es waren nur sehr kurze Botschaften wie: »Help me, help me.« Sie verstand natürlich, dass wieder einmal mein Mann seine Wut an mir ausgelassen hatte. Sie besaß sogar den Mut, ihn darauf anzusprechen, und versuchte, ihm darzulegen, dass sein Verhalten inakzeptabel und vor allem »nicht christlich« sei – in der Hoffnung, ihn auf dieser Ebene zu erreichen. Sie wollte darüber sprechen und versuchte, ihn zur Vernunft zu bringen, aber sie hätte genauso gut gegen eine Wand reden können. Er wollte nichts von alldem hören. Wenn er seine Gewalttätigkeit nicht schlicht leugnete, so beschuldigte er mich, ihn unablässig zu provozieren und maßlos zu übertreiben bei den Vorwürfen, die ich ihm machte. Mit meinem Verhalten würde ich seine Reaktion regelrecht »herausfordern«. Außerdem wiederholte er ein weiteres Mal, dass man auch ihn »verstehen« müsse. Das Tragische an der ganzen Sache war zweifellos, dass er von den Argumenten, die er ins Feld führte, überzeugt war, und ich muss – wenn auch widerwillig – zugeben, dass er wahrscheinlich wirklich noch mehr oder andere Hilfe gebraucht hätte, wenn unsere Beziehung eine Chance hätte haben sollen. Er litt unter massivem Realitätsverlust!

Trotz des Aufenthalts in der Psychiatrie, trotz der medikamentösen Behandlung, trotz eines Anflugs von Einsicht ließ sich mein Ehemann wieder zu vollkommen unbegründeten und willkürlichen Gewalthandlungen hinreißen. Ich glaube sogar, dass er sich umso schlechter selbst ertragen konnte, je mehr er sich seines Zustandes bewusst war. Die Folge war, dass seine Verbitterung und seine Bosheit nur noch schlimmer wurden.

Diese neue Station unseres Leidensweges auf dem Gelände von Georges dauerte ein Jahr, und zwar bis zu jenem Tag, als er seine Aggressionen nicht nur an mir und den Kindern ausließ, sondern auch an der Ehefrau unseres Freundes, der wir fast jeden Tag begegneten, wenn sie nach Hause kam. Arlette schätzte meinen Ehemann nicht sonderlich, und das beruhte auf Gegenseitigkeit. Wieder einmal wegen einer dummen Kleinigkeit kam es zu einem Riesenkrach zwischen den beiden, in dessen Verlauf er förmlich explodierte. Zunächst beleidigte er sie mit Schimpfwörtern wie »Prostituierte«, schließlich drohte er damit, sie umzubringen. Er schleuderte ihr entgegen: »Du wirst mir nicht mehr lange auf den Wecker gehen! Das kostet dich deinen Kopf! Ich werde dir die Kehle durchschneiden!«

Georges und seine Frau befahlen uns daraufhin natürlich, das Gelände unverzüglich zu verlassen, und zeigten ihn an, ohne dass es allerdings zu irgendwelchen Ermittlungen gekommen wäre. Wieder einmal blieb mir nichts anderes übrig, als ihm mit gesenktem Haupt zu folgen. Zu diesem Zeitpunkt konnte ich seine Misshandlungen jedoch kaum noch ertragen und war bereits dabei, eine erneute Flucht zu planen – samt der Kinder wie im Jahre 2003, als wir in dem schäbigen Hotel landeten. So wie damals hatte ich auch schon Kleidung beiseitegeschafft. Diesmal hatte ich sogar das Glück, bereits ein Quartier gefunden zu haben: Ich würde bei einer Frau Unterschlupf suchen, mit der ich mich auf dem Schulweg der Kinder angefreundet hatte. Da er sie nicht kannte, würde er auch nicht auf die Idee kommen, mich von dort zurückzuholen. Unglücklicherweise wurden meine Pläne durch den Streit mit Arlette und die Aufkündigung unseres Stellplatzes durchkreuzt.

Hätte ich mein Vorhaben diesmal wirklich durchgezogen? Hätte ich dem Druck standgehalten? Oder mich doch wieder zur Rückkehr überreden lassen, wenn er erst einmal – und das wäre unweigerlich geschehen – wieder Kontakt mit mir aufgenommen hätte? Niemand weiß das, auch ich nicht. Ich weiß nur eines: In zwölf Jahren ist es mir niemals gelungen fortzugehen. Ich habe niemals die Kraft dazu gefunden. Es gab auch keinen noch so kleinen Wink des Schicksals, der mir geholfen hätte, den Mann endgültig zu verlassen, der mich schlug und unentwegt bedrohte. Nicht einmal zu jener Zeit, als es beinahe täglich zu Gewaltausbrüchen kam.

Immer wieder taucht diese eine Frage auf: Warum akzeptiert man all das? Bevor ich mit dem Schreiben dieses Buches begann, habe ich mir diese Frage oft gestellt (und ich bin sicher, dass sich auch die meisten, die eine solche Hölle niemals erlebt haben, diese Frage stellen). Wie kann eine Frau zwölf lange Jahre Opfer häuslicher Gewalt sein, ohne zu reagieren? Warum bringt sie diese Taten nicht zur Anzeige?

In den Gesprächsrunden zum Thema der häuslichen Gewalt fällt mit schöner Regelmäßigkeit die selbstgewisse Bemerkung: »Wenn mein Mann mich schlagen würde, und wäre es auch nur ein einziges Mal, ich würde ihn auf der Stelle verlassen!« Das habe ich vermutlich auch gedacht – bevor ich in die Falle ging. Natürlich hätte ich beim ersten Schlag auf und davon gehen sollen! Aber ich habe es nicht getan. Ich habe eine Beleidigung eingesteckt, irgendwann einen Schlag, schließlich eine ganze Salve von Schlägen, und dann war es bereits zu spät.

Mangelnder Mut, Unbedarftheit, Unwissen, Schwäche ... Noch so manches andere Wort könnte ich hier niederschreiben, um versuchsweise zu erklären, wie ich in diese Spirale der Unterwerfung geraten konnte, wie ich mich der Gewalt eines Mannes so ausliefern konnte. Aber am Ende bleibt meiner Meinung nach nur ein einziger, wahrer Grund übrig: die Angst.

Im Verlauf der Ermittlungen erklärte einer unserer Freunde, ein junger, kräftiger Mann, der sich eigentlich nichts gefallen ließ, gegenüber den Polizeibeamten, dass er die Gewalttätigkeiten meines Ehemannes nie angezeigt habe, weil er »Angst vor diesem Mann« gehabt habe. Er fand sehr einfache, aber umso treffendere Worte für unser Familienleben: »Bei ihm zu Hause war Marcelo der Herrscher. Dagegen konnte man nichts sagen und nichts tun.« Wenn dieser kräftige, ansonsten unerschrockene junge Kerl Angst vor ihm hatte, kann man sich hoffentlich leichter vorstellen, wie ich mich als nicht sonderlich kräftige und zierliche Frau ihm gegenüber fühlte. Denn meine Hauptangst, wenn ich daran zu denken wagte, was ich ihm antworten sollte, wie ich mich verteidigen oder – schlimmer noch – wie ich fliehen könnte, bestand darin, dass ich Angst davor hatte, Schmerz zu erleiden. Dabei ging es nicht nur um den Schmerz, den die Schläge verursachten. Man muss das ganze Ausmaß dieser Worte erfassen. Es geht um die Angst vor Schmerzen, davor, dass einem Leid zugefügt wird. Das möchte ich gerne begreiflich machen. Stellen Sie sich beispielsweise vor, dass Sie vor einem Kaminfeuer sitzen und das Feuer löschen wollen. Wenn Sie zu diesem Zweck ein Holzscheit mit beiden Händen packen und sich daran verbrennen, dann werden Sie sich wohl das nächste Mal mit Geduld wappnen und warten, bis das Feuer von selbst ausgeht, oder etwa nicht?

Ich habe mehrmals versucht, meinem Mann damit zu drohen, ihn zu verlassen. Aber jedes Mal hat er alles getan, damit ich meine Worte bereute.

Ein einziges Mal habe ich gewagt, das Wort »Scheidung« auszusprechen.

Das war am Abend der Tragödie. An dem Abend, als es zum schlimmsten all seiner Gewaltausbrüche kam.

Ich muss es hier noch einmal sagen: Ich hatte Todesangst. Schlicht und ergreifend. Weniger um meiner selbst willen (warum nicht allem auf diese Weise ein Ende machen?) als um der Kinder willen (was sollte ohne mich aus ihnen werden?). Je mehr Jahre vergingen, desto häufiger hatte er sich angewöhnt, in seinen Beleidigungstiraden Sätze auszustoßen wie: »Eines Tages werde ich dich umbringen.« Zunehmend glaubte ich auch, dass er dazu in der Lage wäre. An eine dieser Drohungen habe ich eine sehr genaue Erinnerung: Es war um die Weihnachtszeit, als wir noch auf dem Gelände von Georges und Arlette lebten. Um auf andere Gedanken zu kommen und aus unserem Alltag auszubrechen (einer der unzähligen Versuche …) waren wir mit der ganzen Familie zu meiner Freundin Brigitte gefahren, die uns ihr Haus überlassen hatte. Diese Ferien verliefen ohne größeren Zwischenfall zwischen ihm und mir, wir »näherten uns einander« sogar wieder an (einmal haben wir sogar ein Bad zusammen genommen …), bis wir nach einer – vermutlich – winzigen Meinungsverschiedenheit heftig aneinandergerieten. Die wenigen gewaltfreien Tage hatten mir Selbstvertrauen eingeflößt, und ich wagte ihm zu sagen, dass ich ihn verlassen würde, wenn er erneut damit anfangen sollte, mich zu schlagen. Wie aus der Pistole geschossen kam seine Antwort: »Wenn du das tust, werde ich dich umbringen oder dich umbringen lassen!« Sein Blick ließ mich vor Schreck erstarren. Abgründiger Hass schlug mir entgegen. Mir war unmittelbar klar, dass seine Worte keine leere Drohung darstellten.

Die Angst, die eine misshandelte Frau in ihrer Ohnmacht gefangen hält, besitzt ganz verschiedene Facetten. Wie viele Frauen hatte auch ich Angst vor dem Unbekannten. Das Fortgehen ist eine Sache, aber wohin sollte ich gehen? Wie? Mit wem? Zu wem?

Sollte ich mich zu meinem Vater, meiner Schwester oder anderen Angehörigen flüchten? Das war undenkbar. Dazu hätte ich ihnen erst einmal meinen ganzen Leidensweg gestehen müssen, was mir damals ein unüberwindbares Hindernis zu sein schien. Gewiss, mein Vater und meine Mutter waren selbst zu Zeugen, ja sogar zu Opfern (was meine Mutter betrifft) seines aufbrausenden und gewalttätigen Charakters geworden, aber nie und nimmer ahnten sie, was er mir antat. Und ich wollte nicht mit ihnen darüber sprechen, denn ich fürchtete die Reaktion meines Vaters und die Brutalität meines Ehemannes, die nicht auf sich warten lassen würde. Die Lage würde sich lediglich dramatisch zuspitzen.

Selbst wenn ich meinen Angehörigen alles gestanden hätte und zu ihnen geflüchtet wäre, hätte er nicht gezögert, mich an einer dieser ihm bekannten Adressen aufzusuchen und zurückzuholen. Denn niemals, wirklich niemals, hätte ich es zugelassen, dass er einem Menschen, der mir Hilfe leisten wollte, etwas zu Leide tat.

Ich hätte an die Pforten der Frauenhäuser und Notunterkünfte klopfen können, wird man mir vorhalten. Auch auf einer Polizeiwache hätte ich vorstellig werden können. Natürlich, gewiss … Nur hatte ich zu diesem Zeitpunkt, nach allem, was ich bereits erlebt hatte, kein Vertrauen mehr in »diese Leute«. War ich nicht bereits bei ihnen gemeldet gewesen? Hatten sie mich nicht sogar vor, während und nach meiner Flucht befragt, ohne dass etwas geschehen wäre? Ich fühlte mich alleingelassen und hilflos. Niemand schien verstehen zu können, was ich Tag für Tag aushalten musste. Noch schlimmer empfand ich folgende Vorstellung, die sich nach und nach bei mir eingestellt hatte: Offenbar schätzte man meine Situation nicht als so besorgniserregend ein, dass man zwingend sein Augenmerk hätte darauf richten müssen (die Lässigkeit der Polizisten, als sie das Hämatom über meiner Augenbraue gesehen hatten, ohne dass es sie sonderlich kümmerte, hat bei mir in dieser Hinsicht einen bleibenden Eindruck mit verheerenden Folgen hinterlassen).

Schließlich hatte ich auch ganz einfach Angst, mich allein mit meinen vier Lieblingen auf der Straße wiederzufinden. Gestehen muss ich aber darüber hinaus, dass ich auch Angst hatte, ihn zu verlassen, ihn, den Vater meiner Kinder, ihn, den einzigen Mann, mit dem ich jemals zusammengelebt habe. Erst im Nachhinein habe ich mich daran erinnert, dass Sylvie, seine erste Ehefrau, schon sehr früh versucht hatte, mich dazu zu überreden, ihn zu verlassen. Bei einer unserer Begegnungen, als sie ihre Kinder zu uns brachte, hatte sie mir von dem Albtraum erzählt, den sie selbst durchmachen musste. Sie wiederholte noch einmal, dass er »ein gewalttätiger Mann« sei (was ich bereits am eigenen Leib erfahren hatte), und riet mir, die Kinder zu nehmen und unverzüglich unsere Sachen zu packen. »Ich bin nach einem heftigen Streit von einem Tag auf den anderen abgehauen. Es war mitten in der Nacht, barfuß bin ich auf und davon gelaufen. Ohne vorher irgendjemandem etwas zu sagen«, meinte sie abschließend, um mir sozusagen eine Empfehlung zu geben.

Einen solchen Rat von ihrer Seite hätte man sich eigentlich zu Herzen nehmen müssen. Aber: Die Angst kann ungeahnte Ausmaße annehmen. In meinem Fall war sie jedenfalls stärker als ich. Ein im Verlauf der Ermittlungen zu Rate gezogener Psychologe hat kurz vor meinem Prozess zu meiner Persönlichkeitsentwicklung festgestellt:

»Die unbefriedigende Beziehung zur Mutter könnte zu einer psychischen Labilität geführt haben, sodass Gefühle an anderer Stelle bis zur Selbstaufgabe kompensiert wurden. Diese Problematik geht oft einher mit der Unfähigkeit, Trennungen zu gestalten.« Und weiter: »Die Selbstaufgabe in Zusammenhang mit der unbefriedigenden Beziehung zu ihrer Mutter wurde zusätzlich verstärkt durch den Abbruch jeden Kontakts zu der Mutter über neun Jahre hinweg. Diese Konstellation begünstigte ihre psychische Labilität.«

Es standen mir also nicht gerade viele Waffen zu Gebote, um meinen Ehemann zu verlassen …

Wenn man in dieser Weise »unter Einfluss« steht, so ermisst man in keinster Weise das Ausmaß der Situation, in die man geraten ist. Ich habe das alles erst im Nachhinein, vermittels der Perspektive der anderen auf meinen Fall, durch die Fragen meiner Anwälte, der Untersuchungsbeamten und der Untersuchungsrichterin begriffen. Durch sie musste ich mich meiner Vergangenheit noch einmal zuwenden. Wenn ich meine Geschichte als die Geschichte einer Fremden betrachte, so sehe ich eine von ihren Ängsten vollständig beherrschte Frau, die sich selbst und anderen etwas vorgemacht hat. Wie könnte ich sonst die Tatsache erklären, dass ich meinen Leidensweg solange wie möglich gegenüber meinen Angehörigen verschwiegen habe, wenn nicht mit dieser totalen Unterwerfung? Die meisten von ihnen haben versucht, mich auszufragen, und ich glaube, dass ich stets alles verharmlost, wenn nicht sogar vollständig geleugnet habe, was ich tatsächlich zu Hause durchmachte. Ich denke dabei ganz besonders an meinen Bruder, an meine Schwester und an meine Freundin Brigitte. Und natürlich denke ich auch an meinen Vater, der sich so oft wie kein anderer bei uns sehen ließ (jedenfalls so oft, wie er konnte, und so oft, wie mein Ehemann es zuließ). Bis zum Ende unserer Geschichte habe ich die Wahrheit vor meinem Vater verborgen gehalten. Fragte mich jemand danach, was es mit den blauen Flecken und anderen Spuren von körperlicher Gewalt an meinem Körper auf sich hatte, so wie es insbesondere mein Vater zu wiederholten Malen tat, so nahm ich meist Zuflucht zu ausweichenden Antworten. Ich hatte einige Ausreden parat, die vermutlich jede misshandelte Frau kennt: »Ich habe mich an der Kante eines Schranks gestoßen, als ich das Geschirr wegräumen wollte« oder: »Ich bin beim Herumtollen mit den Kindern gestürzt«, lauteten zwei meiner Einfälle.

Ich hätte mich auch den Sozialarbeiterinnen anvertrauen können, die nach meiner »Flucht« in unser Leben traten. Nach einer Vorladung vor das Jugendgericht und nach meinem Entschluss, trotz allem in unseren gemeinsamen Haushalt zurückzukehren, war eine »Folgemaßnahme« beschlossen worden. Erzieherinnen des Jugendamtes, deren Aufgabe darin bestand, ein Auge auf Kinder zu haben, in deren familiärem Umfeld »das Kindeswohl gefährdet« war, kamen in regelmäßigen Abständen bei uns vorbei. Sie versuchten festzustellen, wie unsere Kinder lebten, ob sie verhaltensauffällig waren, ob wir uns »korrekt« um sie kümmerten, ob sie durch unser »Eheverhalten« in ihrer Entwicklung Schaden nahmen usw.

Mein Ehemann mochte diese Frauen nicht. Unsere zahlreichen Umzüge hatten in seinen Augen im Übrigen auch den Vorteil, dass die Jugendämter unsere Spur verloren und wir ihnen hin und wieder entkamen … Wenn wir aber ihre Kontrollbesuche nicht mehr abwenden konnten, gelang es uns doch, eine einigermaßen heile Welt vorzugaukeln. Diese Termine dauerten etwa eine Stunde, und die Kinder sollten dabei anwesend sein. Dann wurden wir mit Fragen über unseren Alltag bombardiert. Er zeigte sich so leutselig wie möglich, ja, beinahe scheinheilig beteuerte er, dass bei uns alles in Ordnung sei und es uns rundum gutgehe.

Ich kann diesen Erzieherinnen keinen Vorwurf daraus machen, dass sie die häusliche Gewalt, die täglich bei uns herrschte, nicht bemerkt haben. Ihre Arbeit bestand vor allem darin, die Kinder zu »kontrollieren« (die stets sauber gekleidet waren, denen nichts fehlte und die immer heiter wirkten), und durch unser Verhalten (ganz besonders mein eigenes) haben sie sich eben täuschen lassen. Ich habe mir im Laufe dieser zwölf Jahre so sehr angewöhnt, meine wahren Empfindungen zu verbergen, dass ich selbst nach der Tragödie meinen Leidensweg (unbewusst) weiterhin verharmlost habe. Im Büro der Untersuchungsrichterin habe ich die Abschrift einer meiner Befragungen eingesehen, die in dieser Hinsicht sehr aufschlussreich war. Sie fand im Januar 2010, also sechs Monate nach der Tragödie statt. Der Richter fragte mich:

»Sie sagen, dass Ihr Ehemann Sie ›selten‹ geschlagen habe?«

»Ja, es waren eher verbale Gewaltakte …«

»Wenn Sie ›selten‹ sagen, was bedeutet das dann genau?«

»Dass es nicht regelmäßig war.«

»Einmal im Monat?«

»Oh nein, sehr viel öfter …«

Auch wenn ich vielleicht einfältig erscheinen mag (manchmal halte ich mich tatsächlich dafür!), muss ich zugeben, dass ich lange brauchte – die ganze Zeit im Gefängnis bis zu meinem Freispruch und auch noch darüber hinaus –, bis ich alles verstanden habe. Ich hatte immer wieder das Gefühl, es sei nicht »anormal«, dass ich geschlagen wurde. Um jedem Missverständnis vorzubeugen: Ich fand es keineswegs hinnehmbar, dass man mir körperliche Schmerzen zufügte (wie ich schon beschrieben habe, erschütterten mich die besonders brutalen Attacken zutiefst), aber ich fand es dennoch nicht »unmoralisch« oder »unerträglich«, dass ein Mann von seiner Autorität gegenüber seiner Frau Gebrauch machte. Und so unglaublich es heute klingen mag, ich kam nicht auf den Gedanken, dass ich ein Opfer »häuslicher Gewalt« sein könnte. Die häusliche Gewalt war für mich eine Geißel, über die man in den Zeitungen las und im Fernsehen sprach. Sie hatte nichts mit meiner Geschichte zu tun. In meinen Augen mussten die misshandelten Frauen, deren Schicksal das allgemeine Interesse weckte, weitaus schlimmere Gräuel erlebt haben, als ich sie auszuhalten hatte. Sicher war das, was er mir antat, lange nicht »grausam genug« oder nicht »häufig genug«, um mich als ein solches Opfer einzustufen wie diese armen Frauen …

Bei mir hatte sich die Gewichtung dessen, was für mich häusliche Gewalt war, sehr stark von der Einschätzung des Normalbürgers entfernt. Eine Ohrfeige war für mich eine mehr oder weniger gewöhnliche Handlung ohne große Folgen, während ich heute weiß, dass keine Frau es jemals akzeptieren darf, dass ein Mann die Hand gegen sie erhebt – aus welchem Grund auch immer. Im Lauf der Jahre habe ich mich dreingefügt, zu schweigen und zu erdulden. Die Angst und die Scham, davon zu erzählen, haben mich zermürbt und besiegt. Im Grunde blieb mir nur eine Zuflucht: Ich suchte Trost bei den Kindern. Sie haben mir letztlich geholfen, alles auszuhalten. Sie kamen zu mir und sprachen mir Mut zu: »Mach dir keine Sorgen« oder einfach: »Ich hab dich lieb«, »Alles wird gut werden«, »Wir wissen, dass das nicht stimmt« (wenn er mich als Faulenzerin oder Schlimmeres beschimpfte), »Wir wissen, dass er der Böse ist« …

Wir haben schlimme, sehr schlimme Zeiten miteinander durchgestanden. Niemals werde ich vergessen, wie sehr sie mir eine Stütze waren, und niemals, wirklich niemals werde ich es bedauern, ihnen in all den heiklen Augenblicken so gut ich konnte geholfen zu haben. Aber richtig ist auch, dass unsere enge Beziehung einen verheerenden Effekt hatte: Indem ich mich auf mich selbst und auf die Kinder zurückzog, geriet ich immer tiefer in diesen Albtraum hinein.

5

Wir steuern auf ein verhängnisvolles Ende zu

Unser viertes Kind sollte eigentlich nicht geboren werden. Mein kleiner, geliebter Siméon. Ich hatte mich entschlossen, ihm den Albtraum unseres Lebens zu ersparen. Der Termin im Krankenhaus von Lens stand bereits fest. Es zerriss mir das Herz, aber mein Verstand gab mir die einzig sinnvolle Entscheidung vor: die Abtreibung. Ich wollte kein Kind mehr von diesem Mann haben.

Das alles ereignete sich während des Winters 2006 in Vendin-le-Vieil auf dem Gelände unseres Freundes Georges. Der Alltag dort wurde zunehmend unerträglich. Dies war auch der Zeitpunkt, als ich beschlossen hatte, erneut mit den Kindern zu fliehen. Aber, wie bereits gesagt, wurden meine Pläne durch den Vorfall zwischen ihm und Arlette durchkreuzt, und wir zogen erneut um. Unser überstürzter Aufbruch brachte alles durcheinander, und dann war es auch schon zu spät – ich hatte die gesetzliche Frist für einen Schwangerschaftsabbruch überschritten.

Er hat niemals erfahren, dass ich abtreiben wollte. Ja, er hatte nicht einmal bemerkt, dass ich schwanger war, aber als ich beschloss, ihm dies mitzuteilen, weil er es ohnehin bald mitbekommen würde, konnte ich nicht verhindern, dass ich erleichtert über seine Begeisterung war, erneut Vater zu werden. Für ihn war die Zahl unserer Kinder unerheblich, da er mich ohnehin gern zu Hause festgenagelt sah und seine kleine Haushälterin um sich haben wollte.

Siméon wurde am 28. Oktober 2006 geboren, und ich hieß ihn von ganzem Herzen willkommen. Ich liebe ihn wie meine anderen

Kinder. Über alle Maßen. Vielleicht sogar mit einer ganz besonderen Zärtlichkeit. Er hat nur unsere schlimmsten Jahre kennengelernt. Die Jahre, in denen wir auf einen verhängnisvollen Ausgang zutrieben.

Am 1. August 2007 zogen wir nach Douai in das Haus, wo später auch die Tragödie stattfand. Nach einem letzten kurzen Aufenthalt in einem Wohnwagen-Camp in der Nähe von Somain und ein paar Monaten in einer kleinen Sozialwohnung erhielten wir diese Unterkunft über die Vermittlung der Sozialarbeiter, die zur Kenntnis genommen hatten, dass diese kleine Wohnung für unsere jetzt noch zahlreichere Familie ganz und gar nicht ausreichte.

Das hätte der Beginn eines neuen Lebens sein können. Nach außen hin war es das sogar. In diesem kleinen, gut ausgestatteten Stadthaus teilten sich die Kinder große, mit Spielzeugen vollgestopfte Zimmer. Wir hatten genug Platz (eine »echte« Küche, ein »echtes« Wohnzimmer usw.), und vor allem kamen wir in den Genuss eines Komforts, den wir zuvor noch nie hatten (ein Badezimmer, eine separate Toilette, Möbel von hier und dort …). Von außen glichen wir einer ganz normalen Familie. Die Wirklichkeit sah leider wahrlich anders aus. Es hatte sich im Grunde nichts geändert. Unser vorrangiges Problem bestand darin, unseren Alltag mit äußerst begrenzten Einkünften zu bewältigen. Wir lebten von der Sozialhilfe meines Mannes und dem Kindergeld, das wir erhielten. Insgesamt kamen wir auf 1385 Euro, von denen die Miete, die Raten, die Versicherungen, das Telefon usw. bezahlt werden mussten. Am Ende blieben uns gerade einmal 800 Euro, von denen wir zu sechst leben mussten. Im Vordergrund stand für mich, dass die Kinder sauber und gut gekleidet waren, dass sie genug zu essen hatten und die dringlichsten Sachen für die beiden Größeren gekauft werden konnten, die jetzt zur Schule gingen. Ich hatte einen Weg gefunden – auch wenn ich mich schämte und mich dafür sehr über-

143

winden musste –, ein wenig Abwechslung in unseren Speisezettel zu bringen, indem ich hin und wieder zur Tafel oder zum Roten Kreuz ging. Dennoch blieb das Monatsende stets eine heikle Phase. Ansonsten ließ sich mein Leben in wenigen Worten zusammenfassen: einkaufen, Haushalt, Wäsche, kochen, das Baden der Kinder, einkaufen, Haushalt, Wäsche, die Besorgung von Alkohol …

Ich will auf ihm nicht endlos herumhacken, ihn haltlos und wahllos beschuldigen (meine Bekannten und Freunde, die dem Prozess beiwohnten, haben betont, dass dies ganz und gar nicht meine Art ist), aber ich kann den Zustand nicht anders bezeichnen: Während der beiden letzten Jahre unseres gemeinsamen Lebens war ich eine Art Sklavin dieses Mannes. Er tat den lieben langen Tag nichts, außer vor dem Computer zu sitzen (um aus dem Internet »Musik herunterzuladen«, erwiderte er jedes Mal, wenn ich wissen wollte, was er dort trieb) oder in die Glotze zu schauen. Ansonsten trank er natürlich. Wenn ich seinen Alltag in wenigen Worten zusammenfassen müsste, so käme heraus: Computer, Fernsehen, Zigaretten und Schnaps – und das den ganzen Tag über. Ich kann mich zum Beispiel nicht daran erinnern, dass er Séphora einmal bei ihren Hausaufgaben geholfen hätte. Höchst selten waren auch die Augenblicke, in denen er mit Josué oder Saraï spielte. Manchmal, das darf ich nicht vergessen, denn ich will alles möglichst wahrheitsgetreu wiedergeben, hat er die Kinder in die Schule begleitet, das stimmt. Ja, das kam »manchmal«, an ruhigen Vormittagen, vor.

Mein Ehemann hat nach und nach den Boden unter den Füßen verloren, wie es so schön heißt. Er arbeitete nicht und unternahm nicht einmal mehr Anstrengungen, eine Anstellung zu finden; er wusch sich immer seltener (einmal oder höchstens zweimal pro Woche); vor allem aber trank er mehr und mehr. Von morgens bis abends. Es musste immer Alkohol im Hause sein. Er verlangte immer größere Mengen. Er leerte ganze Flaschen schneller, als man sie besorgen konnte. Ein Glas war nicht mehr nötig, er trank am Ende direkt aus der Flasche.

Ich musste jetzt täglich in den nächstgelegenen kleinen Supermarkt gehen, um für Nachschub zu sorgen – oft sogar zweimal am Tag. Denn rasch war mir klargeworden, dass es vollkommen unnötig war, Vorräte anlegen zu wollen, um mir weitere Wege zu ersparen. Je mehr Flaschen ich kaufte, desto mehr wurde getrunken. Ich erinnere mich noch daran, dass ich vor einem Wochenende, an dem wir einen Geburtstag feiern wollten, ausreichend Sekt, Wein und Bier gekauft hatte, um unsere Gäste zu bewirten und ihm seine »Dosis« bis Montag zu verschaffen. Allerdings konnte ich dann sehr schnell ernüchtert feststellen, dass die Vorräte bereits am Samstagabend zur Neige gingen. Natürlich musste ich wie jedes Mal losziehen, um seinen Durst auf irgendeine Weise zu stillen. Und zwar auf der Stelle.

Ich habe selbstverständlich versucht, mich dieser Prozedur zu widersetzen, die mich gleichermaßen erschöpfte und abstieß. So erfand ich alle möglichen Vorwände, um ihr zu entgehen, aber letztlich habe ich auch hier wie bei vielen anderen Streitpunkten fast immer nachgegeben, da mir sonst Beleidigungen und Schläge drohten. Mir fällt für dieses aus meiner heutigen Sicht klägliche Verhalten keine andere Erklärung ein als der abgenutzte Spruch: »Ich hatte keine andere Wahl.« Nichts schien ihn jetzt mehr vom Trinken abhalten zu können. Einmal hatte ich ihm vierzig Euro anvertraut, um einen Siphon zu kaufen, der alte musste unbedingt ersetzt werden. Den Rest des Geldes sollte er zur Bank bringen, da sein Konto ohnehin schon im Minus war. Als ich von den Einkäufen zurückkam, war er betrunken. Schon von Weitem roch er nach Anisschnaps! Ich warf einen Blick in den Mülleimer, und wie ich es bereits geahnt hatte, entdeckte ich den Schraubverschluss einer Flasche Pastis. Da muss ich ein Gesicht gezogen haben, das ihm missfiel. Sofort begann er mich anzuschreien: »Was hast du denn jetzt schon wieder?«

Ich hätte ihm gerne gesagt, dass ich verärgert war, und ihn gefragt, was er mit dem Geld gemacht habe, aber er sah mich mit jenem Blick an, der mir das Blut in den Adern gefrieren ließ. Dann marschierte er gewissermaßen als Provokation zu einem seiner »Verstecke« und förderte eine Flasche Pastis und eine Flasche Martini zutage. Was das heißen sollte, war klar: Ende der Diskussion, sonst …

Auch ich habe versucht, Flaschen zu verstecken. Meistens ging es mir einfach darum, wenigstens etwas in Sicherheit zu bringen, um den wenigen Personen, die uns besuchten, etwas zu trinken anbieten zu können. Aber wenn ich ihm dann sagte, dass kein Alkohol mehr im Hause sei, und er ahnte, dass ich log (dafür besaß ich nie eine besondere Gabe …), bohrte er nach, bedrohte mich und schreckte auch nicht davor zurück, mich zu schlagen, damit ich ihm mein Versteck preisgab. Und am Ende gab ich es preis. Er war hochgradig alkoholabhängig … Einmal hatte er sich als neues Versteck ein Fach unter dem Backofen in der Küche ausgedacht. Ich stieß darauf, als ich den Ofen gerade benutzt hatte, und als er hinzukam und seine Flasche holen wollte, war sie kochend heiß. Das hielt ihn jedoch nicht davon ab, sie beinahe in einem Zug leer zu trinken.

Im Allgemeinen führte sein übermäßiger Alkoholgenuss dazu, dass er irgendwann einschlief (so verbrachte er sehr häufig die Nächte schlafend in einem Wohnzimmersessel), aber manchmal trank er so viel, dass er regelrecht krank davon wurde. Er musste sich übergeben. Die Erinnerungen an diese Szenen ekeln mich heute noch. Er übergab sich auf der Toilette, im Wohnzimmer und sogar … in unserem Schlafzimmer. Ich brauche sicher nicht auszuführen, wer danach alles sauber machen musste.

So sah mein Leben in den letzten Jahren aus, und in den letzten Monaten vor der Tragödie blieb mir praktisch kein Freiraum mehr. Ich war zu einer Art Hausklavin geworden. Es wäre übertrieben zu sagen, dass ich damit einverstanden war, aber ich hatte die Kraft verloren, mich dagegen aufzulehnen. Er schrie mir so oft ins Gesicht, ich sei ein »Nichtsnutz«, dass ich es am Ende vermutlich sogar glaubte. Der Alkohol machte ihn immer gewalttätiger und gefährlicher. Er wiederholte immer wieder, dass ich nur eine »Versagerin«, ein »Klotz am Bein« für ihn sei, wo ich doch den ganzen Tag über damit beschäftigt war, den Alltag der Kinder zu regeln und das Haus in Ordnung zu halten. Er saß nur schlapp in seinem Sessel und kommandierte mich von dort herum oder beleidigte mich, ohne selbst irgendetwas zuwege zu bringen. Nicht einmal eine defekte Glühbirne tauschte er aus. Auch um solche Dinge und um anfallende Reparaturen musste ich mich kümmern, und wenn ich nicht dazu in der Lage war, hatte ich einen Nachbarn um Hilfe zu bitten.

Die einzigen »Aktivitäten« außer Haus, zu denen er sich noch aufraffte, blieben mir rätselhaft. Wenn er tagsüber aus dem Haus ging, so behauptete er meistens, er gehe zum Arzt. Er hegte immer noch die schon bekannten Befürchtungen, er könne an irgendeiner Krebserkrankung leiden. Nutzte er diese Ausflüge, um an anderen Orten zu trinken? Das ist sicher passiert. Suchte er tatsächlich einen Arzt auf? Auch das ist sicher ab und zu vorgekommen. Was er sonst noch tat? Das wusste nur er allein. So wie auch nur er allein wusste, was genau er abends nach dem Essen tat. Es war immer die gleiche alte Leier. Er verkündete, dass er »eine Runde« mache, dass er »für eine Viertelstunde oder zwanzig Minuten« draußen sei, aber er kam praktisch nie vor Mitternacht nach Hause. Fragte ich ihn, wo er den Abend verbracht habe, so erwiderte er mir im Allgemeinen, dass mich das nichts angehe, oder er speiste mich mit nichtssagenden und unzureichenden Erklärungen ab: Er habe ein wenig frische Luft schnappen müssen, um »sich zu entspannen«. An diesem Argument entzündeten sich neue Auseinandersetzungen, denn ich konnte einfach nicht begreifen, wovon er sich entspannen musste. Was hatte ihn denn während seines Tagesablaufs stressen können? Wenn er sich dann an manchen Abenden doch zu genaueren Erklärungen herabließ, so erzählte er mir lediglich seltsam verdrehte Geschichten. Er behauptete, dass er im Parc Bertin, einem Park in Douai, spazieren gehe, weil sich dort »Leute« aufhielten, denen man »helfen musste«. Er erzählte von Frauen, die Opfer von »Menschenhandel« geworden seien und nun aus den Fängen ihrer Zuhälter befreit werden müssten, oder von anderen armen Frauen, die Hilfe benötigten, um »über die Grenze« zu kommen. Dies alles vertraute er mir unter dem Siegel der Verschwiegenheit an. Sollte ich irgendjemandem von diesen Dingen erzählen, so könne es gefährlich für mich werden.

Ich habe vielen seiner Geschichten zunächst blind geglaubt, aber diese nicht. Diese Lügengespinste waren selbst für mich zu viel. Ich kannte ihn gut genug, um einschätzen zu können, dass dies nicht stimmen konnte. Letztlich wollte sich mein Ehemann wohl als einen Menschen präsentieren, der wichtig war und in der Lage, Gutes zu tun (und wahrscheinlich war er schließlich selbst von der Richtigkeit dessen überzeugt).

Er konnte auch Stunden damit verbringen, Bibelverse zu rezitieren. Diese Deklamationen schienen ihm sehr viel zu bedeuten. Er war schon immer sehr gläubig gewesen und praktizierte seinen Glauben auch oft, aber in der letzten Zeit nahm sein Glaube einen größeren Platz ein als je zuvor. Phasenweise wurde zu jeder Gelegenheit gebetet, die sich ihm bot: mit Freunden, die wir zum Abendessen eingeladen hatten, mit unseren Kindern, die noch sehr klein waren, oder mit seinen Kindern aus erster Ehe, die uns ab und zu besuchten. Wir dankten dem Herrn für Seine Güte, bevor wir uns zu Tisch setzten, oder wir beteten für die Kranken und Armen. Mir wurde bei diesen Gebeten außerdem eine besondere »Vergünstigung« zuteil: Ich musste einen Schleier tragen. Überfallartig und herrisch ordnete er an, dass wir beten müssten, und befahl mir: »Hol dir etwas, womit du dich bedecken kannst!« In seinen Augen war der Schleier ein Zeichen der Achtung vor dem Herrn. Ich widersprach nicht, denn ich war selbst gläubig, aber es verstimmte mich jedes Mal, wenn ich seiner Anordnung »auf der Stelle« nachkommen musste.

Der Glaube war die einzige Sache, die uns bis zum Schluss verband. Selbst wenn unsere Besuche nicht regelmäßig waren, haben wir während all der Jahre niemals ganz aufgehört, an den »christlichen Zusammenkünften« teilzunehmen. In Douai hatten wir uns für die freikirchliche Gemeinde am Boulevard Jeanne-d'Arc entschieden. Das war eine Kirche von Sesshaften, von »Gadjos«, wie er die Nicht-Zigeuner nannte. Wir gingen mit den Kindern dorthin, die sich im Kreis dieser freudvollen Gemeinschaft anscheinend ebenso wohl fühlten wie ich. Wir beteten und aßen gemeinsam, und ich muss leider gestehen, dass sich den Kindern nicht viele solcher Gelegenheiten boten, bei denen sie ein wenig Spaß haben und das Leben genießen konnten. Ihr Vater sträubte sich massiv dagegen, dass sie an außerschulischen Aktivitäten teilnahmen. Ganz besonders lehnte er es ab, dass sie mit auf Klassenfahrten oder Ferienfreizeiten fuhren.

Im Grunde waren diese Kirchgänge die einzigen Unternehmungen, bei denen wir uns in der Öffentlichkeit zeigten. Zugleich stellten sie auch die letzte Gelegenheit dar, eine soziale Bindung zur Außenwelt aufrechtzuerhalten. Denn im Lauf der Jahre war es unser Umfeld leid geworden, uns zu besuchen oder einzuladen. Wen konnten wir noch zu unseren Besuchern zählen? Meinen Vater, die Kinder meines Ehemanns aus erster Ehe, Kévin und Sabrina, ein Paar aus der Nachbarschaft, Fatima und Dominique, eine Freundin, die er bei einem seiner Lehrgänge kennengelernt hatte. Sie kam jedoch am Ende nur noch meinetwegen, weil sie seine Aggressivität nicht mehr ertragen konnte. Die Besucher waren wirklich nicht sehr zahlreich und zeigten sich selten angetan von der Stimmung bei uns. Aber wie könnte ich ihnen daraus auch einen Vorwurf machen? Abgesehen von seiner Tochter Sabrina, der er stets freundlich begegnete, konnte sich niemand wirklich wohl bei uns fühlen – in einem Haus, wo eine ständige Spannung in der Luft lag und dadurch eine bedrückende, oft sogar beklemmende Atmosphäre herrschte.

Mein Ehemann und ich verbrachten eigentlich keine Zeit mehr zu zweit miteinander. Ich glaube sogar behaupten zu können, dass wir fast nicht mehr miteinander sprachen. Abgesehen von den Anlässen, wo es nicht anders ging, wie bei den Mahlzeiten beispielsweise, vermied ich es, allein mit ihm zu sein. Betrat er das Zimmer, in dem ich mich gerade aufhielt, verschwand ich in ein anderes, um den Vorwürfen und Flüchen aus dem Weg zu gehen. Ließen sie sich nicht vermeiden, hatte ich nur noch Verachtung oder Gleichgültigkeit für sie übrig (»schon gut«, im Sinne von »rede du nur«). Manchmal nicht einmal das … Zu einer Antwort konnte ich mich nur aufraffen, wenn sich ein letzter Anflug von Stolz in mir regte. Meistens kapitulierte ich einfach. Ich hatte begriffen, dass es besser war zu schweigen, als wieder einmal Schläge einzustecken.

Ich kann nicht genau sagen, wann die Gewalt zu seiner vorrangigen (um nicht zu sagen, zu seiner einzigen) Kommunikationsweise geworden ist. War es im Jahr 2007? Oder ein wenig später, im Jahr 2008? Ich habe diese Erinnerungen mit einem solchen Aufwand aus meinem Gedächtnis verbannt, dass alles sehr konfus in meinem Kopf ist. Soll ich noch einmal die Gewaltszenen aufzählen, wie ich es zum wiederholten Male im Lauf der Ermittlungen und während meines Prozesses getan habe? Dazu fehlt mir heute die Kraft. Ich will nicht noch einmal durchleben, was mich immer noch quält. Außerdem würde dies in eine endlose Litanei ausarten.

Mein Erinnerungsvermögen hat sich getrübt. Es übermittelt mir nur noch flüchtige Bilder, gewissermaßen »Flashs«. Ich kann nur beteuern, dass alles immer schlimmer wurde. Die Ohrfeigen und Faustschläge wurden immer fester und häufiger. Auch ohne Alkohol beleidigte, demütigte und schlug er mich jetzt. Es kümmerte ihn nicht, dass Séphora oder sogar Siméon, unser jüngster Sohn, der noch nicht einmal drei Jahre alt war, sich zwischen ihn und mich drängten, um ihn daran zu hindern, mich zu stoßen oder zu schlagen. Ich hatte mir angewöhnt, nur noch lange Kleidung zu tragen, um die immer heftigeren Blutergüsse zu verbergen …

Schließlich kam es auch zu furchtbaren »Würgeszenen«. Diese Folter – ich muss es einfach so nennen – fand er immer sehr effektiv, und sie wurde beinahe zu einer Reflexhandlung bei ihm, wenn er einen seiner Anfälle hatte. Er fasste mich mit zwei Fingern, dem Daumen und dem Zeigefinger, um den Hals und drückte sie dann nach oben. Ich weiß nicht, was unerträglicher dabei war: der Schmerz oder die Angst. Es kam mir vor, als würde mir auf jeder Seite des Halses ein Dolch ins Fleisch fahren, und ich hatte das Gefühl zu ersticken. Ich wehrte mich und versuchte, ihn mit meinen Händen zurückzustoßen, aber ich hatte nicht genug Kraft, um seiner Wut Einhalt gebieten zu können. Mehrmals fühlte ich, wie meine Kräfte schwanden und ich vor Atemnot einer Ohnmacht nahe war, aber er hörte jedes Mal rechtzeitig auf.

Ich glaube nicht, dass er daran dachte, mich umzubringen, auch wenn ich dessen nicht gewiss sein konnte, aber ich bin sicher, dass es angesichts seiner Raserei irgendwann dazu gekommen wäre. Er wollte mir vor allem »wehtun«. Er wusste, dass dieser barbarische Zugriff eine ganz andere Kategorie der Misshandlung war, denn im Vergleich dazu waren die Faustschläge und Fußtritte ganz gut auszuhalten (hinzu kam, dass das Würgen kaum Spuren hinterließ, oder doch nur sehr wenige …). Ich muss gestehen, dass ich in diesen Augenblicken manchmal bedauert habe, dass er nicht bis zum bitteren Ende zugedrückt hat. Dann wäre ich tot gewesen, und mein Leidensweg hätte ein Ende gehabt.

Mein Ehemann wurde irgendwann unkontrollierbar. Seine Wut- und Gewaltanfälle waren immer weniger vorhersehbar. Und auch die Kinder blieben nicht verschont! Er war grob und gemein zu ihnen. Er ließ seine schlechte Laune an ihnen aus und stellte überall Verbote auf. Beispielsweise hatte er sich in den Kopf gesetzt, dass unsere älteste Tochter Séphora nur noch Kleider und Röcke tragen sollte, und zwar im Sommer wie im Winter. So, wie er auch mich zu dieser Kleiderordnung gezwungen hatte. An einem seiner schlechten Tage reichte es schon aus, wenn er sie in einer Jeans sah, um über sie herzufallen. Die Ärmste konnte das nicht begreifen, denn sie trug sehr gerne Hosen. Sie weinte, ich versuchte zu vermitteln und ihren Vater dazu zu bewegen, nicht einem Kind Regeln vorzuschreiben, die höchstens für Erwachsene gelten könnten (womit ich freilich indirekt zugab, dass sie für mich hinnehmbar waren …), aber Séphora blieb nichts anderes übrig, als sich in ihrem Zimmer umzuziehen. Wie ich hatte sie rasch begriffen, dass es besser war, sich »seinem« Willen zu beugen, als sich eine Ohrfeige einzufangen. Ein anderes Mal hörte ich, wie er Josué fürchterliche Dinge an den Kopf warf. Der Kleine war noch keine acht Jahre alt. Er war mit seinem Vater im Wohnzimmer, und ich befand mich in der Küche. Aus irgendeinem Grund kam es zum Streit, und der Ton verschärfte sich rasch, wie es zwischen einem Vater und seinem kleinen Sohn durchaus einmal vorkommen kann – bis zu dem Augenblick, als jener schreckliche Satz durch das Haus hallte: »Wenn dir das nicht passt, dann kannst du ja auf dem Bordstein auf und ab gehen!« Aus seinem Mund war das eine eindeutige Botschaft: Es bedeutete so viel wie: »Dann kannst du ja auf den Strich gehen.«

Wenn er nur Worte benutzt hätte, um die Kinder zu verletzen, so wäre das vielleicht ja noch auszuhalten gewesen! Aber es gab auch Schläge! Jede Gelegenheit war recht, um sie mit voller Wucht zu ohrfeigen. Bei der geringsten Verärgerung (ein Kind trödelte beim

Zubettgehen oder aß seinen Teller nicht leer) erhob er die Hand gegen sie, und zwar nicht nur für einen Klaps.

Soweit ich mich erinnere, bekamen Josué und Saraï besonders häufig Schläge ab, weil sie sich, wie viele Kinder, sträubten, in die Badewanne zu steigen. Ich tadelte sie zwar dafür, aber ihr Vater rauschte dann sofort an, um ihnen einen heftigen Schlag zu verpassen. Oder auch mehrere. Es war schrecklich. Danach blieb ich allein mit den weinenden Kindern zurück, streichelte ihren Popo oder ihre Wangen, als könnten meine Liebkosungen die Fingerabdrücke, die der Tyrann dort hinterlassen hatte, ungeschehen machen.

Noch ein letztes Beispiel (obwohl ich weitere und leider auch noch schlimmere anführen könnte): Eines Tages befanden wir uns in der Küche, als er sich plötzlich Séphora vorknöpfte. Die Kleine muss ihm eine »patzige« Antwort gegeben haben, und schon warf er ihr einen Löffel ins Gesicht … Es blieb ihr gerade noch Zeit, in Deckung zu gehen und dem Geschoss auszuweichen, sodass der Löffel gegen die Wand hinter ihr krachte. Was hätte ich tun sollen? Ihm sagen, dass er verrückt, total krank war? Dass er sie hätte verletzen können? Er hätte mir nur ins Gesicht gelacht. Also machte ich es wie gewöhnlich. Ich nahm meine Kleine in die Arme. Sie war zutiefst erschrocken und weinte, während ich sie zu trösten versuchte: »Es geht vorbei, mein Liebling, es geht vorbei. Antworte ihm nicht mehr, das bringt ja doch nichts.«

Wollte mein Ehemann die Kinder bestrafen, oder wollte er vor allem mich verletzen, indem er sie so behandelte? Es spielte wohl beides eine Rolle. Er wusste, dass ihre Schmerzen zugleich auch meine Schmerzen waren. Ich bin heute davon überzeugt, dass diese Aktionen für ihn ein weiteres Mittel waren, mir Leid zuzufügen und seine Herrschaft über mich aufrechtzuerhalten. Die Angst hat eine lähmende Wirkung, und er hatte sehr genau begriffen, dass ich mich umso weniger gegen ihn auflehnen würde, je mehr ich durch sein Verhalten eingeschüchtert war …

Die Kinder und ich, wir alle haben uns in den Monaten vor der Tragödie immer mehr von ihm abgekapselt. Sobald er sich einen von uns vorknöpfte, gingen wir ihm aus dem Weg, um uns zu schützen, gerade so, wie es gehetzte Tiere tun. Es kam sogar vor, dass ich die Kinder an die Hand nahm und das Haus verließ, um draußen eine Runde zu drehen oder im Park zu verweilen. Das Wichtigste war, sich von ihm fernzuhalten. Dann allerdings klingelte nach kurzer Zeit mein Handy, und er befahl mir, nach Hause zurückzukehren. Nahm ich das Gespräch nicht an, versuchte er es solange immer wieder, bis ich antwortete. Ich erinnere mich, dass wir an einem Tag, als ich mich zu einer Freundin geflüchtet hatte, achtzehn Anrufe in nicht einmal einer Stunde zählten …

Jetzt kommt mir noch eine weitere Geschichte in den Sinn: Sie hinterließ deshalb einen bleibenden Eindruck bei mir, weil ich von den Kindern verlangt hatte, dass sie ihren Vater belügen. Keine Mutter glaubt, dass sie eines Tages so etwas tun muss. Jedes Jahr lud meine Schwester uns und auch die übrige Familie im August zu sich ein, um den Geburtstag ihrer Kinder zu feiern. Er kam niemals mit. Ich nahm also mit Séphora, Josué, Saraï und Siméon den Bus, und wir hatten den Nachmittag über Spaß mit den anderen Familienmitgliedern … bis er anrief und uns nach Hause beorderte. Er ertrug es nicht, allein zu Hause zu sein, und vor allem fürchtete er auch, dass ich meine »Freiheit« ausnutzen würde, um von unserem Leidensweg zu erzählen oder – noch schlimmer – um eine Flucht einzufädeln. Er bestand also wie üblich darauf, dass wir aufbrechen sollten, und ich gab am Ende nach. Weil der letzte Bus bereits gefahren war, brachte uns mein Bruder Yohan nach Hause. Ich wusste, dass dieser Umstand ein ausreichender Grund für einen Streit (oder mehr) sein würde, denn mein Ehemann hatte mir zu jener Zeit den Umgang mit meinem Bruder verboten. Also bat ich die Kinder zu behaupten, wir seien wie üblich mit öffentlichen Verkehrsmitteln zurückgekommen. Das zeigt sehr gut, welche Angst er uns einflößte. Ich hatte auch keinerlei Schwierigkeiten, die Kinder von diesem Vorgehen zu überzeugen. Ich glaube sogar, dass ich ihnen den Grund für diese Lüge nicht einmal erklären musste. Sie hatten vollkommen begriffen, welches Risiko wir eingingen, wenn wir die Wahrheit sagten …

Je weiter die Zeit voranschritt, desto unbeherrschter wurde er. Er legte sich jetzt immer häufiger mit seinem ältesten Sohn Kévin an, der immerhin schon siebzehn Jahre alt und deshalb auch stark genug war, um sich zu verteidigen. Im Dezember 2008 hatte Kévin beschlossen, wieder bei seinem Vater zu leben (ich hatte den Verdacht, dass dieser ihn gegen Sylvie »aufgehetzt« hatte, kann es aber nicht belegen …). Wir hatten ein Zimmer für ihn in unserem Haus eingerichtet, und er gehörte nun zu unserer Familie. Kévin war ein schwieriger Jugendlicher, man hatte es sicher nicht leicht mit ihm. Es kam vor, dass er in Geschäften klaute, dass er die Schule schwänzte, und ich weiß nicht, welchen Unfug er sonst noch trieb. Aber die »Erziehungsmaßnahmen« seines Vaters bei solchen Vergehen waren himmelschreiend! Ich habe gesehen, wie er ihn mit Faustschlägen traktierte, wie er ihn sogar beinahe erwürgte. Und ich hörte Kévin in seinem Zimmer so herzerweichend schreien und weinen, dass kein Zweifel bestand: Dort musste er noch weitaus schlimmere Züchtigungen hinnehmen, als sein Vater sie ihm vor meinen Augen zuzufügen wagte.

Ich glaube, dass ich beinahe alle nur denkbaren Schrecknisse mit meinem Ehemann durchlebt habe, und die schmutzigsten hingen ohne jeden Zweifel mit seinem ungesunden Verhältnis zur Sexualität zusammen.

Ich habe das erst sehr viel später begriffen, aber er hat in meinen Augen einen »verkehrten« Lebensweg eingeschlagen, indem er erst Sylvie und dann mich heiratete. Das war eine Verschleierung

der Tatsachen, ein Deckmantel, eine vorgetäuschte soziale Veranke-
rung – nenne man es, wie man wolle. Denn heute wissen alle, dass
er sich eher zu Männern hingezogen fühlte. Aber das hat er niemals
akzeptiert. Er doch nicht. Ein Zigeuner doch nicht. Das war unvorstellbar. Wenn ich heute sein Verhalten mir gegenüber erklären
müsste – allerdings könnte ich das niemals als Entschuldigung gelten lassen –, so würde ich hier ansetzen. Ihn quälte das tiefe Unbehagen, sich als Homosexueller zu fühlen, ohne es sich und seiner
Umgebung eingestehen zu können.

Ich muss zugeben, dass ich mir oft Fragen in diese Richtung gestellt habe, aber erst während der letzten Monate unseres gemeinsamen Lebens habe ich sein Geheimnis wirklich begriffen. In dieser
Zeit verbarg er es weniger oder war weniger vorsichtig. Vieles habe
ich aber auch erst nach seinem Tod entdeckt. Da erfuhr ich auch,
dass bereits Sylvie, seine erste Ehefrau, Ähnliches festgestellt hatte.
»Ich hatte bemerkt, dass er eine Neigung zur Sexualität zwischen
Männern hatte. Ich hatte Videokassetten gefunden mit Filmen, in
denen Homosexuelle sich zeigten … aber ich wollte nicht glauben,
dass mein Ehemann auch homosexuell ist …«, erklärte sie gegenüber den Ermittlungsbeamten. Auch ich, das muss ich gestehen,
habe solche Bilder gefunden. Sie befanden sich auf seinem Computer. Aber wie Sylvie glaubte ich zunächst, dass es sich um bloße Neu-
gier handelte, um einen Zufall des Internets oder sonst etwas. Wie
Sylvie kam mir das unvorstellbar vor … bis zu dem Tag, an dem die
Kinder ihn dabei überraschten, wie er im Internet surfte, und sie
mir anschließend darüber berichteten. Josué, der noch keine neun
Jahre alt war, trug einen regelrechten Schock davon. Er hatte auf
dem Bildschirm des eingeschalteten Computers Bilder dieser Art
gesehen, und als er hinter seinen Vater trat, drängte dieser ihn sofort
ab. Josué sagte mir, dass er Zeit genug gehabt habe, um »schmut-
zige Sachen« zwischen Männern zu sehen, und da wurde mir klar,
dass »es stimmte«. Josué konnte solche Dinge nicht erfunden haben.

Kurz darauf bestätigte sich dieser Verdacht, als ich auf seinem Computer eindeutig feststellen konnte, dass er sich auf einschlägigen Seiten der Gay-Szene angemeldet hatte.

Ob ein Mann homosexuell oder bisexuell war, hatte ich bis dahin weder so noch so bewertet. Aber nun war ich außer mir, dass mein Ehemann mich seit so vielen Jahren belog, dass er mich gewissermaßen »betrog« und noch dazu das Risiko einging, dass seine Kinder pornographische Bilder zu Gesicht bekamen. Das ließ mich nicht mehr los. Je mehr ich über diese Erkenntnis nachgrübelte, desto mehr Erklärungen fand ich für einige seiner auffallenden Verhaltensweisen: Seine geschmeidigen, ja beinahe verweichlichten Bewegungen, die ich anfangs so anziehend fand; seine Manie, meinen Vater und meinen Bruder als »Schwule« zu beschimpfen, sobald er mit ihnen in Streit geriet; sein charmanter Umgang mit gewissen Typen …

Ohne es karikaturhaft überzeichnen zu wollen, machte plötzlich vieles Sinn. Hinsichtlich der Folgen, die dies auf unser Eheleben haben könnte, machte ich mir nicht sonderlich viele Gedanken. Wir waren in dieser Hinsicht bereits kein Ehepaar mehr. Allerdings hätte ich mir gewünscht, dass er mir seine Vorlieben gestanden hätte. Dass er endlich aufrichtig mir gegenüber gewesen wäre. Aber als ich es eines Tages wagte, ihn auf das Thema anzusprechen, antwortete er mir barsch, dass das alles »Schweinereien« seien, und ich sah rasch ein, dass hierzu keinerlei Gespräch möglich war: Es war ein Thema, das ich ihm gegenüber nicht mehr anschneiden durfte. Basta.

Nur ein einziges Mal habe ich es noch gewagt. Das war am Abend der Tragödie.

Auch etwas anderes hat sich für mich im Lauf der polizeilichen Ermittlungen wider Erwarten bestätigt: Er soll sich prostituiert haben, und zwar in der Nähe von Valenciennes, als er noch sehr jung war. Sein Bruder hatte mir schon Jahre zuvor davon erzählt, aber damals hatte ich ihm, wie bei anderen Dingen auch, nicht geglaubt. Mir schien das einfach unvorstellbar! Ich hielt es für eine üble Nachrede und habe sie vermutlich darauf zurückgeführt, dass er irgendeinen Groll gegen meinen Ehemann hegte. Der hat natürlich niemals irgendetwas zu diesem Thema verlauten lassen, und ich selbst habe ihm nie Fragen gestellt. Leider habe ich allen Grund, anzunehmen, dass auch das der Wahrheit entsprach, denn mehrere Zeugenaussagen von Personen aus unserem Umfeld haben es direkt oder indirekt bestätigt, als es im Vorfeld meines Prozesses darum ging, unsere genauen Lebensumstände darzulegen. So begriff ich nun insbesondere, was ihn abends nach dem Essen in den Parc Bertin trieb. Er war auf ganz bestimmte »Begegnungen« aus. Ich erfuhr, dass dieser Ort dafür bekannt war, dass sich dort nachts Homosexuelle heimlich ein Stelldichein gaben. Wie hätte ich das ahnen sollen? Ich kannte diesen Park nur so, wie er sich tagsüber darbot: ein weitläufiges grünes Areal, in dem ich in aller Seelenruhe mit den Kinder spazieren gehen konnte. Im Nachhinein habe ich mich übrigens daran erinnert, dass er mir einmal verboten hat, dorthin zu gehen, weil dieser Ort angeblich »von Drogenabhängigen verseucht« sei! Wenn ich nur gewusst hätte …

Nach der Tragödie habe ich auch erfahren, dass er seinen Sohn Kévin und auch dessen Freund Médhi, der eine Zeitlang bei uns wohnte, in diesen vermaledeiten Park mitgenommen haben soll. Er soll versucht haben, ihnen zu erklären, wie man auf Kundenfang gehe, um sie zu animieren, es ihm gleichzutun, und soll Kévin gesagt haben, dass er ihm »alles beibringen« könne. Er soll versucht haben, die Jungen zu erpressen: Wenn sie etwas von ihm haben wollten, müssten sie »es tun«, soll er ihnen mitgeteilt haben. Aber zum Glück sind die Jungen nie darauf eingegangen.

Médhi hat den Polizeibeamten gegenüber auch geäußert, dass mein Ehemann versucht habe, ihn zu missbrauchen. Das soll sich nur ein paar Wochen vor der Tragödie abgespielt haben: Während er auf einem Wohnzimmersessel geschlafen habe, berichtete Médhi, sei er leise herangeschlichen und habe sich vollkommen nackt zu ihm unter die Decke gelegt. Er sei dann von dem Sessel aufgesprungen und habe ihm gedroht, Anzeige zu erstatten. Mein Ehemann habe sich entschuldigt und behauptet, dass alles nur als Spaß gemeint gewesen sei, aber er habe kurz darauf einen weiteren Annäherungsversuch unternommen. Ich habe natürlich nichts von alldem mitbekommen und erst später erfahren, dass er jeweils gewartet habe, bis ich außer Haus gewesen sei (im Allgemeinen, um ihm seine Ration Alkohol zu kaufen …), bevor er sich an Médhi heranmachte. Dieser erzählte, dass mein Ehemann ihm dann im Haus nachgestellt und ihn bedrängt habe, bis er von ihm auf drastische Weise zurückgewiesen worden sei. Aber er habe es immer wieder aufs Neue versucht. Aus allem, was mir später zu Ohren kam, ging hervor, dass Médhi ihm körperliche Gewalt androhen musste, damit er von seinen perversen Belästigungen abließ.

Ich kann nur eine Begebenheit bezeugen. Zu dieser kam es während der letzten Monate, in den finstersten Stunden unserer Beziehung … Ich war zum Einkaufen gegangen, und als ich zurückkehrte, berichtete mir meine Tochter Séphora von einer Szene, der sie beigewohnt habe. Ein Freund meines Ehemannes – er war mir als ein »entferntes Mitglied« seiner Familie vorgestellt worden – sei während meiner Abwesenheit bei uns aufgetaucht. »Sie haben einen Kaffee zusammen getrunken, und dann sind sie nach oben ins Schlafzimmer gegangen«, sagte Séphora und fuhr dann fort: »Ich wollte hineingehen, aber es war verschlossen. Da habe ich durch das Schlüsselloch geguckt.« Die Kleine war damals erst zehn Jahre alt. Sie war eigentlich nicht besonders neugierig, aber diesen Blick konnte sie sich nicht verkneifen. Kinder »spüren«, wenn etwas Anormales vor sich geht. Dann hörte sie, wie ein Hosengürtel geöffnet wurde, und zog es vor, lieber wieder hinunterzugehen.

Sie war schockiert und aufgewühlt, und mir ging es nicht anders, als ich ihrer Erzählung lauschte. Denn ich glaubte ihr uneingeschränkt. Aber was sollte ich daraus schließen? Damals konnte ich mir die Szene, die sich in diesem Schlafzimmer womöglich abgespielt hatte, nicht vorstellen. Waren wir das Opfer irgendwelcher Hirngespinste? Lag ein Missverständnis vor? Wenn das Unfassbare geschieht – wenn der eigene Ehemann eine homosexuelle Beziehung unter dem eigenen Dach führt –, so streckt man die Waffen. Ich hätte ihn natürlich fragen müssen, aber das war undenkbar. Die Angst war allgegenwärtig, und sie verbot mir einen solchen Versuch.

Ich kann leider auch nicht verschweigen, was wir im Laufe der Ermittlungen erfahren haben und was das Abscheulichste von allem ist: Er soll die Tochter aus Sylvies erster Ehe, die er als sein Kind anerkannt hat, missbraucht haben. Als die Ermittler sie baten, ihren Vater zu beschreiben, erklärte sie unter anderem Folgendes: »Er war verrückt. Ich erinnere mich, dass er mir einmal Insektenspray ins Gesicht gesprüht hat. Ein anderes Mal, als er beim Boulespiel verloren hatte, stürzte er sich auf mich und brach mir den Arm.« Und schließlich bekannte sie: »Zwischen meinem vierten und sechsten Lebensjahr hat er mich mehrfach missbraucht ...« Da mein Ehemann bereits tot war, konnten diese Anschuldigungen nicht gerichtlich geklärt werden. Auch für ihn gilt da die Unschuldsvermutung, und insofern muss er als unschuldig eingestuft werden. Aber die Worte dieses Kindes haben mich zutiefst erschüttert. Noch heute wird Laura offenbar von ihren Erinnerungen verfolgt und geplagt ...

Es gibt so viele Dinge, die ich am liebsten für mich behalten hätte, mit Schmerz und Scham behaftete Erlebnisse, die ich lieber in den fernen Abgründen der Vergangenheit hätte ruhen lassen. Aber der Prozess hat sie öffentlich gemacht, und dieses Buch muss ein Zeugnis dessen sein, was tatsächlich gewesen ist. Nur so kann man ermessen, wie weit häusliche Gewalt führen kann. Außer der – aus heutiger Sicht wohl kaum zu bestreitenden – hochgradig perversen Persönlichkeit desjenigen, der mein Ehemann war, muss man auch begreifen, wozu eine misshandelte Frau fähig ist, was sie alles »begehen« kann. Aus Feigheit oder aus Angst, das mag jeder für sich entscheiden.

Ich habe abgetrieben, ohne es ihm zu sagen. Es war etwa ein Jahr vor der Tragödie. Dieser Eingriff war so schnell vorbei, aber ich erinnere mich an jeden Augenblick. Wie könnte man eine solche Erfahrung auch vergessen?

Ich lasse mir Blut abnehmen, weil ich spüre, dass etwas in mir vorgeht. Ich weiß, dass ich schwanger sein kann, da er mir jede Form der Verhütung verbietet und mich weiterhin nimmt, wann immer er Lust darauf hat. Das Ergebnis bestätigt meine Vermutung: Ich erwarte ein Baby. Und ich zögere keine Sekunde. Ich will abtreiben. Und dieses Mal will ich mich rechtzeitig darum kümmern. Ich habe bereits vier Kinder von diesem Mann. Vier Kinder, deren Leben ein Martyrium ist. Es wird keine weiteren geben. Ich will keine Schwangerschaft mehr aufgezwungen bekommen. Ich frage meinen Arzt, zu dem ich vollstes Vertrauen habe, wie ich vorgehen soll. Er kennt mich, es ist mein Hausarzt. Ich gestehe ihm, dass ich allein abtreiben will – »heimlich«. Ich erkläre ihm auch, warum. Weil mein Ehemann eine solche Entscheidung niemals akzeptieren würde. Erleichtert stelle ich fest, dass er Verständnis für meine Situation hat. Er hilft mir sofort und gibt mir die Telefonnummer der entsprechenden Station im Krankenhaus von Douai. »Es wird einen Vormittag in Anspruch nehmen«, erklärt man mir. Ich werde eine Ausrede finden müssen, um so lange fortbleiben zu können. Er darf keine Zweifel bekommen. Aber ich werde mir etwas einfallen lassen … Ich vereinbare einen Termin und begebe mich ein paar Tage später sehr früh am Morgen ins Krankenhaus.

Eine Freundin gibt mir ein Alibi. Sie hat ihm erzählt, dass sie mich eingeladen habe, sie zu besuchen. Der Weg zu ihr würde jedoch mit dem Bus den ganzen Vormittag oder sogar noch länger in Anspruch nehmen … Und zum Glück ließ er mich an diesem Tag gehen.

Angespannt und angsterfüllt wie selten zuvor betrete ich das Krankenhaus. Ich habe die Kinder bei ihm gelassen, was mir jedoch keineswegs Erleichterung verschafft. Die Flure liegen noch wie verlassen da. Ich stelle mich vor und frage, was ich tun und wohin ich gehen soll. Man schickt mich von Zimmer zu Zimmer und reicht mir Fragebögen, die ich ausfüllen muss. »Anonymität garantiert.« Die Ärzte, Krankenpfleger, Sekretärinnen … sie alle haben ihre genau definierten Aufgaben. Aber alle fragen mich, ob ich wirklich sicher sei, dass ich abtreiben wolle. Sie weisen mich darauf hin, dass manche Frauen es später bedauern würden, aber ich habe nicht das Gefühl, dass ich hier bevormundet oder manipuliert werde. So wiederhole ich noch einmal, dass ich fest entschlossen sei. Sie können mir sagen, was sie wollen, meine Entscheidung ist gefallen.

Man streift mir das Krankenhaushemd über und bringt mich in einen Raum, der einem Operationssaal ähnlich sieht. Ein Arzt kommt zu mir, gibt mir ein Medikament, das ich schlucken soll. Dann muss ich lediglich noch abwarten, bis die Pille ihre Wirkung zeigt.

Abgesehen von den physischen Schmerzen nach diesem »Eingriff«, erinnere ich mich an den aufwühlenden Augenblick, als ich wieder zu mir kam. Die widersprüchlichsten Gefühle suchten mich nun heim … Erleichterung und Gewissheit, dass ich es jetzt »hinter mich gebracht« hatte, aber auch ein fürchterlicher Schmerz, dass ich zu diesem Mittel greifen musste.

Ich zwinge mich heute, nicht an dieses Kind zu denken. Und wenn ich nicht anders kann, wenn mich dieser Schmerz einholt, dann habe ich manchmal ein schlechtes Gewissen. Ich werde es nicht mehr los: Abzutreiben – das Leben zu nehmen – ist niemals eine gute Lösung. Aber ich weiß auch, dass es in bestimmten Situationen kaum eine andere Wahl gibt.

Ich habe dieses Geheimnis für mich behalten, bis der Prozess mich dazu zwang, es zu offenbaren. Er hat niemals davon erfahren. Ebenso wenig wusste er, dass ich mir an jenem Morgen eine Spirale einsetzen ließ. Er ist gestorben, ohne von alldem zu wissen.

Niemals habe ich mich so allein gefühlt wie in den Tagen nach meiner Abtreibung. Da ich beschlossen hatte zu schweigen, konnte ich meinen Schmerz nicht nach außen tragen. Ich hatte niemanden, dem ich mich anvertrauen konnte. Keine Schulter, an die ich mich hätte anlehnen können. Und er lebte sein Leben wie zuvor, er trank, misshandelte mich und setzte uns allen zu, mir ebenso wie den Kindern.

Besonders unerträglich war es für mich, wenn es ihm gelang, vor unseren Freunden oder Angehörigen den Eindruck eines »normalen« Mannes zu vermitteln. Denn er konnte durchaus ein anderes Gesicht zur Schau stellen. Vor manchen Leuten verbot er es sich nicht, seine Frau zu beleidigen oder die Kinder zu schlagen, das wussten wir, aber er tat es nicht vor allen. Er war in der Lage, das Bild eines zuvorkommenden Mannes zu vermitteln. Mein Vater, vor dem er sich fürchtete, erklärte beispielsweise später: »Ganz gleich, wie ich über diesen Mann gedacht habe, ich besuchte meine Tochter in Douai auch weiterhin, und zwar bis zum Schluss. Ich wollte den Kontakt zu ihr keinesfalls abreißen lassen. Bevor sie mir alles erzählte, ahnte ich bereits, dass es dort zu ›Vorfällen‹ kam, aber wenn ich bei ihnen zu Besuch war, war er meistens ruhig und sogar zuvorkommend.« Auch eine Nachbarin, der wir hin und wieder begegneten, gab während der Ermittlungen an: »Marcelino sprach mehr mit uns als Alexandra. Sie sahen wir praktisch nie. Wir wechselten lediglich ein paar Floskeln miteinander, wie es unter Nachbarn üblich ist.« Als die Polizeibeamten sie fragten, ob sie ihn in alkoholisiertem Zustand angetroffen habe, war ihre Antwort eindeutig: »Ich habe ihn nie betrunken gesehen. Ich hielt ihn für einen freundlichen Mann. Das jedenfalls ist der Eindruck, den er mir vermittelte.« Dominique, unser Freund und Nachbar, fand ähnliche Worte: »Marcelino konnte sogar großzügig sein. Es kam vor, dass er mir ein wenig Geld lieh, wenn es bei uns am Monatsende knapp wurde.« Da er unsere Auseinandersetzungen kannte und ahnte, dass aus ihnen sehr viel schlimmere Vorfälle erwuchsen, präzisierte er aber auch: »Er besaß durchaus ein großes Herz, wenn er nicht getrunken hatte. Er konnte ein freundlicher Mensch sein. Er besaß wohl eine gespaltene Persönlichkeit.«

Eine »gespaltene Persönlichkeit«, ja ... Genau das habe ich bei den wenigen Gelegenheiten gedacht, zu denen wir uns im Laufe jener letzten albtraumhaften Monate noch Seite an Seite unter Leute begaben und uns fremden Blicken aussetzten. Unser Alltag war bereits so finster geworden, dass sein »zweites Gesicht« zu Hause nicht mehr zu erkennen war. Aber außer Haus konnte er noch ganz anders sein. Ein- oder zweimal sind wir gemeinsam zur Schule gegangen. Séphora und Josué waren in der Grundschule, Saraï in der Vorschule. Ich fühlte mich unwohl. Ich hielt den Kopf gesenkt und wich den Blicken der Eltern oder Lehrer aus, die uns begegneten. Ich schämte mich. Ich fürchtete, ein Blick in meine Augen könnte mein Martyrium, die Demütigungen, die Vergewaltigungen, die Würgeszenen, die Schläge gegen die Kinder verraten. Er hingegen war ruhig, »als wäre alles in Ordnung«, möchte ich beinahe behaupten. Man hätte glauben können, ein ganz »normaler« Papa, und es schien mir, als hegte niemand auch nur den Hauch eines Verdachts, wenn er ihn so zwischen mir und seinen Kindern sah.

Diese »gespaltene Persönlichkeit« war noch offenkundiger, wenn wir in die Kirche gingen. Dort überschlug er sich förmlich und täuschte sogar diejenigen, die ihn zu kennen glaubten, da sie noch Umgang mit ihm pflegten. Er zeigte sich von seiner besten Seite. Er legte seinen Arm um meine Schultern und stellte mich Freunden vor: »Das ist meine Frau!«, sagte er mit scheinbar stolzgeschwellter Brust, als wäre ich sein größter Stolz. Ich fühlte mich dann wie ein Stück Vieh, das auf dem Jahrmarkt feilgeboten wurde, oder wie ein Schnäppchen im Supermarkt. Ich war lediglich eine Sache, ein Gegenstand. Was hätte ich darum gegeben, ihm seine Maske herunterzureißen, um sein wahres Gesicht zu offenbaren, aber dazu fehlte mir der Mut. Wenn ich mich doch einmal dazu verstieg, eine Bemerkung zu machen oder auch nur eine harmlose, aber zweideutige Grimasse zu ziehen, so reichte ein einziger, fürchterlicher Blick von ihm, um mich wieder zur Raison zu bringen.

Ich kann heute beim besten Willen nicht sagen, ob meinem Ehemann seine eigenen Lügengeschichten bewusst waren oder nicht. Sie waren so ungeheuerlich. Besaß er tatsächlich eine gespaltene Persönlichkeit? War er so »verrückt« geworden, dass nun zwei Wesen in ihm wohnten? Ich erinnere mich an eine so wahnwitzige Szene, dass man sich diese Frage zwangsläufig stellen muss.

Wir hatten in der Kirche die Bekanntschaft eines anderen Paares gemacht, das regelmäßig die Zusammenkünfte besuchte. Mit den beiden kam es immer wieder zu normalen Unterhaltungen, in deren Verlauf mein Ehemann ruhig und entspannt blieb – das muss ich so ausdrücklich betonen, da es zwischenzeitlich zur Ausnahme geworden war. Wir sprachen über Gott, die Kinder, die berufliche Tätigkeit des Mannes, der wie mein Vater bei Renault arbeitete, und über das Leben ganz allgemein. Trotzdem hatte ich einen Vorbehalt: Ich war irgendwie überzeugt, dass dieser Mann seine Frau misshandelte. Ich konnte es nicht erklären, ich »spürte« es einfach, und muss zugeben, dass ich sogar ganz sicher war. Eines Tages kam es während eines Telefonats mit der Frau am anderen Ende der Leitung zu einem heftigen Streit. Wir hörten Gebrüll, Schreie und dann plötzlich ein dumpfes, metallisches Geräusch. Das Telefongerät war zu Boden gefallen. Von diesem Tag an fand mein Ehemann unseren neuen Bekannten furchtbar. Noch unfassbarer war, dass er Mitgefühl für diese arme Frau empfand. Sie tat ihm leid, und er verstand nicht, wie sie eine solche Behandlung hinnehmen konnte! Wie kam es, dass er sie und mich mit so unterschiedlichen Maßstäben maß? Welchen Unterschied sah er zwischen ihr und mir? Ich habe nicht die geringste Ahnung. Ich weiß, dass es unglaublich klingt, aber ich habe ihm diese Frage nicht gestellt. Man muss im Strudel der Gewalt gefangen sein, um zu begreifen, dass eine misshandelte Frau jede Situation vermeidet, die eine Salve von Schlägen auslösen könnte, auch wenn es vielleicht heilsam sein könnte, eine solche Gelegenheit beim Schopf zu packen.

Vor Kurzem hat man mir einen von ihm im Jahr 2009 verfassten Text zum Lesen gegeben. Das war also nur ein paar Wochen vor seinem Tod, und wir befanden uns in einem unentrinnbaren Sog der häuslichen Gewalt. Diesen Text hatte er in einen Internet-Blog eingestellt, und auch heute bin ich wieder vollkommen verblüfft, wenn ich lese, was er geschrieben hat: »Ich war bereits zwei Jahre geschieden, als ich meiner jetzigen Frau bei meinem Wohnwagen begegnete. Sie kam mit einer Freundin dort vorbei, die sie mir vorstellte. Das war Anfang 1997. Am 13. Juni 1997 haben wir geheiratet. Dann hat Gott uns vier wunderbare Kinder geschenkt, die uns jeden Tag mit Glück und Freude erfüllen. Wir hatten gute und schlechte Zeiten, aber dank der Kraft der Liebe meistert man alle Prüfungen. Vor zwei Jahren haben meine Tochter Sabrina und ich nach mehreren Jahren der Trennung wieder zueinandergefunden. Sie verkündete mir, dass ich eine Enkeltochter bekommen würde. Ich war verrückt vor Freude, dass ich diesen Teil meiner Familie zurückgewonnen hatte. Und am 13. Dezember 2008 kehrte mein Sohn Kévin in unser Haus zurück, um bei uns zu leben. Der Umgang mit ihm ist nicht ganz leicht, aber er ist nun einmal mein Kind, und ich liebe ihn. Und ich bin sehr glücklich, meine sechs Kinder um mich zu haben. Meine Frau Alexandra ist eine fröhliche Frau und freut sich riesig, die ganze Familie vereint zu sehen. Am 13. Juni haben wir Hochzeitstag. Dann werden wir elf Jahre miteinander verheiratet sein, und ich liebe sie ♥. Danke für Ihre Lektüre und bis bald.«

Auf einer anderen Seite dieses Blogs hat er mit Musik unterlegte Bilder und Videos eingestellt (Liebeslieder, dazu ein Album mit Kinderphotos unter dem Titel »Das schönste Geschenk des Lebens«, Kirchenlieder unter dem Titel »Lieben und teilen«). Man kann sich vorstellen, wie alle Kinder nacheinander vor die Webcam getreten sind und auch wir beide als Paar in die Kamera geblickt haben. Zum Schluss gibt es noch drei Aufnahmen von ihm allein. Gewiss, unser Lächeln wirkt etwas angespannt, aber wir können tatsächlich den Eindruck einer schönen, großen Familie vermitteln … Das war vor nicht ganz vier Jahren, aber ich habe keine Erinnerung mehr an jenen Abend. Ich muss ihn verdrängt haben. Aber es muss ein Abend gewesen sein, an dem er umgänglich war und ein paar ruhige Stunden mit uns verbrachte. Vielleicht war es sogar ein schöner Abend, denn das gab es auch, wenn auch sehr selten. Aber wenn ich diesen Blog überfliege, diese Aufzeichnungen so kurz vor der Tragödie, dann springt mir die Absurdität unseres tatsächlichen Lebens ins Auge wie selten zuvor. Wie kann man eine heile Welt in diesem Maße vorspielen? Und was mich betrifft, wie konnte ich mich nur so lange selbst belügen?

Erst in den allerletzten Monaten, nach zwölf Jahren der Gewalt, habe ich wirklich begonnen, mir einzugestehen, wie mein Leben tatsächlich aussah. Suchte mich der Gedanke heim, dass jetzt meine letzte Chance gekommen war, dieser Hölle zu entrinnen? Ahnte ich, dass wir auf ein verhängnisvolles Ende zusteuerten? Fürchtete ich, dass er mich am Ende umbringen würde? Ich konnte einfach nicht noch mehr aushalten. Zu viele Beleidigungen, zu viele Demütigungen und Schläge hatte ich hinnehmen müssen, sodass ich meine Ängste irgendwann ablegte. Ich war so am Ende, dass die Furcht, ihm zu missfallen und geschlagen zu werden (eine saftige Strafe wurde mir bereits zuteil, wenn er unglücklicherweise erfuhr, dass ich mich über irgendetwas beklagt hatte), für mich nicht länger ein Grund war, auch weiterhin zu schweigen und alles für mich zu behalten.

Natürlich offenbart man solche Geheimnisse und beschämenden Umstände nicht von heute auf morgen. Es ist ein langwieriger und quälender Prozess. Ich kann mich unmöglich in allen Einzelheiten daran erinnern, was ich wem erzählte. Oft versuchte ich, mein Leid in zweideutigen Worten oder Anspielungen zum Ausdruck zu bringen, in der Hoffnung, dass mein Gegenüber hellhörig würde und genauer nachfragte. Am Anfang habe ich nur winzige Bruchstücke unseres Martyriums preisgegeben. Sehr oft kam es anfangs auch vor, dass ich meine »Geständnisse« wieder zurücknahm oder sie verharmloste, sobald sie mir einmal herausgerutscht waren. Die Neugierde meiner Vertrauten hielt sich in diesen Fällen ohnehin in Grenzen. Ich erinnere mich zum Beispiel an Unterhaltungen mit unserer Nachbarin Fatima. Ich versuchte ihr mitzuteilen, was sie ohnehin schon ahnen musste, aber sie wich mir sofort aus. Im Laufe der Ermittlungen sagte sie aus: »Das ging mich nichts an, und ich wollte die Lage nicht verschlimmern. Also wechselte ich das Thema, denn ich wollte darüber nichts Genaueres erfahren. Sie müssen wissen, dass Alexandra bei unseren Begegnungen immer so tat, als sei alles in Ordnung. Deshalb konnte man nie wissen …« Ich nehme ihr das nicht übel. Wirklich nicht. An erster Stelle bin ich dafür verantwortlich, weil ich nicht alles sagen wollte (oder konnte).

Das Gleiche empfand ich meinem Bruder Yohan gegenüber, den

ich praktisch überhaupt nicht mehr sah. Aber bei einer unserer seltenen Begegnungen stellte er mir Fragen. Es war an dem Abend nach unserem letzten Familienfest anlässlich der Kindergeburtstage bei meiner Schwester. Er hatte mich bis zum Supermarkt begleitet, weil mein Ehemann verlangt hatte, dass ich ihm vor meiner Rückkehr nach Hause noch Alkohol besorgte. Dies hatte sein Misstrauen geschürt (wie alle anderen ahnte auch er, wie es um uns stand), und während der Fahrt hat er versucht, sich ein Bild davon zu machen, wie mein Leben aussah. Zunächst habe ich ihm recht vage geantwortet, aber er hakte nach – und ich glaube, ein Blick in mein Gesicht, während ich von meinem Ehemann sprach, sprach Bände. Er machte mir eindringlich klar, dass es so nicht weitergehen könne und ich fortgehen müsse.

Wie dem auch sei! Ich wusste sehr gut, dass dies die einzige Lösung war. Ich brauchte keinen Rat, sondern Hilfe, um wirklich fliehen zu können. Im Grunde hätte ich jemanden gebraucht, der mich und auch die Kinder an die Hand nahm, um uns gemeinsam von dort fortzuführen. In einem solchen Fall hätte ich keinen Widerstand geleistet. Ich konnte nicht die Kraft aufbringen, dies alles alleine zu bewerkstelligen. Meine Angst war immer noch zu groß. Ob ich meinem Bruder böse bin? Nein, das kann ich nicht. Ich bin ihm ebenso wenig böse wie den anderen. Hätte ich mich an seiner Stelle besser verhalten? Außerdem habe ich ihn nicht um diese Hilfe gebeten. Ich habe ihm an jenem Abend schließlich sogar gesagt, dass mein Ehemann sich ändern werde, dass er es mir versprochen habe …

Ich erinnere mich auch daran, dass ich mich jener ebenfalls misshandelten Frau sehr weitgehend anvertraut habe, die wir mit ihrem Mann in der Kirche kennengelernt hatten. Wenn wir gemeinsam in der Küche das Geschirr spülten oder die Kinder ins Bett brachten, während die Männer ihre Unterhaltungen im Wohnzimmer fortsetzten, klagten wir einander unser Leid und Unglück. Aber wie hätte mir diese Frau helfen können, die sich in genau der gleichen Situation befand wie ich und ebenfalls nicht wusste, wie sie herausfinden sollte?

Eine gute Gelegenheit, um eine Lösung zu finden, habe ich ohne jeden Zweifel nicht genutzt: Ein paar Monate vor der Tragödie hatten wir einen Termin bei einer Sozialarbeiterin, und sie drängte mich förmlich, mich ihr anzuvertrauen. Anfangs war dieser Termin dafür vorgesehen, um mir verschiedene Hilfestellungen darzulegen, die ich in Anspruch nehmen konnte, aber dann hatte sie die richtigen Worte gefunden, damit ich die Mauer der Scham überwand. Ich hatte zu sprechen begonnen und ihr sehr, sehr viel anvertraut. Wir befanden uns in ihrem Büro. Aber dann bat sie ihn herein, um ihn zu befragen! Ich fühlte mich ertappt, wie in einer Falle, selbst wenn die Sozialarbeiterin mit den besten Absichten gehandelt hat. Was würde mir nun bevorstehen, wenn wir wieder allein waren, er und ich, fernab von allen? Diese Frau hatte mich in eine so furchtbare Bedrängnis gebracht, dass ich ihr nun mit allem Nachdruck ins Gesicht log. Ich leugnete, auch nur das Geringste erzählt zu haben. Und zwar mit einer solchen Überzeugung, dass der Vorfall keine weiteren Folgen nach sich zog.

Ich bin die Hauptschuldige. Ich habe zu lange gezögert, mich den richtigen Personen anzuvertrauen – wahrscheinlich unbewusst wandte ich mich zunächst an diejenigen, die meine Geheimnisse auf jeden Fall für sich behalten würden ... Der Einzige, dem ich nichts zu verbergen wagte, war Gott. Ich betete immer häufiger, dass er meine Klagen erhören möge, dass er ihn dazu bewegen möge, sich zu ändern, dass er mir irgendeinen Ausweg aus meinem Martyrium aufzeigen möge. In meinen Gebeten fragte ich: »Warum ich? Was habe ich getan? Was soll ich jetzt tun?« Als ich wieder einmal tränenüberströmt zu Hause saß, habe ich auch einen langen Brief an Gott geschrieben, in dem ich ihm mein Leben erzählte. Es war nach einer der vielen Misshandlungen. Ich legte ihm dar, dass dies »die ganze Zeit so wie jetzt sei«, dass »sogar die Tatsache, dass ich schlief, ihn erzürnen konnte«, dass ich die Schläge nicht mehr ertragen könne, ob es denn hinnehmbar sei, wenn ein Mann sich an seinen Kindern vergreife … Ich fragte Gott, warum ich so viel leiden musste, warum ich einen solchen Ehemann hatte, der »doch Christ war« … Aber dieser Brief war nur ein weiteres Zeichen meiner Ohnmacht.

Wenn ich mich jetzt anderen Menschen »anvertraute«, so stieß ich bisweilen auf Gleichgültigkeit oder Scham, manchmal auf ein offenes Ohr und Mitgefühl, aber letztlich hat nur mein Vater den Mut gehabt, mir wirklich zu helfen, indem er mir den einzig möglichen Ausweg aufzeigte: die Flucht.

Eigentlich habe ich schon immer gewusst, dass er der Einzige war, der mir aus meinem Elend heraushelfen konnte, aber auch vor ihm hatte ich die Wahrheit viel zu lange verborgen gehalten. Vielleicht sogar noch länger als vor anderen. Ich glaube, dass ich mich vor seiner Reaktion fürchtete. Ich wusste, dass sie heftig, vielleicht sogar extrem ausfallen würde, und dass er mich nicht einen Tag länger diesem Albtraum überlassen würde. Das wünschte ich mir zwar, aber ich wollte auch die Gefahren abwägen. Ich hatte genauso viel Angst vor der Reaktion meines Ehemanns und konnte mir nicht vorstellen, wie alles ablaufen würde. Ich fürchtete die Drohungen, denen mein Vater sich aussetzen würde, ich fürchtete mein Leben »danach«, und ich machte mir Sorgen darüber, was aus den Kindern werden würde und wie es weitergehen sollte, wenn unsere Flucht fehlschlug … Ich war hin- und hergerissen. Ich wusste einfach nicht mehr weiter. Verzeih mir, Papa, dass ich dir nicht früher mein Vertrauen geschenkt habe.

Zu lange habe ich ihn belogen, indem ich das Ausmaß der Misshandlungen, denen ich ausgesetzt war, verharmlost habe. Als ich mich dann endlich doch entschloss, mit ihm zu sprechen, und keinen Zweifel mehr an unserem Martyrium ließ (auch wenn ich ihm an jenem Tag bei Weitem noch nicht alles gesagt habe), wollte er alles daransetzen, mich den Fängen meines Peinigers zu entreißen. Aber dazu kam es nicht mehr. Die Tragödie nahm ihren Lauf. Unvorhersehbar und doch abzusehen.

6

Ein »ganz normaler« Tag

Wäre es nicht zu diesem Messerstich gekommen, so hätte er dich am Ende umgebracht ...« Wie oft habe ich diesen oder ähnliche Sätze zu hören bekommen, seit alles vorüber ist? Natürlich kann niemand wissen, was dann geschehen wäre, aber solche Worte bringen ein wenig zum Ausdruck, was wir in der letzten Zeit durchgemacht haben. Es bedurfte nur noch eines erneuten Streites, einer letzten Szene des Schreckens und dieses Messers, das »das Schicksal dort liegen ließ«, wie Generalstaatsanwalt Luc Frémiot es umschrieb, damit unsere Hölle ein Ende nahm.

Es hätte nicht geschehen dürfen. Es war ein Unfall. Es war nicht Schicksal. Und dennoch kann ich nach einer objektiven Analyse der Geschehnisse nicht umhin zu denken, dass er uns zu diesem tragischen Ende getrieben hat.

Mein Ehemann hat nach und nach jede Kontrolle über sich selbst verloren. Damit meine ich nicht nur die Schläge, die er mir zufügte. Einen Umstand fand ich ganz besonders beängstigend: Er redete mit sich selbst, als spräche er mit jemandem, der ihm gegenübersitzen würde, und behauptete, einer satanischen Sekte anzugehören. Er sagte, dass er die schwarze Magie praktiziere, und setzte sich vor einen Spiegel und beschwor den Teufel. Er redete davon, dass er sich die Pulsadern aufschneiden und Satan Opfergaben in Gestalt von Kleinkindern darbringen müsse! Und dass er, da er einen Pakt mit dem Teufel eingegangen sei, nun sein ganzes Leben lang heimgesucht würde, wenn er nicht ausführe, was die Kräfte des Bösen ihm befahlen. Dann fügte er noch hinzu, dass diese Heimsuchung auch unsere Familie treffen könne. Er warf alles durcheinander – die Sekte, Satan, die schwarze Magie –, aber er sprach mit einer solchen Besessenheit, dass er mir einen gehörigen Schrecken einjagte und ich bisweilen tatsächlich glaubte, »irgendeine Präsenz« im Haus zu spüren.

Mein Ehemann war immer stärker von Todesgedanken beherrscht. Unentwegt lag ihm dieses Wort auf der Zunge. Wie in amerikanischen Filmen wollte er Leute verfluchen und ein Todesurteil über sie verhängen. Immer wieder stieß er derartige Schwüre aus. Eine Woche vor der Tragödie beispielsweise verhieß er meiner Freundin Brigitte das Schlimmste, weil er sie im Verdacht hatte, hinter seinem Rücken etwas anzuzetteln. Ich sehe ihn noch vor mir, wie er allein vor einer Wand stand und beschwörend auf diese einsprach: »Sie wird mit ihrer ganzen Familie krepieren«, murmelte er. »Ich werde sie alle mit einem Fluch belegen …« Im Laufe der Ermittlung habe ich auch verstanden, wie er sich an Médhi, den jungen Mann, der in den Wochen vor der Tragödie bei uns wohnte, herangemacht hat. Es kam zu etwa vier oder fünf Annäherungsversuchen, stets in meiner Abwesenheit. Médhi erklärte, dass mein Ehemann ihn mit dem Geständnis bedrängt habe, er wolle mit ihm zusammenleben, weil er ihn »liebte«, und er werde ihn, falls er sich weigerte, töten und »dem Meister als Opfer darbringen« (mit diesen Worten wollte er Satan huldigen). Um sein Ziel zu erreichen, habe er ihm auch mehrmals ein Messer an die Kehle gesetzt.

Auch ich blieb vor solchen Drohungen nicht verschont. Auch mir wurden immer häufiger solche »Verheißungen« zuteil. Ich kann nicht behaupten, dass ich sie sonderlich ernst genommen hätte, aber andererseits musste jeder, der ihn kannte, fürchten, dass er seine Worte irgendwann in Taten umsetzte, oder etwa nicht?

Die häusliche Gewalt ist eine wahnsinnige Maschine, die wie entfesselt aus dem Ruder läuft: Nichts scheint sie mehr aufhalten zu können. Von Woche zu Woche, von Tag zu Tag verschlimmerte sich die Lage. Die Schläge wurden immer heftiger, die Drohungen immer wüster. Die Situationen, in denen wir um unser Leben fürchten mussten, häuften sich.

Ich habe niemals den Tod von Marcelo Guillemin gewollt. Das habe ich gesagt und werde es immer wieder so sagen. Ob er seinerseits nun wirklich meinen Tod gewollt hat? Das werden wir niemals erfahren. Eines aber ist gewiss: Je mehr Wochen vergingen, desto schlimmer setzte er uns zu und desto größer war die Gefahr, in die er uns brachte. Am 17. Februar 2009, also ziemlich genau vier Monate vor der Tragödie, waren wir der Katastrophe schon einmal sehr nahe. Seine Tochter Sabrina und deren Schwiegervater waren zum Mittagessen zu uns gekommen. Unsere vier Kinder waren ebenfalls da. Die Mahlzeit war »normal« verlaufen. Danach blieben mir gerade noch ein paar Minuten, um das Geschirr abzuwaschen und die Kinder fertig zu machen und wieder in die Schule zu begleiten. Ich habe die Szene wieder vor Augen: Er fängt mich in der Küche ab. Er »neckt« mich. Er schubst mich herum. Er hat zu viel getrunken. Ich reagiere verärgert. Das bringt ihn zum Lachen. Er schnappt sich ein Kissen und versetzt mir damit Schläge auf den Kopf. Ich kenne ihn: Er muss zeigen, dass es ihn gibt. Dass er da ist. Er handelt so einfach nur, um »die Seinen ein bisschen zu ärgern« und die »Zuschauer zu amüsieren«. Für ihn ist es ein Spiel, aber für mich nicht. Ich habe Kopfschmerzen. Ich habe sogar Migräne. Ich bin erschöpft von diesem Leben. Ich muss Séphora, Josué und Saraï fertig machen, um sie in die Schule zu bringen. Ich habe keine Zeit, um mich auf sein Spiel einzulassen. Ich bin so müde. Ich muss das Geschirr noch schnell abwaschen. Ich bitte ihn aufzuhören. Ich versuche, meine Arbeit zu beenden. Er sieht genau, dass ich sein Treiben keineswegs lustig finde. Aber er macht weiter. Ich warne ihn: »Vorsicht!

Ich habe gerade die Messer in der Hand!« Ich will ihm zeigen, dass sein Spiel albern und gefährlich ist, aber er kommt auf mich zu, als wolle er mich provozieren. Er weiß ganz genau, dass ich ihm nichts tun werde. Er weiß, dass ich viel zu viel Angst vor ihm habe. Und ganz plötzlich stürzt er sich auf mich. Eines der Messer stößt gegen seinen Unterleib. Er krümmt sich zusammen. Was habe ich nur getan? Was hat er getan? Ich habe Angst. Angst, ihm etwas angetan zu haben. Angst, was nun geschehen wird.

Er liegt am Boden und stöhnt, dass er Schmerzen habe. Sabrina und ihr Schwiegervater sind noch da. Sie haben alles gesehen. Panik ergreift sie ebenso wie mich. Wir sind uns einig: Er muss ins Krankenhaus! Aber davon will er nichts hören. Also tue ich, was in meinen Kräften steht, um ihn zu versorgen: Ich presse eine mit Desinfektionsmittel getränkte Mullbinde auf den Schnitt. Ich finde eine Schachtel mit Efferalgan, erinnere mich dann aber ganz vage, dass Schmerzmittel oft blutverdünnend wirken. Ich kann ihm nicht wahllos Medikamente geben. Ich weiß nicht mehr weiter und fühle mich schlecht. Was soll ich nur tun, wenn seine Verletzung sich verschlimmert? Immerhin bin ich diejenige, die ihm »das« angetan hat, wenn auch nur indirekt. Ich will nicht, dass er daran stirbt! Auch wenn ich viel Schreckliches durch ihn ertragen muss, ich will doch nicht seinen Tod verursachen! Wir versuchen, ihn zur Vernunft zu bringen und ihm begreiflich zu machen, dass es klüger sei, einen Arzt aufzusuchen, aber er bleibt stur.

Letztlich willigt er erst am nächsten Tag dank der Überzeugungsarbeit unserer Nachbarn Fatima und Dominique ein, sich ins Krankenhaus zu begeben. Von den Ärzten nach der Ursache seiner Verletzung befragt, erzählt er dort, dass er auf der Straße von jemandem angegriffen worden sei, der eine Zigarette von ihm haben wollte …

Warum hat er nicht die Wahrheit gesagt? Er hatte sich geradewegs auf mich gestürzt und damit auch auf die Messer, die ich in der Hand hielt. Er hatte den Unfall also gewissermaßen provoziert. Hatte er

Angst, dass das Pflegepersonal – und womöglich auch die Polizei – misstrauisch werden könnte, was unseren »Fall« anging? Befürchtete er, dass ich ins Gefängnis müsste? Oder dass er selbst verhaftet werden könnte? Sicher waren all diese Gedanken mit im Spiel. Bei allem, was er mir immer vorwarf (dass ich zu nichts nutze sei, dass ich eine Faulenzerin sei usw.), wusste er doch genau, was er verlieren würde: Sein »Hausmütterchen« wäre weg; mit Sicherheit würde er die Kinder verlieren (sogar er gab zu, dass ich eine gute Mutter sei); und mit der Bequemlichkeit wäre es auch vorbei (denn jetzt musste er lediglich den kleinen Finger heben, um bedient zu werden …).

In den drei oder vier Wochen vor diesem unheilvollen Abend im Juni 2009 setzte ein regelrechter Countdown ein. So konnte es nicht weitergehen. Und so wagte ich es endlich, etwas zu unternehmen. Es war bereits beschlossene Sache: Ich würde von ihm fortgehen und ihn auch anzeigen. Er misshandelte mich die ganze Zeit. Er vergriff sich an den Kindern. Ich konnte nicht noch mehr aushalten. Fast jeden Tag gab es einen Punkt, an dem ich meine Tränen nicht mehr zurückhalten konnte. Sobald der Alkoholpegel in seinem Blut sank, wurde er zu einer Bedrohung für uns. Egal, ob es stürmte, schneite, regnete – ich musste ihm seine Ration Alkohol herbeischaffen, um nicht geschlagen zu werden. Meine Freundin Brigitte wohnte einer dieser Szenen bei. Wir saßen am Tisch, die Flaschen waren leer. Er geriet in Panik und schrie: »Geh endlich und hol mir etwas! Mach schon!« Ich reagierte nicht schnell genug. Ich wusste, dass unser Supermarkt geschlossen war und lediglich ein kleiner Lebensmittelhändler um die Ecke geöffnet hatte, wo Alkohol sündhaft teuer war. Mir ging durch den Kopf, dass uns lediglich noch ein paar Euro bis zum Monatsende zur Verfügung standen, dass ich jeden Cent zweimal umdrehen musste, um die Kinder satt zu bekommen, als er noch lauter schrie: »Wirst du jetzt endlich zu dem Typen gehen? Wirst du wohl endlich etwas holen?« Da drehte ich mich zu

Brigitte um und erklärte bitter: »Ich muss gehen, sonst vergreift er sich wieder einmal an mir und den Kindern.« Brigitte gab mir ein wenig Geld. Sie war genauso erstarrt wie ich.

Seine Gewalttätigkeiten waren so unerträglich geworden, dass ich es am 12. Juni 2009 zum ersten Mal wagte, auf die Polizeiwache zu gehen. Er hatte mich wieder einmal mit Schlägen traktiert. Ich rief meinen Vater an und erzählte ihm unter Tränen, was geschehen war. Ich war vollkommen aufgelöst und von panischer Angst erfüllt. Jetzt konnte ich ihm die Wahrheit nicht länger verbergen. Bereits in den Wochen zuvor hatte ich ihm gegenüber immer wieder angedeutet, wie mein Leben aussah, und er hatte mir versprochen, mir aus diesem Jammertal herauszuhelfen. »Du musst zur Polizei gehen!«, drängte er mich. Er wollte mich begleiten, aber seine Arbeit ließ es im Moment nicht zu. »Ruf deine Schwester an und geht gemeinsam hin! Ihr müsst Anzeige erstatten!« Ich zögerte immer noch, ich zitterte vor Angst, aber dieses Mal habe ich es getan, und wir gingen zur Polizei. Leider war der Weg umsonst, zumindest fast umsonst. Nachdem sie sich meinen Bericht über die Misshandlungen angehört hatten, musste ich eine Aktennotiz unterzeichnen. Mit der Anzeige war das so eine Sache … Die Vorstellung, mein Ehemann könnte davon erfahren, flößte mir furchtbare Angst ein. Meine Panik wurde noch größer als vor dem Gang zur Polizei. Ich wusste, dass diese Aktennotiz keinerlei Wirkung zeitigen würde. Was konnte ich jetzt noch tun? Ich hatte mich endlich dazu durchgerungen, »alles auszupacken« (natürlich hatte ich an jenem Tag weder die Kraft noch die Umsicht noch die Zeit, alles zu erzählen), aber mein Hilferuf blieb ungehört.

Nach dieser Anzeige nahm mein Vater die Dinge in die Hand. Mit großer Ernsthaftigkeit. Von nun an übernahm er die Organisation meiner Flucht. Er hatte bereits von einem »Plan« gesprochen, als ich begonnen hatte, mich ihm anzuvertrauen. Und jetzt hatte der letzte Tropfen das Fass zum Überlaufen gebracht. Der Plan musste nur noch in die Tat umgesetzt werden: Ich sollte mit den Kindern »verschwinden« und irgendwo Zuflucht nehmen, wo mein Ehemann uns nicht finden konnte. Dann würde ich eine Anzeige erstatten, und eventuell auch eine zweite. Im Hinblick auf die Gesetzeslage sollte alles korrekt sein. Daher musste ich jedes Risiko vermeiden, selbst womöglich eine Anzeige wegen Vernachlässigung der Kinder oder eines sonstigen Vergehens zu bekommen.

Zur Ausführung seines Plans hatte mein Vater mehrere Personen, die Anteil an meinem Schicksal nahmen, ins Vertrauen gezogen: unsere Nachbarn Fatima und Dominique, seine Lebensgefährtin Marie-Paule und einen seiner Freunde – allesamt Personen, auf die er sich verlassen konnte. Er hatte alles genau bedacht: Dominique hatte eingewilligt, meinen Ehemann von unserem Heim fernzuhalten, indem er ihn mehrere Stunden in der Stadt beschäftigen würde (das war nicht sonderlich schwierig, da er ihm nur vorschlagen musste, in einer Bar etwas zu trinken). Ich sollte dann mit den Kindern die Flucht ergreifen, und die übrigen Eingeweihten sollten die Möbel, unsere Kleider, die Spielzeuge der Kinder hier und da bei Bekannten verteilen. Es fehlte nur noch ein Quartier für meine lieben Kleinen und mich selbst. Es musste ein sicherer Ort sein, am besten eine Unterkunft, deren Adresse ihm niemals in den Sinn käme. Mein Vater wollte selbst das kleinste Detail bedenken. Wir durften keinen Fehler machen. Alles musste ineinandergreifen. Aber wenn wir darüber sprachen, musste er mir jeden Schritt von Neuem erklären. Die bevorstehenden Ereignisse erfüllten mich so sehr mit Angst, die »Veränderung«, die ich seit so langer Zeit herbeisehnte, war mit einem Mal so nah, dass ich von einem Tag auf den anderen stets alles wieder vergessen hatte. »Ich werde ein Versteck finden, wo ihr sicher seid, du brauchst keine Angst zu haben«, versuchte er mich zu beruhigen, damit ich nicht schon vorher den Mut verlor. »Spätestens im September ist es soweit!«

Leider kam es nicht mehr zur Ausführung unseres Plans. Zum letzten Mal sprachen wir anlässlich des Geburtstags von Marie-Paule, der Lebensgefährtin meines Vaters, darüber. Das war am 17. Juni 2009, am Vorabend der Tragödie.

An einem Tag, einem einzigen Tag, wurde ich von einer »misshandelten Frau« zu einer »Mörderin«. Man stelle sich das vor: jemanden töten. Jemanden, den man gekannt und den man geliebt hat. Es war wahrlich ein »außergewöhnlicher Tag«, wie der Generalstaatsanwalt gesagt hat. Ein Tag voller Spannung, Streit und Angst. Es begann bereits am Morgen. Als er von einem Termin beim Roten Kreuz zurückkam, zu dem er sich ausnahmsweise aufgerafft hatte, war er gereizt. Es war zehn Uhr, und es befand sich kein Alkohol mehr im Haus. Ich hatte noch keine Zeit gefunden, um im Laden »seine Flasche« zu holen. Dabei waren die Regeln seit Langem klar: Ich musste morgens in den Supermarkt gehen, um eine Flasche Sekt zu kaufen, und am Nachmittag musste ich dann noch einmal dorthin laufen, um einen zweiten Sekt sowie eine Literflasche Bier herbeizuschaffen. So war es und damit basta.

Nachdem ich ihn »versorgt« hatte, begann er zu trinken und schenkte auch mir ein Glas ein. Ich ging auf das Angebot ein, da ich nicht zusehen wollte, wie er allein den Alkohol in sich hineinschüttete – dieses entwürdigende Schauspiel verabscheute ich zutiefst. Zudem wollte ich ihm weismachen, dass ich einen Augenblick mit ihm zusammen verbringe. Keinesfalls wollte ich ihn verärgern, sondern vielmehr die Spannung mildern, die bereits in der Luft lag. Aber sobald er hinausging, um eine Zigarette zu rauchen, goss ich den Inhalt meines Glases in die Flasche zurück. Dennoch war diese binnen einer halben Stunde geleert. Danach legte er sich mit unserem jüngsten Sohn Siméon aufs Sofa und rührte sich praktisch den ganzen Nachmittag über nicht mehr. Irgendwann richtete er aber dann doch das Wort an mich, um mir aufzutragen, zum Rathaus zu gehen. Dort sollte ich ein Dokument für die Taufe von Siméon besorgen, die für den kommenden Samstag vorgesehen war. Da ich jedoch damit beschäftigt war, das Abendessen vorzubereiten (ich begann früh damit, denn schließlich mussten die vier Kinder, wir beide, sein Sohn Kévin und dessen Freund Médhi verkösstigt werden), erwiderte ich, dass ich keine Zeit für diesen Botengang hätte. Ich sah sehr wohl, dass er sich darüber ärgerte.

Gegen 16.30 Uhr kamen unsere Nachbarn Dominique und Fatima zu uns ins Haus, um kurz die letzten Vorbereitungen für die Taufe zu besprechen. Dominique hatte eingewilligt, Taufpate unseres Sohnes zu sein, und Fatima sollte als Taufpatin fungieren. Er war zu der Zeit bereits einigermaßen betrunken. Die große Flasche Bier stand fast leer auf dem Tisch, und die zweite Flasche Sekt wartete nur darauf, geöffnet zu werden. Séphora, Josué und Saraï-Béthanie hatten ihren Schultag bereits hinter sich. Médhi hatte es sich mit Siméon vor dem Fernseher gemütlich gemacht. Jetzt fehlte nur noch Kévin, den wir im Allgemeinen gegen 17.30 Uhr erwarteten.

Wir waren alle da. Es war zwar nichts Besonderes vorgefallen, aber die Atmosphäre schien, wie so oft, vor Spannung zu knistern.

Séphora ging nach oben in ihr Zimmer, um ein paar Dinge für den Schulflohmarkt vorzubereiten. Fatima folgte ihr, um auf die Toilette zu gehen, die sich im ersten Stock befand. Unvermittelt gerieten die beiden in Streit. Fatima ist eine sanfte, zierliche Frau, aber wenn es um die richtige Haushaltsführung geht, nimmt sie alles peinlich genau. Sie muss sich abfällig über die ihrer Meinung nach nicht ausreichend saubere Toilette geäußert haben. Séphora war wohl ein wenig gekränkt und hat dann unpassend geantwortet. In ihren kindlichen Worten muss sie Fatima erwidert haben, dass sie, wenn es ihr hier nicht passe, doch zu sich nach Hause gehen solle. Fatima hat sie daraufhin ihrerseits unverblümt zurechtgewiesen, dass es einem kleinen zehnjährigen Mädchen nicht zustehe, so zu reden und … Kurzum, es wurde laut zwischen den beiden. Die Worte, die wir mitbekommen hatten, und der Gesichtsausdruck von Fatima verrieten, dass sie über den Wortwechsel sehr verärgert war. Da erhob er sich plötzlich mit einem Ruck von seinem Sessel, um der Kleinen – ohne auch nur den Versuch zu machen, etwas zu verstehen – eine seiner Lektionen zu erteilen. Fatima versuchte ihn zu bremsen, indem sie alles herunterspielte und behauptete, es sei nichts gewesen, es sei vollkommen überflüssig, sich so aufzuregen, aber das steigerte seine Wut nur noch mehr. »Sie hat nicht so mit dir zu reden, ganz einfach!«, lautete sein Urteil, bevor unsere Freunde beschlossen, ihren Besuch zu beenden und nach Hause zu gehen.

Ein paar Minuten später klingelte das Telefon. Es war Fatima. Sie wollte mich sprechen, um mir, so nehme ich an, die Gründe für den Streit zu erklären und ihn beizulegen, aber er nahm das Gespräch an, und ich begriff sofort, dass er mich nicht mit ihr sprechen lassen würde. Ich hörte ihn murmeln und schimpfen, ohne den genauen Wortlaut erfassen zu können. Aber ich wusste unmittelbar, dass mir jetzt einer seiner Gewaltausbrüche bevorstand. Sein Gesichtsausdruck ließ das Schlimmste vermuten. Ich erriet, dass er Fatima mit Fragen löcherte, um die Einzelheiten dieses Streites im Zimmer von Séphora zu erfahren. Plötzlich reichte er mir das Telefon und befahl mir, mich mit Fatima zu unterhalten, da es ihr nicht gutginge. Er sagte: »Ich komme gleich wieder.« »Was ist denn? Sag es mir doch!«, bat ich ihn, da mir jetzt klar wurde, dass Séphora und nicht ich Zielscheibe seiner Aggression war. »Warte nur!«, stieß er hervor und jagte in Riesenschritten die Treppe hinauf.

Ich hörte Schreie. Zunächst waren es seine: Er fuhr die Kleine harsch an, dass sie unsere Freundin zum Weinen gebracht habe. »Was hast du sonst noch getan? Was hast du zu ihr gesagt?« Er beleidigte sie. Seine üblichen Schimpfworte fielen: »Du kleine Hure!«

Und: »Dumme Kuh!« Er geriet immer mehr außer sich: »Geh doch auf den Strich!« Dann hörte ich die Schreie meiner kleinen Tochter. Sie wollte sich verteidigen und versuchte zu erklären – ganz wie es ihrem Alter entsprach, dass nicht sie, sondern Fatima angefangen habe. Aber er schrie sie einfach nieder, und außer dem Geschrei hörte man jetzt auch Schläge. Von Séphora war nichts mehr zu hören. Ich erstarrte. Wie festgewurzelt verharrte ich auf der Stelle. Ich hörte nun Geräusche von schallenden Ohrfeigen. Séphora weinte und schrie, aber ihr Schluchzen verriet mir, dass sie nicht mehr die Kraft hatte, sich zu verteidigen.

Dann kam er wieder herunter und baute sich wortlos vor mir auf. Dieses Schweigen jagte mir einen noch größeren Schrecken ein. Es verursachte mir körperliche Schmerzen, wenn ich mir ausmalte, in welchem Zustand ich meine kleine Tochter vorfinden würde. Mein Herz pochte wie verrückt, das Blut pulsierte in meinen Schläfen. Ich holte tief Luft und lief nach oben. Sie stürzte sich in meine Arme, und ich drückte sie fest an mich. Die arme Kleine. Was konnte ich für sie tun? Was sollte ich tun, um sie zu schützen, um uns alle zu schützen? Ich wusste nicht mehr weiter. Ich hatte Angst vor ihm – um mich selbst ebenso wie um die Kinder. Wie würde das alles hier noch enden?

Séphora glühte. Ich gab ihr eine Tablette gegen das Fieber und legte einen Waschlappen auf ihre Stirn, denn sie hatte Kopfschmerzen. Dann brachte ich sie in mein Bett. Anschließend ging ich wieder hinunter. Das Essen war noch nicht fertig vorbereitet. Und ich hatte natürlich auch Angst davor, was noch kommen würde. Nun befahl er mir, weitere Flaschen zu kaufen. Seine Stimme klang bereits wie die eines Betrunkenen. Er konnte sich kaum auf den Beinen halten, taumelte beinahe schon. Ich konnte mich nicht beherrschen und fragte, warum er die Kleine geschlagen habe. Mit wissender Miene, als sei es ihm geradezu lästig, mir Erklärungen liefern zu müssen, antwortete er mir, dass sie »auf unpassende Weise«

mit unserer Freundin gesprochen habe. In seinen Augen sah ich, dass es mir nicht mehr zustand, ihm zu widersprechen. Ich musste jetzt für Alkohol sorgen und durfte kein weiteres Wort verlieren.

Séphora flehte mich an, sie mitzunehmen, aber er war dagegen. Um die Diskussion zu beenden, versetzte er ihr einen weiteren Schlag auf den Hinterkopf. Wir hatten das Recht zu reden verwirkt, sie genauso wie ich. Was fürchtete er? Dass sie mir erzählen könnte, was er ihr Schreckliches angetan hatte? Dass sie mir sagen könnte, wie er sie bestraft hatte, nur weil sie in eine Auseinandersetzung mit Fatima geraten war? Glaubte er tatsächlich, dass ich nicht bereits alles wusste? Dass ich einfältig genug war, um zu glauben, er ginge mit den Kindern sanfter um als mit mir?

Wie soll man begreifen, was im Kopf eines gewalttätigen Mannes vorgeht, wenn er jegliche Bodenhaftung verloren hat?

Sobald ich zurückgekehrt war, begann er erneut zu trinken, und der Abend wurde zu einer einzigen Qual. Mit zunehmender Trunkenheit steigerten sich auch seine Wut und Raserei. Jedes Wort, jede Geste von mir konnte jetzt eine Salve von unbarmherzigen Schlägen nach sich ziehen.

Séphora war eingeschlafen. Ich hatte es nicht gewagt, sie noch einmal zu wecken. Ich badete Josué, Saraï und Siméon, dann aßen wir ohne ihre ältere Schwester und ohne ihn zu Abend. Er blieb vor seinem Computer hängen, in der einen Hand die Maus, in der anderen ein Glas. Dieses Abendessen sollte der einzige Moment der Ruhe an diesem Tag bleiben. Die Kinder freuten sich über den Hackfleisch-Kartoffel-Auflauf, den ich liebevoll zubereitet hatte, und mich machte es glücklich, ihnen dieses kurze Vergnügen schenken zu können. Aber es dauerte nicht lange, bis er wieder loslegte. Während er weitertrank und auf seiner Tastatur herumhämmerte, begann er, mich zu beleidigen und mir Vorwürfe zu machen, etwas getan oder etwas anderes nicht getan zu haben. Seine Trunkenheit nahm beständig zu. Er schrie und beschimpfte mich, und ich schwieg natürlich. Wie immer. Hätte ich geantwortet, so hätte er mich geschlagen. Wie immer. Aber je weniger ich reagierte, desto ausfallender wurde er. Es waren die üblichen Worte wie: »Lass dich doch in den Arsch f…!«, »Du dreckige H…« – dabei will ich es belassen. Während ich mit dem Abwasch und dem Aufräumen beschäftigt war, richtete er seine Aggressionen gegen die Kinder. Auch sie beschimpfte er und meckerte sie wegen Nichtigkeiten an. Um die aufgeheizte Stimmung abzuschwächen und für ein paar Minuten aus der Schusslinie zu sein, begleitete ich sie ins Bett, aber ich musste rasch wieder hinuntergehen, da Kévin zurückkam. Er war in Begleitung von Médhi. Wir wechselten ein paar Worte, dann wollten die Jungen duschen und nach oben ins Bett gehen. Offensichtlich verspürten sie keinerlei Lust, länger als nötig im Erdgeschoss zu verweilen. Die hochgradig aufgeladene Atmosphäre konnte ihnen nicht entgangen sein: Ich machte mich mit angstverzerrten Zügen im Haus zu schaffen, während er sich in einem Sessel volllaufen ließ und weiterhin seine wüsten Sprüche von sich gab.

Gegen 22.30 Uhr wurde Séphora wach. Auf leisen Sohlen schlich sie die Treppe hinunter und sah, dass er eingeschlafen war. Das war ein sicheres Zeichen dafür, dass er vollkommen betrunken war. Es schmerzte, ihn so leblos und abgefüllt mit Alkohol daliegen zu sehen. Aber es bedeutete auch, dass jetzt jeden Augenblick etwas geschehen konnte. Alles war möglich, wenn er wieder aufwachte. In dieser Verfassung – ein menschliches Wrack – konnte ihn das kleinste Ärgernis vollkommen unberechenbar werden lassen.

Ich nahm die Kleine in den Arm und schlug ihr vor, den Rest des Auflaufs aufzuwärmen. »Er ist sehr lecker und wird dir sicher gut schmecken …«, ergänzte ich, um von etwas anderem zu reden und unsere bedrückte Stimmung zu verscheuchen. Aber sie hatte keinen Appetit. Sie brauchte Trost und wollte gestreichelt werden.

Ich machte mir Sorgen wegen ihrer Kopfschmerzen. Ich drückte sie fest an mich. Am liebsten hätte ich losgeschrien, damit jemand uns hier herausholte, aber ich war einfach nur erschöpft und mutlos. Meine letzte Energie verwendete ich dazu, mich davon zu überzeugen, dass ich nur noch ein paar Tage, ein paar Wochen Geduld aufbringen müsste, dass wir vielleicht schon bald unseren »Plan« ausführen könnten und alles vorbei wäre … Aber es war so hart! So mühsam! Es war so viel Leid damit verbunden!

Eine ganze Weile verharrten wir so aneinandergeschmiegt, dann bat mich Séphora, ihr bei den Hausaufgaben zu helfen. Dieses Kind ist einfach unglaublich. Es war fast Mitternacht, ihr Vater hatte sie heftig geschlagen, und sie dachte noch an ihre Hausaufgaben! »Wir kümmern uns später darum, mein Schatz!«, beschwichtigte ich sie. Aber sie war beharrlich, und so saßen wir alsbald – mitten in der Nacht – über ihren Divisionsaufgaben. Sie hatte jedoch Kopfschmerzen, und an ihren geröteten Augen sah ich, dass sie vor Müdigkeit beinahe zusammenbrach. Trotz der späten Stunde setzte sie alles daran aufzubleiben. Ich forderte sie mehrmals auf, ins Bett zu gehen, aber sie schob diesen Augenblick immer wieder hinaus. »Du kannst in Mamas Bett schlafen, dann ist sicher alles gut«, schlug ich ihr vor und wunderte mich, warum sie sich so heftig dagegen wehrte …

Heute glaube ich, es zu verstehen. Ich bin sogar sicher, dass sie ahnte, dass es zu einer Tragödie kommen würde. Kinder »spüren« solche Dinge, davon bin ich überzeugt. Ich habe ihr Gesicht noch genau vor Augen. Sie machte sich Sorgen und hatte Angst – um mich. Sie hatte die Situation vollkommen begriffen.

Zwei Uhr morgens in eben dieser Nacht. Ich bin immer noch nicht im Bett. Es ist mir endlich doch gelungen, Séphora ins Bett zu bringen. Sie schläft. Ich habe mir ein Nachthemd übergestreift und bin wieder hinuntergegangen, um etwas im Haushalt zu erledigen und die Wäsche zusammenzulegen. Ich muss mich beschäftigen und ablenken, denn es geht mir nicht gut. In meinem Bett haben mich alle möglichen Fragen und Ängste gequält, sodass ich es dort nicht ausgehalten habe. Ich kann nicht mehr.

Er wird wach. Seine Augen sind verquollen, und die Lippen sind wulstig. Er windet sich aus seinem Sessel und geht nach draußen, um eine Zigarette zu rauchen. Ich nutze die Zeit, um Siméon in sein Zimmer zu bringen, und setze mich aufs Sofa. Dann warte ich, bis er zurückkommt. Ich zittere am ganzen Körper. Mein Atem stockt. Aber da ist er schon! Er setzt sich neben mich. Jetzt muss ich es wagen. Jetzt ist der Augenblick gekommen! Die Kinder schlafen, und Gelegenheiten wie diese sind selten. Ich setze an: »Ich muss dir etwas sagen … Wir müssen miteinander reden.« Vor lauter Schmerz und Leid bin ich am Ende. Ich will es jetzt wissen, auch wenn ich mich natürlich vor der Antwort fürchte. Ich weiß nicht, wie ich es anstellen soll, wie ich die richtigen Worte finden soll für das, was ich ihm zu sagen habe. Auf seinem Gesicht liegt ein spöttisches Lächeln, das so viel bedeuten könnte wie: ›Was hat sie denn jetzt schon wieder?‹ Ich stottere. Ich finde keine Worte. Also stehe ich auf und gehe instinktiv Richtung Küche. Ich muss meine Sicherheit zurückgewinnen und erst einmal tief Luft holen. Aber er folgt mir, er ist mir auf den Fersen. Wir betreten die Küche. Ich gehe um den Tisch herum, um Abstand zu gewinnen, um ein Hindernis zwischen ihn und mich zu schieben. Ich habe Angst. Er beginnt sich aufzuregen: »Was ist jetzt schon wieder los? Sag schon! Ich höre dir zu, was willst du mir sagen?« Sein Ton klingt drohend. Aber ich muss meine Angst jetzt im Zaum halten. Entweder sage ich heute Abend etwas oder nie, denke ich: Er soll endlich wissen, dass ich nicht noch mehr Leid ertragen kann; dass ich am Ende bin; dass die Kinder unglücklich sind; dass wir ihn nicht mehr bei uns haben wollen; dass er ungerecht ist; dass er krank ist … ich will, dass er mir erklärt, warum er sich so verhält: ob es ihm Spaß macht, ob ihm klar ist, welches Leid er uns zufügt, ob …

All dies türmt sich vor mir auf und entfaltet eine lähmende Wirkung. Ich weiß nicht mehr, wo ich beginnen soll, und in meiner Verwirrung entfährt mir als Erstes eine vollkommen unpassende Frage angesichts all der wesentlichen Dinge, die ich ihn zu fragen hätte: Ich frage ihn, ob er schwul ist. Die Internetseiten, die ich auf seinem Computer gesehen habe, die Annäherungsversuche, die Gerüchte, die ich über ihn gehört hatte … Natürlich streitet er alles ab. Nichts gibt er zu. Er macht sich über mich lustig und lehnt es ab, darüber zu reden: »Dein Vater, der ist schwul! Und dein Bruder auch!« Ich spüre, wie das unberechenbare Monster in ihm erwacht. Aber ich bleibe hartnäckig. Ja, dieses Mal bleibe ich hartnäckig. Ich gebe Widerworte. Ich bohre nach. Er regt sich immer mehr auf: »Deine Familie und du, ihr werdet jedenfalls alle krepieren!«, schreit er. »Ihr gehört ausgelöscht!«, fährt er fort und packt mich. Ich verteidige mich, wehre mich und sage ihm, dass ich zum Anwalt gehen werde, wenn er nicht von selbst dazu steht: »Ich werde die Scheidung verlangen!« Ich bin schweißgebadet. Mein Herz klopft zum Zerspringen. Ich kann nicht mehr ruhig stehen bleiben. Und dann schwöre ich ihm, dass ich ihn anzeigen werde wegen der »Misshandlungen, die er mir und auch den Kindern zufügt«.

Diese Drohung bringt das Fass zum Überlaufen. Er explodiert förmlich und wirft sich auf mich. Er ohrfeigt mich mit aller Kraft und packt mich um den Hals. Es gelingt mir, sein Handgelenk zu umfassen und ihn an seinem Vorhaben zu hindern, aber er beißt mich in die rechte Hand, und nun würgt er mich. Mit der einen Hand drückt er mir den Hals zu, mit der anderen schlägt er mich. Er ist zur Furie geworden. Er will mich umbringen! Diesmal wird er es tun! Ich weiß nicht, wie man nennen soll, was ich in diesem Augenblick verspürte, aber es war weit mehr als Angst und Schrecken …

Er prügelt weiter. Bei einer weiteren Ohrfeige taumle ich nach links, und mein Blick fällt auf ein Messer, das neben noch nicht weggeräumtem Geschirr auf dem Tisch liegt. Ich denke nicht mehr nach, bin in Panik. Ich will nicht sterben. Sein Würgegriff schmerzt fürchterlich. Ich beginne zu röcheln, fühle, wie mir die Kräfte schwinden … Ich greife nach dem Messer, schließe die Augen und stoße in einer plötzlichen Bewegung zu.

Ein Mal, nur ein einziges Mal.

Ich sehe Blut hinter seinem Kopf spritzen. Er taumelt. Ich wende den Blick ab. Ich kann das nicht sehen! Und dann fällt er. Beinahe unmittelbar. Er liegt dort reglos in seinem grünen T-Shirt und seiner braunen Jeans der Länge nach auf dem Fußboden. Eine rote Lache breitet sich um seinen Kopf herum aus. Er ist tot.

Ich bin in größter Panik. Ganz benommen. Ich kann nicht mehr klar denken, bin nicht mehr Herrin meiner Sinne. Mechanisch, beinahe wie fremdgesteuert, gehe ich die Treppe hoch, wo die Kinder sind. Médhi und Kévin befinden sich in ihrem Schlafzimmer gleich links von der Treppe, das sie sich seit ein paar Tagen teilen. Gegenüber liegt unser Schlafzimmer, in dem Siméon und Séphora schlafen. In der zweiten Etage befindet sich Saraï allein in dem Zimmer, das sie sich normalerweise mit Séphora teilt. Ich will nicht, dass sie hinuntergehen und ihren Vater so sehen. Was habe ich getan? Welch schreckliche Tat habe ich begangen? Ich fühle mich verloren. Vollkommen verloren. Ich weine und schreie. Médhi taucht als Erster im Flur auf, dann erscheint Kévin direkt hinter ihm. Ich weiß nicht, was ich sagen soll oder wohin ich meinen Blick richten soll. Ich höre, wie Séphora aus unserem Schlafzimmer kommt. »Was ist geschehen, Mama?« Ich erstarre. Ich antworte ihr, dass sie sich keine Sorgen machen und wieder ins Bett gehen soll. Dann wende ich mich den Jungen zu: »Ich habe mich mit ihm gestritten … Er hat mich geschlagen … Ich habe etwas Schlimmes getan …« Ich ringe nach Luft. Médhi drückt sich an mir vorbei und stürzt die Treppe hinunter. Ich weine. Mir schwinden die Sinne. Ich setze mich auf die Treppe. Dann taucht Médhi auch schon wieder auf. »Was hast du denn nur getan?« Jetzt ist er derjenige, der schreit. Auch er ist von Panik erfüllt. Er wendet sich zu Kévin: »Sie hat ihn getötet …«

Kévins Blick ist starr ins Leere gerichtet. Ich flehe ihn an, nicht hinunterzugehen. Man muss die Polizei rufen. Wer? Wie? Was soll man sagen? Wie den Mut, die Kraft dazu finden? Die Jungen halten mich zurück: »Du wirst ins Gefängnis kommen!« Sie bringen mich in ihr Zimmer und drücken mich aufs Bett nieder. Ich spüre, dass ich gleich ohnmächtig werde. Was habe ich getan? Was habe ich nur getan? Kévin und Médhi bleiben an meiner Seite, aber was können sie für mich tun?

Die Minuten vergehen endlos langsam. Wir müssen handeln. Ich schreie: »Ich rufe meinen Vater an!« Es ist beinahe vier Uhr morgens. Ich wähle die Nummer seines Festnetzapparates, aber das Klingeln bleibt ungehört. Ich muss ihn unbedingt erreichen! Ich versuche es auf seinem Handy. Er nimmt ab. Ich schluchze: »Papa, komm schnell, es ist etwas mit Marcelino geschehen …« Er fragt mich, ob ich geschlagen wurde. »Ja, ja, komm schnell, komm schnell.« Er begreift, dass die Situation ernst ist. Er will Details wissen. Aber ich bringe nur einen Satz hervor: »Komm schnell, komm schnell, ich bitte dich!«

Was wird nur aus mir werden?

4.25 Uhr: Ich höre, wie mein Vater ankommt. Es ist sein Auto, ja. Ich öffne ihm die Tür. Er ist nervös, aufgeregt. Er poltert beinahe ins Haus hinein. Ich will ihm alles erklären, aber er sucht ihn. Er will sich mit ihm schlagen. Ich sage: »In der Küche …« Er stürzt in den Flur und reißt die Tür zur Küche auf. Ich folge ihm. Er stößt einen Schrei aus und weicht beim Anblick von Marcelos Körper zurück. »Was hast du getan?«, schreit er entsetzt. Ich versuche es ihm zu erklären. Er löchert mich mit Fragen. Immer wieder von Schluchzern geschüttelt, antworte ich ihm mühsam: »Er hat mich geschlagen. Er drohte, mich umzubringen. Er hatte viel zu viel getrunken.

Ich wollte mich verteidigen ...« »Was machst du mit diesem Messer in der Hand?«, fragt er mich. Da erst fällt mir auf, dass ich das Messer noch immer nicht losgelassen habe – jenes Messer, welches »das Schicksal dort liegen ließ«, wie der Generalstaatsanwalt es später ausdrückte. Ich weiß nicht, warum; ich habe es nicht einmal bemerkt. Ich bin nicht mehr Herr meiner selbst. Mein Vater nimmt mich in den Arm und presst mich fest an sich. Er sagt: »Wir hatten alles geplant, um euch in Sicherheit zu bringen, dich und die Kinder ...« Von Schluchzern unterbrochen stoße ich hervor: »Ich wollte das nicht ... er hat mich gewürgt ... er wollte mich umbringen ...«

Mein Vater zückt sein Telefon. Er ruft seine Lebensgefährtin Marie-Paule an, versucht meine Schwester zu erreichen, telefoniert mit meinem Bruder und sogar mit einem Freund und Kollegen. Allen erklärt er, was vorgefallen ist. Ich begreife nicht, was er tut, und versuche auch nicht, es zu begreifen. Ich habe keine Kraft mehr. Ich weiß nicht mehr, was ich tun soll. Ich würde so gern alles ungeschehen machen.

Sie treffen nacheinander ein. Kommen ins Haus und sehen den Leichnam. Mein Vater spricht mit ihnen. Manche gehen wieder hinaus, andere bleiben im Haus. Meine Schwester Valérie bleibt bei mir und versucht, mich zu beruhigen. Aus allen Ecken dringen gedämpfte Wortwechsel an mein Ohr. Abwesend sitze ich da und lasse reglos alles geschehen. Irgendwo wird gesagt: »Die Polizei ist verständigt. Sie kommen gleich.« Die Minuten scheinen nicht vergehen zu wollen. Mein Bruder und meine Schwester machen mich darauf aufmerksam, dass ich nicht im Nachthemd bleiben kann. Folgsam gehe ich nach oben, um mich anzuziehen. Dort sind die Kinder. Was soll ich ihnen sagen? Ich bringe kein Wort hervor. Für solche Augenblicke gibt es keine passenden Worte – und manchmal ist das Schweigen beredter als viele Worte. Meine Schwester versucht, sie zu beruhigen. Ich umarme sie. Ich drücke sie an mich, weil ich bereits ahne, dass ich das lange Zeit nicht mehr werde tun können. Nur Siméon, mein Jüngster, mein wundervolles Baby, schläft immer noch. Ich wecke ihn nicht auf. Ich küsse ihn innig. Ich liebe ihn so sehr. Ich weine. Aber ich muss wieder hinunter. Die Polizeistreife ist da.

Wir gehen alle nach draußen. Die Polizisten nehmen mich in ihre Obhut. Vor dem Haus stellen sie mir eine Unmenge von Fragen. Ihr Tonfall ist professionell neutral: Keine Spur von Aggressionen, von Verdächtigungen, aber auch nicht von Mitgefühl. Wie Maschinen spulen sie ihre Routinefragen ab. Sie wollen wissen, was vorgefallen ist, wie es geschehen ist, wer ich bin, wer die tote Person ist, den Vornamen, den Nachnamen … Dann höre ich: »Er ist uns bereits bekannt.«

Bald sind sie ungefähr zu zehnt. Unter ihnen sind zwei Einsatzleiter und zwei Inspektoren. Diese versuchen, mich zu beruhigen. Sie erklären mir, dass ich »nicht viel« bekommen werde, wenn das Urteil gesprochen wird. Aber in anderen Wortwechseln höre ich auch, wie ein schreckliches Wort fällt: Gefängnis.

Ich weiß nicht mehr, wem ich glauben soll. Ich bin verloren. Es ist fünf Uhr morgens, und vor meinem Haus stehen jede Menge Leute. Die Polizisten legen mir Handschellen an. Sie entschuldigen sich beinahe: »Es tut uns leid, aber das ist die Vorschrift …« Mein Bruder und meine Schwester umarmen mich. Meinem Bruder entfährt noch: »Dieses Miststück wird dir nichts mehr antun!« Ich bitte darum, die Kinder ein letztes Mal umarmen zu dürfen, aber die Polizisten untersagen dies. Sie müssen zurück.

Sie führen mich zu einem ihrer Wagen, und ich muss auf dem Rücksitz Platz nehmen. In Tränen aufgelöst, beuge ich mich ihren Anordnungen. Sie beschwichtigen mich: »Es wird schon werden, machen Sie sich keine zu großen Sorgen.« Ich höre sie zwar, antworte aber nicht. Tief in meinem Innern weiß ich bereits, dass ich hinter Gittern landen werde. Ich habe einen Menschen getötet, und das ist ein schwerwiegendes Verbrechen, ganz gleich, unter welchen Umständen es begangen worden sein mag.

Ich kann die Zeit nicht zurückdrehen. Ich bedauere, ihn getötet zu haben. Ich wollte ihn nicht töten. Aber ich muss gestehen, dass mir bereits zu diesem Zeitpunkt auch der Gedanke durch den Kopf ging, dass er mich nun nie wieder schlagen würde.

Die Polizeiwache in Douai. Man durchsucht mich, dann begleiten mich zwei Polizisten in eine Zelle im Erdgeschoss. Wachen gibt es keine. Ich rede nicht. Es ist kalt. Es stinkt. Es gibt noch weitere Zellen, etwa zehn sind es an der Zahl. In der Mitte befinden sich Stehtoiletten, deren abscheulicher Gestank die Räumlichkeiten erfüllt. Ich höre, wie Typen in den Nachbarzellen vor sich hin schimpfen. Einer schreit, dass er hier raus will. Es sind Säufer, die man zum Ausnüchtern festhält. Ich bin allein. Ich finde, dass eine vierfache Mutter hier nicht hingehört. Ich weiß, dass ich eine »Dummheit« begangen habe, aber …

Es muss bereits sechs oder sieben Uhr morgens sein. Ich habe jede Orientierung verloren. Ich sitze, lediglich mit Caprihose und T-Shirt bekleidet, auf einer nackten Betonbank. Mir ist kalt. Ich habe Kopfschmerzen. Ich wage es kaum, die vor Dreck starrende Wolldecke neben mir zu benutzen. Was haben sie mit mir vor? Was erwarten sie von mir? Man hat mir keinerlei Aufschluss gegeben. Ich fühle mich wie ein Tier, schlimmer als ein in seinem Käfig eingesperrter Hund. Es ist schrecklich.

Ein Arzt taucht auf, um »meinen Allgemeinzustand« zu untersuchen. Ich sage ihm, dass ich Migräne habe. Er schreibt es zwar auf, gibt mir aber nichts, um die Schmerzen zu lindern. Dann verschwindet er wieder. Ich lege mich hin und versuche, mich auszuruhen. Ich bin vollkommen erschöpft. Ich rätsele, was mit mir geschehen wird. Werde ich eines Tages wieder hier herauskommen? Werde ich dann alt sein? Werden meine Kinder zu diesem Zeitpunkt dann schon selbst Kinder haben? Der Gedanke an meine Kinder beschäftigt mich am meisten. Ich frage mich, was sie wohl tun. Ich weiß nichts. Man hat mir nichts gesagt. Dann wird draußen ein Typ vorbeigeschleppt. Offenbar war er in einen Streit verwickelt. Von dem Lärm schrecke ich hoch. Also muss ich eingeschlafen sein … Ich kann nicht abschätzen, wie viel Zeit verstrichen ist. Ich habe keine Armbanduhr. Aber jede Minute erscheint mir unendlich lang.

Am 19. Juni um 9.30 Uhr werde ich zum ersten Mal in den Räumlichkeiten des Hauptkommissariats von Douai verhört. Die Kriminalbeamten sind zu zweit. Zwei Männer. Ich bin abgeholt worden und musste mich in ihrem frostigen Polizeibüro ihnen gegenüber an einen Tisch setzen. Eingangs fragen sie mich, wer ich bin, was für ein Leben ich geführt, wann ich geheiratet habe und wie meine Familiensituation aussah. Dann beginnt das eigentliche Verhör. Was haben Sie am Morgen der Tat getan? Warum? Zu welcher Zeit? Wie? Und davor? Und danach? Wie viel Alkohol hatte er getrunken? Wer ist Kévin? Warum sind die Nachbarn aufgebrochen? Wie spät war es da genau? War Ihre Tochter Séphora zu diesem Zeitpunkt bereits nach oben gegangen? Und dann? …

Ich kann nicht auf all diese Fragen antworten! Sie fragen nach immer weiteren Details, aber ich habe keinen genauen Stundenplan von meinem Tagesablauf im Kopf! Ich soll mich Minute für Minute an alles erinnern! Ich versuche, mich auf die gestellten Fragen zu konzentrieren, aber in meinem Kopf schwirrt alles durcheinander. Ich denke an meine Kinder und daran, was mit mir geschehen wird. Ich möchte ihnen gern Antworten liefern, aber ich vermag es nicht. Ich zögere, meine Gedanken schweifen ab, ich habe Erinnerungslücken … ich bin überanstrengt. Ich habe den Eindruck, dass sie mir nicht glauben und dass die Gründe, die zu diesem verhängnisvollen Stoß geführt haben, sie nicht interessieren. Ich kann nicht verlangen, dass sie »freundlich« zu mir sind, aber zumindest könnten sie versuchen, Verständnis aufzubringen. Ich kann meine Tränen nicht zurückhalten, aber auch das scheint sie nicht zu rühren. Ich habe das Gefühl, dass ich in ihren Augen eine Mörderin bin und damit basta. Sie richten ihre Aufmerksamkeit auf die Fakten, ausschließlich auf die Fakten.

Am schlimmsten wird es bei der Aufarbeitung des Tatabends. Meine Antworten stellen sie nie zufrieden. Also bemühe ich mich in immer neuen Anläufen, so präzise wie möglich Auskunft zu geben, auch wenn ich gezwungen bin, die Horrorszene noch einmal zu durchleben: Ja, ich habe ihn getötet. Es war in der Küche. Er hat mich geschlagen. Er wollte mich erwürgen. Er wollte mich töten. Ich habe mich verteidigt. Ich habe das Messer gesehen. Ich habe ausgeholt. Er ist gestürzt ... Aber sie wollen immer noch mehr Einzelheiten, sie stellen mir Fragen, die ich als lächerlich empfinde (War er fünfzig Zentimeter oder einen Meter von Ihnen entfernt? Sahen Sie ihn in diesem Augenblick an? Hat er Sie am Hals oder an der Kehle gewürgt? usw.).

Heute ist mir klar, dass sie bereits zu diesem Zeitpunkt an einem Punkt Zweifel hatten: Sie vermuteten zu Recht, dass ich bei einem Tatumstand log – einem sehr wesentlichen Tatumstand.

Ich habe fälschlicherweise erklärt, dass mein Ehemann nach einem Messer gegriffen habe, während er mich würgte. Ich habe angegeben, dass ich in diesem Augenblick Angst bekommen und gedacht hätte, er würde mich töten, und dass der Zufall es gewollt habe, dass ich ein anderes Messer auf dem Küchentisch erblickte. Die Polizisten wollen nun wissen, ob ich sicher sei, dass sich alles tatsächlich so abgespielt habe. Ich wiederhole, dass mein Ehemann dieses Messer ergriffen und mich damit bedroht habe. Sie fragen mich, was für eine Art Messer es gewesen sei, wo er es hergehabt und wie er es gepackt habe. Ich gewinne den Eindruck, dass sie gegen mich sind. Sie verlassen das Büro, kommen wieder herein, werfen dabei jedes Mal die Tür laut ins Schloss, um mich aufzuschrecken und aus der Fassung zu bringen. Jedes Geräusch hallt schmerzhaft in meinem von Migräne geplagten Schädel nach. Trotzdem strenge ich mich an, um alles mit so vielen Details wie möglich wiederzugeben, aber ich fühle mich unwohl mit dieser Lüge. Ich weiß schon jetzt, dass sie früher oder später die Wahrheit herausfinden werden. Sie lassen sich nicht täuschen. Das spüre ich genau.

Dennoch »verrate« ich mich nicht, und nach zwei Stunden Verhör bringen sie mich in meine Zelle zurück. Wieder bin ich allein, und jetzt quält mich neben all meinen Sorgen auch noch die Last dieser Lüge. Mein Magen krampft sich zusammen, in meinen Schläfen pocht es, als würde mein Kopf gleich zerspringen. Ich habe keine Ahnung, was sie mit mir vorhaben, worauf sie warten, um mich aus dieser Zelle an einen anderen Ort zu verlegen. Ich fühle mich schmutzig. Ich möchte duschen. Ich möchte schlafen. Ich habe keinerlei Nachrichten von meinen Angehörigen. Ich habe Durst. Dieser Zustand muss endlich aufhören.

Ich denke vor allem an die Kinder. Was wird mit ihnen geschehen, wenn ich im Gefängnis bin? Ich hoffe, dass sie nicht voneinander getrennt werden. Ich bitte darum, sie anrufen zu dürfen, um zu hören, wie es ihnen geht, aber man lehnt meine Bitte ab. Ein Wachmann bringt mir eine Mahlzeit – ein schrecklich aussehendes baskisches Huhn mit Gemüse – und geht wortlos wieder hinaus. Ich sitze auf meiner Betonbank und bringe ein paar Bissen hinunter, um meinen Magen zu beschwichtigen, aber es ist ekelhaft. Plötzlich ruft mich ein Polizeibeamter auf und führt mich in einen kleinen, finsteren Büroraum. Dort sitzt ein verständnisvoll wirkender Mann. Er ist Psychologe. Er will alles über mein Leben wissen, von A bis Z, und das innerhalb von nur einer Stunde. Auch er fragt nach den Fakten. Ich kann diese abstoßende Geschichte, die doch die meine ist, nicht schon wieder erzählen. Ich muss Zusammenfassungen liefern, von einer Lebensphase zur nächsten springen, einen zwölf Jahre währenden Albtraum auf wenige Minuten zusammenraffen … und schon ist die Zeit um. Es geht zurück in die Zelle. Erneut muss ich warten. Dann bekomme ich »Besuch« von einer Frau. Es ist eine zierliche Frau, die eine schwarze Robe in der einen Hand und einen schmalen Aktenordner in der anderen Hand hält. Sie stellt sich mir vor und erklärt mir, dass sie meine Anwältin sein wird. Ich verstehe nicht ganz, was sie mir erzählt, denn ihre Fachausdrücke klingen fremd für mich, aber ihre Gegenwart flößt mir Sicherheit ein. Endlich will mich jemand verteidigen. Ich bin keine gewöhnliche Mörderin. Aber sie bleibt gerade einmal zehn Minuten, dann geht sie wieder, verspricht jedoch, dass wir uns bald wiedersehen würden …

14.30 Uhr. Zum zweiten Mal werde ich durch meine beiden Gesprächspartner vom Morgen verhört. Dieses Mal steuern sie ohne Umschweife auf ihr Ziel zu. Sie kommen direkt auf die Sache mit den Messern zurück. Erneut stellen sie mir Fragen, viele Fragen. Ich versuche, ihnen standzuhalten, aber ich habe rasch das Gefühl, dass dies womöglich umsonst sein wird.

»Wo befanden sich die Messer, als Sie die Küche betraten?«

»Sie lagen auf dem Tisch …«

»Warum lagen sie auf dem Tisch, wo Sie uns doch gesagt haben, dass Sie das Geschirr schon sehr viel früher am Abend abgewaschen hatten?«

»Wahrscheinlich habe ich den Abwasch nicht zu Ende geführt, weil ich mehrere Sachen gleichzeitig erledigte, ich erinnere mich nicht mehr genau …«

»Aber warum haben Sie dann die Messer vor ihm liegen lassen, genau in seinem Blickfeld, wo Sie doch, wie Sie behauptet haben, fürchteten, er könnte gewalttätig werden?«

»Ich weiß es nicht, ich habe nicht daran gedacht. Aber ganz gleich, ob die Messer auf dem Tisch lagen oder nicht, wenn er ein

Messer brauchte, um es gegen mich zu verwenden, so konnte er auch eines finden. Er wusste ganz genau, wo sie sich befanden …«

Ich unterbreche mich und bitte darum, dass nicht dauernd die Türen zugeschlagen werden. Ein Polizeibeamter wiegelt ab, ich sei hier schließlich nicht in einer Teestube. Ich bin wütend. Was wollen sie denn noch von mir? Ich habe mich widerstandslos festnehmen lassen! Ich habe nicht die Flucht ergriffen, bevor die Polizei eintraf, obwohl ich das hätte tun können! Und ich gebe die Fakten zu! Ich gestehe, ja, ich gestehe, dass ich dieses Verbrechen begangen habe. Warum beißen sie sich so an dieser Messergeschichte fest?

Sie sind mit allen Wassern gewaschen. Sie schlagen Haken, lenken mich ab. Sie reden mit mir über mein Leben, die Gewalttätigkeiten, die Kinder, unsere Umzüge … und kehren dann zu ihrer Kernfrage zurück.

»Sie haben erklärt, dass Ihr Ehemann das Messer in der rechten Hand hatte und dass er Sie mit der linken Hand an der Kehle gepackt hatte. Stimmt das, und wie soll das ausgesehen haben?«

»Ja, das stimmt. Er hatte mich an der Kehle gepackt, umspannte sie mit Daumen und Zeigefinger und drückte fest zu.«

»Was tat er in diesem Augenblick mit dem Messer?«

»Er hielt es in der rechten Hand, aber ich weiß nicht, wie er es hielt und was er damit tat … Aber er hat in jedem Fall gesagt, dass er mich umbringen will!«

»Sie haben erklärt, dass Sie die linke Hand in Brusthöhe gehalten hätten, als Ihr Mann Sie gebissen habe, um sich vor dem Messer zu schützen, stimmt das?«

»Er holte mit dem Messer sehr weit aus. Ich glaube, er umfasste das Messer mit seiner Faust, die Klinge wies zum Daumen hin.«

»Wie konnte er denn das Messer in der hoch erhobenen Faust halten und dann in Brusthöhe zustoßen?«

Ich zögere zum ersten Mal.

»Im Grunde weiß ich nicht mehr, wie er das Messer hielt. Es ging alles so schnell …«

»Nach Ihren Erklärungen soll Ihnen Ihr Ehemann zu diesem Zeitpunkt bereits zwei oder drei Ohrfeigen versetzt haben. Ist es so gewesen?«

»Ja, so ist es gewesen …«

»Aber wie hat er es angestellt, Sie zu ohrfeigen, Sie gleichzeitig mit einer Hand am Hals gepackt zu halten und in der anderen Hand das Messer zu führen?«

»Ich weiß es nicht … Er muss seine Hand von meinem Hals genommen und mich dann geschlagen haben …«

»Also haben Sie genau in diesem Augenblick mit dem Messer zugestoßen, so wie Sie es heute Morgen gesagt haben?«

»Ja, genau so …«

»Wo befand sich das Messer, das Ihr Ehemann in der Hand hielt, als Sie auf ihn einstachen?«

Ich weine immer haltloser und bebe am ganzen Körper.

»Ich weiß nicht mehr … Ich kann nicht sagen, ob sein Arm gesenkt war oder ob er ihn gehoben hatte …«

Der Polizeibeamte macht eine Pause, blättert in einer auf seinem Schreibtisch liegenden Akte und wendet sich dann wieder an mich:

»Ich werde Ihnen jetzt Photos vom Tatort zeigen. Auf ihnen sieht man zwei Messer: Eines liegt auf dem Tisch und eines auf dem Boden …«

Er reicht mir die Aufnahmen. Es sind Photos, die die Ermittler bei ihrer Ankunft gemacht haben. Ich erkenne den auf dem Boden liegenden Leichnam des Mannes, den ich getötet habe. Sie ersparen mir nichts. Sie deuten mit dem Finger auf die beiden abgelichteten Messer:

»Welches hat er ergriffen?«

Ich will das nicht ansehen. Ich wende den Kopf ab. Aber der Beamte bleibt hartnäckig:

»Wie erklären Sie sich, dass das Messer Ihres Ehemannes keinerlei Blutspritzer aufweist?«

Jetzt haben sie mich endgültig in die Enge getrieben ... Ich sitze in der Falle ... Ich schließe die Augen und hole tief Luft.

»Ich werde Ihnen jetzt erklären, was wirklich geschehen ist. Alles, was ich Ihnen gesagt habe, entspricht der Wahrheit. Wir, mein Ehemann und ich, haben in der Nacht einen heftigen Streit gehabt. Er hat am Spülstein, wo ich das Geschirr abgewaschen habe, ein Messer gesucht, aber keines gefunden. Er hat sich wirklich auf mich gestürzt, er hat mich wirklich gebissen, er hat mich wirklich gewürgt, so wie ich es Ihnen erzählt habe. In meiner Angst und Panik, dass er mich tatsächlich umbringen würde, habe ich nach einem Messer gegriffen und zugestoßen. Aber es stimmt, er hatte kein Messer ... Der einzige Punkt, bei dem ich Sie hinsichtlich der Fakten angelogen habe, ist der, dass mein Ehemann kein Messer in Händen hielt ... Das Messer, das Sie auf dem Boden neben ihm gefunden haben, habe ich dorthin gelegt, kurz bevor mein Vater eintraf. Ich habe ihn angerufen und gebeten zu kommen. In diesem Augenblick dachte ich in meiner Kopflosigkeit, dass es zu meinen Gunsten ausgelegt werden müsste, wenn man ein Messer neben meinem Ehemann finden würde und ich behaupten könnte, er habe mich damit bedroht. Ich dachte, dass die Tat weniger schwer wiegen würde, wenn er ein Messer in seinen Händen gehalten hätte ...«

Meine Tränen versiegen. Ich muss durchatmen. Zugegeben, es ist nicht genauso gewesen, wie ich es schilderte, aber es hätte so gewesen sein können. Und es kam auf das Gleiche heraus! Ja, es war eine Lüge, aber das ändert nichts an meiner Situation. Ich muss in dieser Hinsicht kein schlechtes Gewissen haben. Ich wollte lediglich auf eigene Faust einen klaren Beweis für die Notwehr liefern. Es war eine Lüge, das gebe ich zu, aber es war eine Lüge um der Wahrheit willen!

Nach einer Pause fahre ich schließlich fort:

»Ich habe dann im Esszimmer ein Messer aus der Schublade eines Schranks genommen und bin zurück in die Küche gegangen. Ich habe das Messer in die Hand meines Ehemannes gelegt und versucht, sie um das Messer herum zu schließen, aber das ging nicht. Das Messer rutschte aus seiner Hand heraus, und so habe ich es schließlich auf dem Boden neben der Hand liegen gelassen ...«

Ich fühle mich erleichtert und habe zugleich Angst. Ich weiß, dass die Tatsache, die Polizeibeamten angelogen zu haben, mir nicht zum Vorteil gereichen wird und dass dieser Umstand sogar gegen mich verwendet werden kann. Außerdem habe ich immer noch nicht die ganze Wahrheit gesagt. Und ich sehe an ihren Blicken, dass ihre Zweifel noch nicht ausgeräumt sind. Also verschärfen sie noch einmal den Druck auf mich.

»Ihr Vater wurde von unseren Leuten vorgeladen und wird gegenwärtig verhört«, erklärt mir einer der Beamten. »Später werden wir dann zu der sogenannten Gegenüberstellung kommen, das heißt, wir werden Sie beide zusammen vernehmen.«

Jetzt schweigt er bedeutungsschwer. Und dann bin ich diejenige, die das Wort ergreift.

»Warten Sie ... Eigentlich war nicht ich diejenige, die auf den Gedanken kam, das Messer in die Hand meines Ehemanns zu legen. Über so etwas hatte ich überhaupt nicht nachgedacht, als mein Vater bei uns eintraf. Erst als ich ihm erklärte, was vorgefallen war, erst als wir beide die Lage besprachen, hatte er die Idee, das Messer in die Hand meines Ehemannes zu legen. Er sagte mir, dass die ganze Angelegenheit günstiger für mich ausgehen könne, wenn mein Ehemann mich ganz offenkundig mit einem Messer angegriffen habe. Und da ich selbst nicht den Mut hatte, das Messer dort zu platzieren, nahm mein Vater es und legte es dorthin, wo Sie es gefunden haben ...«

Mit meiner zweiten Version wollte ich meinen Vater schützen. Nach allem, was er unternommen hatte, um mich zu retten, glaubte ich, das tun zu müssen. Am liebsten hätte ich die Verantwortung für alles übernommen. Ich wollte nicht, dass auch er ins Gefängnis musste. Das wollte ich ihm auf jeden Fall ersparen. Ein Familienmitglied im Gefängnis, das war doch schon genug, oder etwa nicht?

Ich habe nie wieder gelogen. Weder den Ermittlern gegenüber noch vor der Untersuchungsrichterin oder während des Prozesses. Und mein Vater selbst ist vor seiner Verantwortung nie davongelaufen. Er hat sofort gestanden, dass er selbst, aus eigenem Antrieb, »den Tatort verändert« habe. Immer wieder erklärte er sein Handeln und stellte klar, dass er mich damit habe schützen wollen. Auch wenn er dafür teuer bezahlen sollte.

Dafür werde ich ihm niemals genug danken können. Er hat mich immer unterstützt. Er war immer da. Nie werde ich den Blick vergessen, den wir am Ende unserer Gegenüberstellung und des gemeinsamen Verhörs wechselten. Es war der Blick eines Vaters, der seiner Tochter verspricht, sie niemals im Stich zu lassen. Ich war jetzt nur noch eine in ihren Fäden verstrickte Marionette, die man von hier nach dort schleppte und die nicht mehr Herrin ihres eigenen Schicksals war – aber er gab mir die Kraft durchzuhalten. Für ihn und für meine Kinder.

Nach einem erneuten Aufenthalt in der Zelle des Hauptkommissariats und einer Fahrt ins Krankenhaus von Douai, wo ein Arzt meine Verletzungen feststellen und auflisten sollte (Würgemale am Hals, blaue Flecken an den Schienbeinen, Hämatome am Arm, Narben usw.), holte mich ein Polizeibeamter mit der Mitteilung aus der Zelle, dass ich nun ins Gericht gebracht und dort der Richterin vorgeführt werden solle. Einer seiner Kollegen legte mir Handschellen an. Ich erhob Einspruch: »Wohin soll ich denn fliehen? Ich habe eine teuflische Migräne, ich bin hungrig und durstig, ich will meine

Kinder sehen … Sie sind kräftig, ich könnte überhaupt nichts gegen Sie ausrichten!« Trotz meiner Erschöpfung war ich aber bereit, der Richterin gegenüberzutreten. Ich wollte meinen Fall erklären und wollte, dass man mich versteht. Dass ich verurteilt werden und ins Gefängnis kommen würde, war eine Sache – und die hatte ich, so glaube ich, bereits für mich akzeptiert –, aber in meiner Würde verletzt werden, das wollte ich nicht. Dieser Polizeibeamte ließ sich jedoch nicht davon abhalten, mir trotzdem Handschellen anzulegen und mich unsanft auf die Rückbank des Wagens zu schieben. Er war sehr aggressiv, und ein Wort aus seinem Mund hat mich ganz besonders verletzt. Er nannte mich »Mörderin«.

Ich wurde der Untersuchungsrichterin vorgestellt. Dieser Vorgang dauerte nicht einmal eine halbe Stunde und fand in einem sehr großen Arbeitszimmer statt. Vor der Tür standen zwei Polizeibeamte, in dem Raum selbst befanden sich außer der Richterin noch eine Gerichtsschreiberin und die Anwältin. Die Richterin urteilte in sachlichem Tonfall: »Hiermit teile ich Ihnen mit, dass Sie in Untersuchungshaft genommen werden. Ihnen wird der Totschlag an Ihrem Ehemann zur Last gelegt und …«

Wieder brach ich in Tränen aus, kauerte mich zusammen und umklammerte meine eigenen Arme, als wären sie der einzige Halt, um nicht in ein Nichts zu fallen. Die letzten Worte der Richterin drangen zu mir, ohne dass ich sie wirklich verstand, aber danach wurde mir klar, dass man mich direkt ins Gefängnis bringen würde.

7

Nach dem Albtraum

Mit Blaulicht und Sirene jagt das Auto mit hoher Geschwindigkeit über die Autobahn. Es geht in Richtung Valenciennes. Ich sitze auf der Rückbank, die in Handschellen liegenden Hände ruhen auf meinen Oberschenkeln, rechts und links von mir sitzen Polizeibeamte. Kilometer um Kilometer nähern wir uns unserem Ziel, und ich befinde mich in einer seltsam wirren Gefühlslage: eine Mischung aus Angst und Erleichterung, Anspannung und innerer Ruhe. Ein »neues Leben« liegt vor mir. Es wird hinter Gittern beginnen. Eine Menge Fragen treiben mich um: Für wie lange werde ich einsitzen? Wie sieht ein Leben als Strafgefangene aus? Wie ist meine Zelle? Werde ich allein dort sein? Dann wieder schweifen meine Gedanken in eine andere Richtung: Das Blatt wendet sich. Der Albtraum ist zu Ende. Ich werde wieder atmen können …

Wie groß musste meine Erschöpfung nach zwölf Jahren häuslicher Gewalt gewesen sein, dass ich meine Ankunft im Gefängnis als eine mögliche Ruhephase betrachtete?

Das große, schwere Tor der Haftanstalt von Valenciennes öffnet sich langsam. Alles ist ruhig. Das Auto fährt auf den Hof. Meine »Leibwächter« steigen aus, fassen mich am Arm, damit ich ihnen folge, und übergeben mich dem Gefängnispersonal. Die beiden werden mir kaum fehlen. Schon nach wenigen Worten habe ich den Eindruck, dass die Personen, mit denen ich künftig zu tun haben werde, weitaus freundlicher sind. Ein Mann fragt mich, wer ich sei, warum ich hierhergebracht würde und was ich getan hätte.

Meine Antworten rufen keinerlei Reaktion bei ihm hervor, aber er lässt mich auch keinerlei Feindseligkeit spüren. Er bringt mich in ein kleines Zimmer, wo eine Frau mich von Kopf bis Fuß abtastet. Ich reiche ihr meine Papiere und meine Handtasche. Sie breitet den Inhalt meines Geldbeutels vor mir aus, meinen Personalausweis, mein Handy und die Kleinigkeiten, die sich im Lauf der Zeit angesammelt haben. In meinen übrigen Taschen befindet sich nichts. Dann werde ich zwei Gefängniswärtern übergeben, die etwas gesprächiger sind. Ich begreife, dass niemand von der Anstaltsleitung zugegen ist – schließlich ist Wochenende. Einer fordert mich auf, meinen Büstenhalter auszuziehen – »reine Sicherheitsmaßnahme, Madame«. Ich komme dieser Aufforderung so unauffällig wie möglich nach. Er spießt das gute Stück auf seinen Stift und amüsiert sich: »Das soll ein Büstenhalter sein? Kaum zu glauben!« Ich stutze einen Augenblick, aber dann sehe ich, wie er lächelt. Er wollte nur einen Spaß machen. Die in mir aufsteigende Empörung verpufft schnell wieder: Nach all der Spannung, die sich während des Polizeigewahrsams bei mir aufgestaut hat, tut selbst diese Art menschlicher Zuwendung gut.

Sie machen Photographien von mir, eine Aufnahme von vorn und eine im Profil, dann führen sie mich zu einem niedrigen Tisch, an dem meine Fingerabdrücke genommen werden. Gefangenennummer 32 105 – solche Dinge vergisst man nicht. Während dieser Prozeduren bin ich vollkommen passiv, lasse alles über mich ergehen. Ich habe nur eines im Kopf: Ich möchte mich frischmachen und waschen. »Ich werde Sie jetzt in den Frauentrakt bringen«, teilt mir der andere Gefängniswärter mit. Wir gehen durch lange, immer wieder von schweren Türen abgesperrte Flure. Unser Gang durch das Gebäude wird rhythmisch untermalt vom Klimpern der gegeneinanderschlagenden Schlüssel und dem dumpfen Geräusch der sich wieder schließenden Türen. Er kommt mir endlos vor. Erst jetzt realisiere ich voll und ganz, dass ich im Gefängnis bin. Was mache ich hier? Noch vor drei Tagen war ich eine misshandelte Frau und Mutter, die nichts weiter wollte, als so zu leben wie alle anderen auch.

Wir erreichen mein »neues Quartier«. Eine Aufseherin erwartet mich bereits in ihrem Verschlag. Sie werde sich um mich kümmern, wird mir eröffnet. Ein Blick in ihr Gesicht beruhigt mich. Sie wirkt freundlich. Aber auch sie fragt mich, warum ich hier sei – am Ende werden es ohnehin alle wissen –, und fordert mich auf, mich zu entkleiden, »für die Leibesvisitation …«. Ich versuche, an etwas anderes zu denken, während ich ihrer Aufforderung nachkomme. »In Ordnung, Sie können sich wieder anziehen.« Sie öffnet große Wandschränke und sucht aus den Wäschestapeln passende frische Unterwäsche, einen Schlafanzug und eine vollständige Gefängnismontur heraus. Dann reicht sie mir einen Waschbeutel (Duschgel, Seife, Zahnbürste), eine Decke und ein Bettlaken. Sie fragt mich, ob ich hungrig sei, und gibt mir, was momentan noch an Vorräten da ist: ein Stück Brot, ein Joghurt und etwas Obst. »Folgen Sie mir«, beendet sie diesen Teil der Prozedur und greift nach einem Teller, Besteck, einer Tasse und einem Glas. Jetzt begreife ich, dass ich möglicherweise eine ganze Weile hierbleiben werde.

Der Frauentrakt ist offenbar sehr viel weniger weitläufig als derjenige der Männer. Er beschränkt sich auf einen einzigen Flur. Die Aufseherin bleibt vor einer Tür stehen, wirft einen Blick durch den Spion, schließt auf und lässt mich hinein. Zwei Frauen befinden sich bereits in der Zelle. Sie liegen auf ihren Betten, die links von mir stehen. In dem Stockbett unten erblicke ich ein schmales junges Mädchen. Sie dämmert vor sich hin und bringt mit Mühe ein »Hallo« zustande, das mir Unbehagen bereitet. Sie sieht schrecklich aus. Ich kenne diese Symptome: Sie hat Tabletten geschluckt. Die andere Frau liegt auf dem Bett darüber. Sie scheint mir einen besseren Eindruck zu machen. Ihre Begrüßungsworte klingen etwas klarer und fester.

Die Zelle erscheint mir winzig klein. Unruhig wandern meine Augen von einem Gegenstand des Raums zum anderen: Rechts steht ebenfalls ein Stockbett mit zwei Schlafgelegenheiten, die denen meiner neuen »Mitbewohnerinnen« gleichen. Mir gegenüber befindet sich eine fünfte Schlafstelle, die von zwei Fenstern umrahmt wird. Unter dem linken Fenster stehen ein Tisch und vier Stühle. Daneben ist noch eine Öffnung, die zur »Nasszelle« führt. Hinter einer Schwingtür wie bei einem Saloon mache ich dort einen von der Zeit gezeichneten Spülstein aus, die Toiletten, einen über die ganze obere Wand reichenden Heizstrahler und ein paar Betonvorsprünge, auf denen etwas Geschirr steht und auch Kleidung abgelegt ist. Und schließlich entdecke ich die einzige Annehmlichkeit dieses Ortes: Auf einem Brett oberhalb der Tür steht ein altes Fernsehgerät.

Mein erster Abend in Haft war kurz. »Ich bin Élodie«, nahm die Frau auf dem oberen Bett nun Kontakt zu mir auf. Ich stellte mich meinerseits vor, dann fuhr sie fort: »Warum hat man dich eingebuchtet?« Ich antwortete ihr wahrheitsgemäß, fragte sie aber im Gegenzug nicht nach ihrem Vergehen. Ich wollte nichts davon wissen, es war mir vollkommen gleichgültig. Vor allem aber wollte ich nicht über derlei Dinge sprechen.

»Ich würde mich gern waschen«, brachte ich dann vor. Élodie bot mir ihre Schüssel und ihren Wasserkocher an. »Damit kannst du dir Wasser heiß machen«, schlug sie mir freundlich vor. »Aus dem Hahn kommt nämlich nur kaltes Wasser.« Aber ich lehnte ihr Angebot ab. Als Neuankömmling wollte ich keine Umstände machen. Ich sehnte mich nach einer Dusche. »Sie befinden sich draußen«, erklärte mir meine Mitgefangene. »Morgen können wir dorthin gehen.« So machte ich mich in der kleinen Nasszelle frisch – was für eine Wohltat, sich nach fast zwei Tagen in Polizeigewahrsam endlich wieder sauber zu fühlen! – und streifte das abgenutzte Nachthemd über, das mir die Aufseherin zugewiesen hatte. Einen schönen Anblick gab ich nicht gerade ab. Ich aß eine Banane und einen Joghurt, aber obwohl ich seit achtundvierzig Stunden fast nichts zu mir genommen hatte, war ich nicht hungrig. Dann redete Élodie, die gute Seele, freundlich auf mich ein. Sie legte mir dar, wie unsere Abteilung strukturiert war: »Im Allgemeinen sind wir etwa dreißig Gefangene. Aber du wirst sehen, dass ein sehr reges Kommen und Gehen herrscht. Am Anfang des Flurs liegen sechs Zellen, dann kommt ein kleiner Raum mit Einzelduschen, einer Waschküche mit Waschmaschine und Trockner. Daneben befindet sich eine Einzelzelle für diejenigen, die gegen die Verhaltensvorschriften verstoßen, und dann kommen noch einmal sechs Zellen. Die größten sind für fünf Personen. Wenn jedoch mehr Gefangene einsitzen, werden Matratzen auf den Boden gelegt, im Höchstfall zwei. Also sind wir hier im schlimmsten Fall zu siebt …« Ich hörte ihr schweigend zu, aber ihre Ausführungen hatten eine beruhigende Wirkung auf mich. Ich fühlte mich hier viel besser als im Polizeigewahrsam. Lieber verbringe ich mehrere Wochen hier als noch eine weitere Nacht auf dem Kommissariat!, dachte ich. Danke, Élodie.

Dann setzte sie mir die Grundregeln auseinander, die es gegenüber den Aufseherinnen zu beachten galt (während des Hofgangs nicht rennen, sich schweigend bewegen, sich von der Zellentür entfernen, wenn die Aufseherin sich bemerkbar macht usw.). Sie erklärte mir die einzelnen Schritte, die bei einem Antrag auf Sprechzeiten bedacht werden mussten, und fragte mich, ob ich Geld bei mir hätte. Ich besaß noch ungefähr einhundert Euro. Sie notierte die Summe, bevor sie mir über die Schulter sah, wie ich meinen ersten »Bestellschein« für den Gefängniskiosk ausfüllte: Kaffee, Zucker, Deodorant usw. Die Einkaufsliste einer Gefangenen gewissermaßen.

Anschließend half sie mir noch beim Beziehen meines Bettes, bevor ich mich endlich schlafen legte. Ich fühlte mich allein und hoffnungslos. Jetzt war es um meine Fassung geschehen, ich drehte mich zur Wand und weinte bitterlich. Ich versuchte vergeblich, in den Schlaf zu finden. Stundenlang plagte mich die Erinnerung an die »Tat«; immer wieder ging ich die Abfolge der Ereignisse durch – bis zu dem Stoß mit dem Messer, dem Eintreffen der Polizei, dem Polizeigewahrsam; vor allem aber quälte mich, dass ich seit drei Tagen keinerlei Nachricht von meinen Kindern hatte.

Ende Juni 2009. Jetzt bin ich schon über eine Woche hier, fern von meiner Familie. Ich muss endlich mit meinen Kindern Kontakt aufnehmen. Ich brauche das Gefühl, dass diese Betonmauern, die jetzt mein einziger Horizont sind, nicht unüberwindlich sind – auch wenn dieser Schritt nach draußen nur in meiner Phantasie stattfindet. Mit Élodies Hilfe habe ich mir ein kleines Schulheft beschaffen können. Das wird mein Tagebuch als Gefangene sein, beschließe ich. Ihm werde ich meine ureigenen Gedanken anvertrauen. Ich habe meine geliebten Kinder unter den bittersten Umständen verlassen müssen. Es blieb mir nicht einmal Zeit, mich wirklich von ihnen zu verabschieden.

Auch wenn ich weiß, dass sie meine Botschaften nicht werden lesen können, muss ich mit ihnen reden. Es ist mir ein unabweisliches Bedürfnis. Ich schlage das Heft auf und beginne, oben auf der ersten Seite zu schreiben: »Jetzt sind bereits einige Tage vergangen, in denen ich euch nicht gesehen habe, und ich halte es einfach nicht mehr aus. Ihr fehlt mir mehr, als ihr euch vorstellen könnt. Ich liebe euch so sehr, und ihr seid noch so klein (selbst euer Geschrei fehlt mir!). Ich schlafe ohne euch ein. Ich wache ohne euch auf. Ich lebe ohne euch, aber ich klammere mich an die Hoffnung, schon ganz bald wieder mit euch zusammen sein zu können.«

Ich weine. Ich denke an meine geliebten Kinder. Meine vier kleinen Lieblinge. Séphora. Josué. Saraï-Béthanie. Siméon. Sie sind erst zehn, neun, sieben und noch nicht einmal ganz drei Jahre alt. Es sind Kinder, die keinerlei Schuld an irgendetwas tragen. Warum trifft sie so viel Unglück? Sie haben nichts getan, womit sie es verdient hätten! Was wird ohne mich aus ihnen werden? Ich kann nicht verhindern, dass mir immer wieder Tränen in die Augen steigen, wenn ich an sie denke. Meine Liebsten …

Aber es ist nun einmal so, dass ich die Zeit nicht zurückdrehen kann. Es wäre um so vieles besser gewesen, alle vier schon vor langer Zeit auf den Arm genommen und fort, weit fort von unserer Hölle gebracht zu haben. Warum nur habe ich nicht die Kraft dazu gehabt? Warum nur habe ich nicht den Mut gefunden, ein neues Leben zu wagen? Warum nur habe ich es nicht getan, wenn nicht für mich, so »wenigstens für sie«? Nichts fehlt mir so sehr wie meine Kinder. Nicht die Freiheit, nicht das Leben draußen, nicht alle möglichen Annehmlichkeiten. Alles würde ich hergeben, wenn ich sie in meiner Nähe haben könnte.

In den ersten Tagen nach der Tragödie wurden meine Kinder im Krankenhaus von Dechy untergebracht, wo sich Psychologen und Kinderkrankenschwestern um sie kümmerten. Alle diese Leute sind mir als ganz wunderbare Menschen beschrieben worden. Sie haben sich fürsorglich um die Kinder bemüht, ihnen zugehört, ihnen erklärt, was man ihnen erklären konnte, und ihnen Unterhaltung geboten, bis ein Heim für sie gefunden war. Es sollte ein Ort sein, an dem alle vier untergebracht werden und an dem sie weiterhin als Geschwister aufwachsen konnten. Das stellt in unserem Land ein schwieriges Unterfangen dar. Es grenzt beinahe an ein Wunder, aber der Verein der SOS-Kinderdörfer hat es dann geschafft, in Neuville-Saint-Rémy einen Platz für sie zu finden. Zielsetzung dieses Vereins ist es, »Waisen und Kindern, deren familiäre Situation eine Unterbringung erforderlich macht, einen Platz zum Leben zu geben«. Besonderer Wert wird darauf gelegt, dass »Geschwister zusammenbleiben, damit ihre Familienbande erhalten werden können«. Dieses

Sozialwerk unterhält in Frankreich mehrere »Dörfer«. In Neuville können bis zu fünfzig Kinder und Jugendliche aufgenommen werden, die in zehn Bungalows untergebracht sind. Jedes »Haus« wird von einer ausgebildeten Familienhelferin, der sogenannten »SOS-Mutter«, geleitet. Sie ist Ansprechperson für die jeweilige Kindergruppe, und zwar zu jeder Tages- und Nachtzeit. Wie eine echte Mutter eben.

So viel weiß ich über die Situation meiner Kinder, als ich ihnen zum ersten Mal schreibe. Immer noch habe ich nicht die Erlaubnis, persönlich mit ihnen zu sprechen. Man teilt mir lediglich mit, dass es ihnen »gutgeht«, dass sie gemeinsam etwas unternähmen, dass sie so »normal« wie möglich lebten, dass die Größeren ab September in die Schule gehen würden … Das beruhigt mich zwar, kann aber meinen Schmerz kaum lindern. Unablässig denke ich daran, dass ich sie sehen und in meine Arme schließen will.

Der Jugendrichter hat mir mitgeteilt, dass für den 30. Juni ein Besuchstermin mit meinen Kindern vorgesehen ist. Seit ich diese Information habe, zähle ich jeden Tag, jede Stunde und jede Minute. Und ich schreibe erneut an sie: »Ich sehne den 30. Juni herbei, um endlich das Lächeln auf euren Gesichtern zu sehen. Euer Lachen zu hören. Euren Herzschlag zu spüren. Ich möchte euch an mich drücken und euch meine Liebe mit jeder Pore meines Körpers spüren lassen. Ich weiß, dass wir jetzt für eine Zeitlang viele Dinge nicht werden miteinander teilen können. Ich werde nicht in eurer Nähe sein können, aber wenn ich hier herauskomme, dann werden wir zumindest ohne Schreie und Schläge zusammenleben können. Ihr werdet ein glücklicheres Leben führen. Wir werden ein glücklicheres Leben führen.«

Wieder kommen mir die Tränen. Es ist so unglaublich schwer. Ich lasse eine Zeile frei und schreibe – beinahe wie eine Widmung – folgenden Gedanken nieder: »Auf unsere Zukunft, auf ein besseres Leben.« Und weiter: »Es bedrückt mich jeden Tag aufs Neue, dass ich euch nicht sehen, nicht spüren, nicht streicheln kann. Wenn ich die Augen schließe, sehe ich meinen kleinen Siméon selig schlafend in seinem Bettchen vor mir. Ich küsse ihn, und dann gehe ich fort … Es bricht mir das Herz entzwei, ich schreie vor Verzweiflung und kann es kaum erwarten, euch wiederzusehen.«

Ich habe dieses kleine Heft behalten. Ist es verwunderlich, dass ich es nicht fertigbringe, mich von ihm zu trennen? Auf den ersten Seiten habe ich auch ein Gedicht für meine Kinder geschrieben, das ich immer wieder gern lese. Ich erinnere mich, dass ich Stunden um Stunden damit verbracht habe, es auf Papier zu bringen:

Meine Lieben, meine Kinder,
Ihr seid mein Fleisch und Blut
Und für mich das höchste Gut,
das Schönste auf der ganzen Welt,
Die uns jetzt fern voneinander hält.
Das Warten ist so furchtbar schwer und lang,
Mir ist vor Schmerz ganz bang,
Aber euch hilft diese Welt hinfort,
die schlimmen Wogen der Erinnerung lasst an einem anderen Ort,
Trotzt der Vergangenheit und blickt nach vorn,
Entfaltet euch nun ohne Zorn,
Liebt einander,
Ihr, meine Kinder,
Die ich euch alle so zärtlich liebe
Mein Leben lang.
Nichts ist zu Ende,
Es gibt eine Wende,
Das dürft ihr niemals vergessen.

Ich lese es wieder und wieder. Die Verse sind schlecht gebaut. Manche sind zu kurz, andere viel zu lang. Die Reime sind dürftig … Aber das ist mir gleich. Es ist mein Herz, das hier spricht, und sein Herz sollte man niemals mundtot machen.

Ich schrieb, wann immer Gelegenheit dazu war. Sobald ich einen »freien« Augenblick hatte, wenn ich das so sagen darf. Für jede Zeile benutzte ich eine andere Farbe, damit die Seiten fröhlicher aussahen. Grün, rot, blau, schwarz … Ich schrieb auch Verse von Verlaine ab, die ich gelesen hatte und wunderschön fand:

Ich träume wieder von der Unbekannten
Die schon so oft im Traum vor mir gestanden

Wir lieben uns, sie streicht das wirre Haar
Mir aus der Stirn mit Händen wunderbar

Und sie versteht mein rätselhaftes Wesen
Und kann in meinem dunklen Herzen lesen

Ich stelle mir vor, dass diese Verse an die Mutter gerichtet waren. Ich fühlte mich so unendlich allein und verlassen, dass mir schon die geringste Zärtlichkeit, und seien es auch nur ein paar in ein kleines Schulheft gekritzelte Worte, Trost spendeten.

Auf der folgenden Seite steht: »4. Juli 2009«. Und in der Zeile darunter: »Als ihr mich am Dienstag gesehen habt, musste ich weinen. Beim Abschied zog sich mein Herz zusammen. Ich wollte nicht von euch fortgehen. Euch nicht noch einmal verlassen. Es kam mir vor, als würde ich euch erneut im Stich lassen. Haltet fest zusammen. Ich sehe Séphora, ich sehe, dass du deine Rolle als große Schwester sehr ernst nimmst. Das gefällt mir, und zugleich schmerzt es mich, denn ich bin die Mutter. Es ist meine Aufgabe, euch aufzuziehen, euch zu beschützen und mich um euch zu kümmern. Es ist schwer zu akzeptieren, dass ich dies jetzt nicht mehr leisten kann. Aber auch, wenn wir einander fehlen werden, wenn wir uns nur von Zeit zu Zeit sehen können, ist eines gewiss: Wenn dieser Albtraum erst einmal zu Ende ist, werden wir wieder beisammen sein. Wir werden glücklich leben, ohne die Ausbrüche eines gewalttätigen und gleichgültigen Vaters und Mannes. Wir werden noch viele wundervolle Dinge zusammen unternehmen, ohne dass uns ›Grenzen‹ aufgezwungen werden. Vertrauen und Heiterkeit werden unser Beisammensein prägen. Ich liebe euch, meine Kinder, ihr seid mein Leben. Ich sehe mich an eurer Seite, und umgekehrt euch an meiner Seite.«

Das Ende dieser Botschaft lautet: »Ich hätte mir so sehr einen guten, liebevollen, aufmerksamen Vater für euch gewünscht, und es tut mir leid, dass dies nicht so war. Noch mehr bekümmert mich aber, dass ihr ihn, selbst wenn er ein schlechter Vater war, nicht mehr sehen könnt. Verzeiht mir.«

Ein paar Tage nach der Begegnung mit den Kindern und auf Anraten der mir zugewiesenen Anwältin reichte ich eine Bitte auf Haftverschonung ein. Diese wurde unverzüglich abgelehnt. Ohne jedes Zögern, ohne jede Diskussion. Begründung: Das Verfahren stehe erst am Anfang. Zunächst müssten »die Zeugen gehört« werden, müsse »die Wahrhaftigkeit der Aussagen von Madame Lange« überprüft sowie sichergestellt werden, dass »die Tat nicht vorsätzlich« begangen worden sei …

Ich beschloss, mein Unglück mit Geduld zu ertragen. Und ich muss gestehen, dass ich mich tatsächlich an das Leben im Gefängnis »gewöhnte«. Es gleicht einer langen Durststrecke, auf der sich unablässig die immer gleichen Abläufe wiederholen. Alles ist so gut durchorganisiert und geplant, dass die Zeit vergeht – so einfach ist das. Man führt kein Leben wie draußen, das natürlich nicht, aber man überlebt, ohne allzu sehr zu leiden. So zumindest habe ich es erfahren. An normalen Tagen wurden wir um 7 Uhr geweckt. Die Aufseherinnen öffneten die Tür und warfen einen kurzen, prüfenden Blick in den gesamten Raum, die sogenannte »Inspektion«. Sie forderten uns auf, uns zu »bewegen«, um sich zu versichern, dass wir noch am Leben waren – der Selbstmord eines Gefangenen zählt schließlich zu den Hauptängsten des Gefängnispersonals. Befand sich zu diesem Zeitpunkt eine von uns in der Nasszelle, so musste sie sich dennoch zeigen, und zwar auf der Stelle und ohne ein Wort zu sagen – selbst wenn sie gerade nackt war. Jeden zweiten Tag durften wir duschen und begaben uns dafür auf die andere Seite des Flurs. Ansonsten verbrachten wir den Vormittag in unserer Zelle und warteten auf das Mittagessen. Am frühen Nachmittag hatten wir dann für zwei wunderschöne Stunden Hofgang. Dabei durften wir uns auch ins Gras legen und den Himmel anschauen – denselben Himmel, den auch meine Kinder sehen, sagte ich mir. Manchmal waren wir zu zweit oder dritt unterwegs und redeten über die Neuigkeiten, die wir von draußen erhalten hatten. Einige Frauen waren schweigsam und hielten sich abseits, andere waren gierig nach allen möglichen Gefängnistratschereien, und so verging die Zeit ein wenig schneller. Ich selbst »schwänzte« den Spaziergang aber auch des Öfteren, manchmal sogar mehrere Tage hintereinander. Vor allem im Winter. Ich blieb lieber im Warmen. Und allein. Diese Augenblicke der Ruhe nutzte ich dann, um mich zu erholen oder zu schreiben. Oder um von meinen Kindern zu träumen.

Ich gehörte zu den Gefangenen, die keinerlei Probleme machten – »vorbildliche« Gefangene, wie man so sagt. Ein einziges Mal bin ich allerdings nur knapp einer Verwarnung entgangen, und zwar wegen »Anmaßung« (ich gebe zu, dass ich mich gegenüber einer Aufseherin, die ich gern mochte, zu einem so vertrauten Tonfall habe hinreißen lassen, dass es unserem Verhältnis unangemessen war). Abgesehen davon kann ich mich nicht daran erinnern, dass die Gefängnisverwaltung mir jemals irgendetwas vorwerfen konnte.

Im Grunde verhielt ich mich im Gefängnis genauso wie draußen: still, folgsam und zurückhaltend.

Weniger schleppend vergingen die Tage, an denen wir arbeiteten oder Kurse besuchten. Ich hatte »Café-Brasserie« gewählt – aber, was heißt schon gewählt: Man kann es so nennen, man kann jedoch auch »Strafarbeit« dazu sagen. Die Aufgabe bestand darin, die Sauberkeit von paramedizinischem Material aus Plastik (Schälchen, Wannen, Tabletts) zu kontrollieren, das für Krankenhäuser bestimmt war. Es war eine stumpfsinnige und langweilige Tätigkeit, aber man erhielt am Ende immerhin einen kleinen Lohn dafür.

Was die Kurse betraf, so entschied ich mich für diejenigen, die mir in meinem späteren Leben vielleicht nützlich sein konnten. Nachdem ich zum Frühstück meinen Kaffee getrunken und mich ein wenig zurechtgemacht hatte, konnte ich an Kursen in Mathematik, Französisch, Geschichte oder Biologie teilnehmen. Am Mittwoch und Donnerstag bestand die Möglichkeit, uns für Arbeiten in der Küche einteilen zu lassen. Reihum waren wir entweder in der Küche am Herd zugange oder arbeiteten im Service. Während eine Gruppe die Mahlzeiten zubereitete (nach Rezepten eines Hauswirtschaftslehrers), deckte eine andere die Tische und servierte den übrigen Gefangenen, gewissermaßen also den »Kunden«, die Gerichte. Unter den wohlwollenden Blicken der schmunzelnden Lehrer organisierten wir sozusagen unseren eigenen kleinen Restaurantbetrieb! Ich habe niemals ernsthaft erwogen, im Hotel- oder Restaurantgewerbe tätig zu werden, aber diese Arbeit war in vielerlei Hinsicht wertvoll für mich: Sie brachte mich auf andere Gedanken und bescherte mir ein wesentlich besseres Essen, als ich es in meiner Zelle erhalten hätte. Noch jetzt läuft mir das Wasser im Mund zusammen, wenn ich an das Moussaka oder die Apfel-Zwiebel-Suppe denke, deren Rezepte ich dort kennenlernte!

Im Übrigen verbrachte ich meine Tage zum großen Teil mit

Schreiben. Mein kleines Schulheft füllte sich mit Notizen, aber ich verfasste auch Briefe, viele Briefe. Ich schrieb an meine Kinder (so oft ich konnte), natürlich an meinen Vater, an meine Schwester, an meine Freundin Brigitte, an unsere ehemaligen Nachbarn Fatima und Dominique, an seine Kinder Sabrina und Kévin, außerdem ein oder zwei Briefe an eine Cousine und meine Tante Martine …

Kaum hatte ich einen Brief abgeschickt, so wartete ich bereits voller Ungeduld auf eine Antwort. Aber diese Briefwechsel verliefen in einem überaus zähen Tempo, da die Verwaltung der Vollzugsanstalt alle ausgehenden und eingehenden Schreiben so gründlich untersuchte (jede Anspielung auf den Prozess zog die Beschlagnahmung des Briefes nach sich), dass es etwa einen Monat dauerte, bis mir ein Antwortschreiben, ganz gleich welcher Art, zugestellt wurde. Wenn der Vollzugsbeamte mit den Briefen gegen 13 Uhr auftauchte, erfasste mich jedes Mal aufs Neue eine große Aufregung. War ein Brief für mich dabei, so machte ich mich unverzüglich daran zu antworten. Das kostete mich unglaublich viel Zeit, denn ich schrieb sehr viel und verfasste jeden Satz mit großer Sorgfalt, um nichts zu vergessen und nichts Überflüssiges zu schreiben. Da ich selbst nichts ausstreichen wollte und wir kein Tipp-Ex benutzen durften, musste ich winzige Papierfetzen zurechtschneiden, um sie über meine Fehler zu kleben. Außerdem verschönerte ich meine Briefe und Umschläge mit Zeichnungen und Collagen, wie ich es als Kind getan hatte, und so konnten drei bis vier Tage vergehen, bevor ich wirklich zufrieden mit meinem Werk war.

All diese Briefe haben mir sehr dabei geholfen, die Zeit im Gefängnis zu überstehen. Sie waren kleine Fenster nach draußen, zogen wie ein Stück blauer Himmel zu mir herein und versorgten mich mit einem Schwall Sauerstoff. Ich heftete die Photos (von den Kindern in ihrem neuen Heim, von mir als Kind oder meinem Vater mit mir …), die mein Vater und meine Schwester mir schickten, an die Wand und betrachtete sie stundenlang. Aber mehr als irgendetwas anderes haben diese Briefwechsel mir vor Augen geführt, dass ich es doch wert war, geliebt und unterstützt zu werden. Das ist vielleicht schwer zu verstehen, aber in den zwölf Jahren, in denen ich mich häuslicher Gewalt ausgesetzt sah, hatte ich aus den Augen verloren, dass dies möglich war. Bereits die bloße Tatsache, dass Menschen in ihren Gedanken bei mir sein könnten, verwirrte mich.

Natürlich lösten die Briefe meiner Kinder die stärksten Emotionen bei mir aus. Mit Hilfe ihrer Betreuer verfassten sie auf DIN A4-Blätter geklebte Photoalben und ergänzten die Aufnahmen um kleine Sprüche, Bemerkungen, Zeichnungen oder bunte Verzierungen. Ich habe sie alle behalten, und jedes Mal, wenn ich sie betrachte, kommen mir die Tränen. Auf einer dieser Kompositionen klebt ein Photo von Séphora und Josué, die in dicken Buchstaben ihre Namen dazugeschrieben haben. Sie haben ein richtiges Sammelsurium zusammengetragen und Bilder aus Süßigkeiten, Blumen, Herzen und Figürchen eingeklebt … Und mitten in diesem fröhlichen Durcheinander taucht ein einziges Wort auf – »Königin«. Auf einer zweiten Komposition posiert Séphora vor der Kamera mit ihrem Kuscheltier. Dazu schreibt sie: »Kuckuck, hier sind wir!« Auf einer dritten sieht man Saraï, die sich mit einer Hand vor dem Photoapparat schützen will. Daneben hat sie gekritzelt: »Die kleine Maus ist verschwunden.« Noch eine andere zeigt den in seine Bettdecke gekuschelten Josué. Er starrt in das Objektiv, als wollte er mich direkt ansprechen: »Hallo, Mama, ich bin aufgewacht!« Neben das Bild hat er ein von einem Pfeil durchbohrtes Herz gemalt.

Ich erinnere mich, dass ich nichts lieber tat, als diese Collagen den Aufseherinnen und meinen Mitgefangenen zu zeigen. Stolz, Glück und Traurigkeit erfüllten mich bei ihrem Anblick in einem solchen Maß, dass ich diese Emotionen unbedingt teilen musste, um mich nicht von ihnen fortreißen zu lassen. Alle sagten mir: »Wenn man sie so sieht, glaubt man nicht, dass sie eine Tragödie miterlebt haben. Einfach unvorstellbar, dass sie jetzt weder Vater noch Mutter mehr haben …« Es ist schrecklich, so etwas zu sagen, aber beim Anblick dieser Photos, dieser Zeichnungen und dieser kurzen Notizen begriff ich, dass es meinen Kindern besserging, seit ich ihren Vater getötet hatte.

Natürlich ist nicht richtig, was ich getan habe, aber es stimmt zugleich, was mein Vater so oft gesagt hat: »Jedes Unglück hat auch seine gute Seite.«

Unter all den Briefen, die ich im Gefängnis schrieb, habe ich auch eine an Saraï gerichtete Nachricht gefunden, in der ich mich über ihren Vater äußere. Dieser Brief zerreißt mir heute noch das Herz. Lieber wäre es mir gewesen, ich hätte niemals so etwas schreiben müssen, aber es ist nun einmal so gewesen, und selbst mit einem Abstand von zwei Jahren würde ich keines dieser Worte zurücknehmen wollen: »In deinen Augen konnte man die allgegenwärtige Angst nur zu gut lesen, mein Schatz. Jetzt aber seid ihr fröhlich und lebt in der Gewissheit, dass es keine Schläge mehr gibt und ihr gut erzogen werdet. Es lebe der Tag, an dem ich euch sehen werde. Ich werde euch in meine Arme schließen, euch zärtlich drücken und euch sagen, dass ich euch liebe.«

Das Unvorhergesehene hat im Gefängnisleben keinen Platz. Hier wird der Tagesrhythmus durch die immer gleichen Rituale geprägt. Und alle Gefangenen sind sich darin einig, dass ein Ritual von herausragender Bedeutung die Besuchszeit ist. Diese Termine stellen eine echte Prüfung dar. Es sind Augenblicke, in denen die Emotionen gleichsam explodieren. Erwartungen, Ängste und Hoffnungen, unbändige Freude, Qualen, Tränen, Enttäuschung erfassen uns Häftlinge und reißen uns von einem Augenblick auf den anderen in einen Strudel der Gefühle. Stets bleibt der unbefriedigende Eindruck, man hätte innerhalb der kurzen Zeit etwas nicht zu Ende gebracht. Rasch stellt sich Bedauern darüber ein, dass man dieses oder jenes nicht gesagt hat, und schließlich bleibt man aufgewühlt und allein zurück.

Ich bereitete mich auf meine Besuchstermine vor wie auf ein Rendezvous. Ich »machte mich schön«, vor allem, wenn meine Kinder kamen. Allerdings hatte dies auch einen unerquicklichen Nebeneffekt: Auf dem Weg zum Besuchsraum mussten wir den Männertrakt durchqueren, und das geschah niemals unbemerkt. Vor den Pfiffen und ordinären Bemerkungen dieser »Wilden« – wie wir Frauen sie untereinander nannten – gab es kein Entkommen. Ich folgte der Aufseherin stets mit starr geradeaus gerichtetem Blick und bemühte mich, soweit es ging, wegzuhören, aber der Weg durch die nicht enden wollenden Flure mit ihren schweren Türen war so lang, dass die Rufe und Beleidigungen mir schließlich Angst einflößten.

Die »gewöhnlichen« Besuchstermine (für die nahen Angehörigen und die Familie) fanden stets in demselben großen Raum statt, der in mehrere offene Boxen unterteilt war. Jeder Häftling empfing seinen Vater, seine Schwester oder seinen Freund an einem kleinen Tisch, sodass angesichts der verschiedenen Unterhaltungen ein recht hoher Lärmpegel herrschte und man sich manchmal nicht gut verständigen konnte. Meinen ersten Besuchstermin werde ich nie vergessen. Meine Schwester, meine Mutter und ihr neuer Lebensgefährte waren gekommen. Es war im August. Zwei Monate hatte ich niemanden von außerhalb gesehen. Zudem war es eine ganze Ewigkeit her, dass ich eine ruhige Unterhaltung mit meiner Mutter geführt hatte: Seit über zehn Jahren redete sie praktisch nicht mehr mit mir. Wenn wir uns begegneten und ihr nichts anderes übrig blieb, beschränkte sie sich auf das Notwendigste.

Im Gefängnis hat sie dann wieder Kontakt zu mir aufgenommen. Ich habe in meinem Schulheft festgehalten, wie ich die Nachricht von ihrem bevorstehenden Besuch aufnahm: »Es wird hell, die Aufseherin kommt herein, ich bleibe liegen. Sie liest die Liste derer vor, die einen Besuchstermin haben. Ich springe vor Freude auf. Das müssen meine Mama und meine Schwester sein!« Wahrscheinlich war das eines der letzten Male, dass ich sie Mama genannt habe.

Sie war es, die den ersten Schritt tat. Sie schickte mir einen Brief, der mich gleichermaßen überrascht und berührt hat. Dieser Brief war sehr kurz. Meine Mutter fragte, wie es mir gehe, mehr nicht. Plagte sie ihr Gewissen, weil sie mich so viele Jahre im Stich gelassen und ignoriert hatte, nur weil ich mich für einen Mann entschied, den sie verabscheute? Jedenfalls sagte sie das nicht. Ich habe ihr so »freundlich« wie möglich geantwortet, teilte ihr Neuigkeiten mit, blieb aber darauf bedacht, recht nüchtern zu schreiben – so wie es auch ihre Art war. Einzige Ausnahme bildeten die Schlussworte, die ich unter meinen Brief setzte: »Ich liebe dich.« In der Folge wechselten wir einige Briefe, und sie beantragte den ersten Besuchstermin. Die Begegnung war ein regelrechter emotionaler Schock für uns beide. Es flossen reichlich Tränen. Meine Mutter, meine Schwester und auch mein Stiefvater (den ich nur sehr selten gesehen hatte) schlossen mich nacheinander in ihre Arme, und dann redeten wir miteinander, ohne dass wir uns viel zu sagen hatten. Unsere Begegnung war herzlich und distanziert zugleich. Es machte mich glücklich, meine Mutter wiedergefunden zu haben und zu sehen, dass ich in ihren Gedanken und vielleicht auch in ihrem Herzen noch eine Rolle spielte, aber irgendetwas Unerklärliches hielt mich davon ab, diesen Augenblick in vollen Zügen zu genießen. Sie sagte mir, dass sich bald ein neues Leben vor mir auftun werde, dass meine Tat nun einmal geschehen sei und ich diese nicht bedauern solle, dass ich irgendwann ohne ihn ein glückliches Leben führen könne, ohne Schläge und Beleidigungen … Aber sie dachte zu keinem Augenblick daran, sich dafür zu entschuldigen, mich fast ein ganzes Jahrzehnt lang gemieden zu haben. Und niemals ließ sie verlauten, dass ich, ihre Tochter, ihr gefehlt habe.

Sie kam noch fünf- oder sechsmal zu Besuch, und ich glaube, dass sie ernsthaft versucht hat, das Band zwischen uns zu erneuern. Aber sie war dazu nicht in der Lage. Im Grunde wollte sie nicht mich wiederfinden, sondern meine Kinder, ihre Enkel. Sie hat sogar versucht, das Sorgerecht für sie zu erhalten, und eine Zeitlang besuchte sie sie regelmäßig in dem SOS-Kinderdorf. Das überraschte und rührte mich sogar, aber es beunruhigte mich auch, denn die Kinder kannten sie im Grunde ja gar nicht. Am Ende nahm sie unter dem Vorwand, sie sei krank, von ihrem Vorhaben Abstand.

Unsere Besuchstermine und unsere Briefe wurden immer seltener, bis sie schließlich ganz aufhörten. Wir haben uns also ein zweites Mal aus den Augen verloren. Und wenn ich an ihr Verhalten im Prozess denke, so glaube ich, dass unser Bruch dieses Mal endgültig ist.

Außer bei meiner Mutter waren die Besuchstermine immer von einer unglaublichen Intensität. Nur wer selbst einmal der Freiheit beraubt war und das Verbot, mit seinen Liebsten zu sprechen oder sie zu berühren, am eigenen Leib erfahren hat, weiß, in welches Gefühlschaos Worte und Blicke, die man miteinander wechselt, einen tagelang stürzen können. Das galt ganz besonders für die Besuche meines Vaters, der mich am häufigsten im Gefängnis aufsuchte. Unsere Unterhaltungen waren belanglos, und dennoch gaben sie mir für eine Zeitlang die Lust am Leben zurück. Wir redeten über alles und jedes, er erzählte mir von seinem Gemüsegarten, von meiner Stiefmutter oder von seiner Arbeit bei Renault. Er berichtete mir, was er Neues von den Kindern wusste (er durfte sie einmal im Monat besuchen und in die Ferien mitnehmen). Er fragte mich, ob ich Informationen über den Fortgang des Verfahrens hätte (was nur selten der Fall war), und wiederholte – wie alle anderen auch – unablässig, dass am Tag meiner Freilassung zumindest »er« nicht mehr da sein würde.

Ich erinnere mich auch an die Besuche meiner Schwester ... Waren wir uns jemals so nah gewesen wie in diesem düsteren Besuchszimmer? Sie brachte mich zum Lachen und zum Weinen, erzählte mir von der letzten Mahlzeit, die sie für ihre Kinder zubereitet hatte, und ließ mich mit ihren Schilderungen »vom Leben draußen« träumen. Auch sie kam oft mit Neuigkeiten von meinen Liebsten zu mir. Mit meiner Zustimmung hatte sie das Recht erbeten und auch erhalten, sie an einem Wochenende pro Monat zu sich nach Hause zu holen. Natürlich bat ich sie, mir in der uns gewährten Besuchszeit einen möglichst genauen Bericht von all ihrem Tun zu liefern. So war sie gewissermaßen die Nabelschnur, die mich mit ihnen verband. Mein Lebenselixier. Meine Hoffnung. Und meine Träume.

Natürlich stellten die Besuche meiner Kinder die härteste Prüfung dar. Sie bedeuteten unermessliches Glück und zugleich grenzenloses Leid. Sie fanden stets montags statt. Wie jedes inhaftierte Elternteil durfte ich sie in einem eigens dafür vorgesehenen Raum sehen, ohne dem Lärm anderer Unterhaltungen ausgesetzt zu sein. Die Kinder kamen in Begleitung der sie betreuenden Sozialarbeiterin. Sie fragten mich, wie mein Leben hier drinnen aussehe, ob ich Freundinnen gefunden hätte, was ich an den einzelnen Tagen machte, wie oft ich noch im Gefängnis schlafen müsse ... Ich bemühte mich, möglichst gefasst und natürlich auf ihre Fragen zu antworten: Ich habe dieses und jenes gemacht; Élodie ist nett; ich habe neue Freundinnen gefunden (Stéphanie, Estelle, Sabine ...); wir bringen uns gegenseitig zum Lachen, um zu vergessen, dass die Welt sich auch ohne uns dreht; ich weiß nicht, wie lange ich noch hier bleiben muss; erst einmal muss ich das Urteil abwarten. Aber während dieser Schilderungen wurde mir das Herz schwer. Genau eine Stunde konnten wir beisammen sein. Ich weinte die erste halbe Stunde aus Freude über das Wiedersehen und die zweite halbe Stunde vor Schmerz über den bevorstehenden Abschied. Der Augenblick der Trennung war stets aufwühlend. Ich nahm sie in meine Arme und drückte sie fest an mich. Die Aufseherinnen mahnten: »So, die Zeit ist jetzt um.« Ich sah zwar, dass sie mit uns fühlten und manche sogar feuchte Augen bekamen, aber es blieb ihnen nichts anderes übrig. Auch die Kinder weinten haltlos; ich drehte mich immer wieder zu ihnen um und warf ihnen Küsschen zu, einmal, zweimal, zehnmal …

Was hätte ich ihnen sagen sollen? Dass ich es bedauerte, ihren Vater getötet zu haben? Sie wirkten jetzt so verändert, so erleichtert, so »befreit«. Sie wussten, dass ich es getan hatte (die Polizeibeamten und später auch die Sozialarbeiterinnen hatten ihnen alles nach und nach erklärt), was hätte ich also noch hinzufügen sollen? Dass es ein Unfall war? Dass ich sie schon viel früher aus dieser Hölle hätte befreien müssen, in die ich sie mit hineingezogen hatte? Was hätten sie davon gehabt? War es nötig, dass ich es ihnen erklärte? Vielleicht, aber zu diesem Zeitpunkt haben sie mir keine Fragen gestellt. Ich glaube, dass sie das Wesentliche verstanden haben.

Alle, die mich im Gefängnis besuchten, haben mir zumindest einmal gesagt, dass ich schon viel früher hätte fortgehen müssen. Sie fanden jedoch sehr unterschiedliche Formulierungen dafür: Ich hätte die Kinder bei Nacht und Nebel packen und verschwinden müssen; ich hätte mich jemandem anvertrauen sollen; es wäre besser gewesen, Anzeige zu erstatten, die Scheidung zu verlangen … Aber niemand sagte: »Auch ich habe nichts unternommen.« – »Es tut mir leid, ich hatte zwar einen Verdacht, aber ich habe nichts zu sagen gewagt.« – »Ich bedaure, dass ich mich nicht getraut habe, dich an die Hand zu nehmen und dir dort herauszuhelfen.« … Meine Schwester ist die Einzige, die ihr Bedauern geäußert hat. Sie war auch diejenige, die mich damals begleitet hat, um Anzeige zu erstatten. Ich glaube, sie macht sich aufrichtig Vorwürfe, dass sie mir nicht noch mehr geholfen hat. Im Grunde hatte sie verstanden, wie unser Eheleben aussah. Ich nehme ihr aber nichts übel. Auch allen anderen nehme ich nichts übel. Wie könnte ich auch. Versetze ich mich an ihre Stelle, dann bin ich sicher, dass ich auch nicht anders gehandelt hätte.

Ich habe sechzehn Monate und achtundzwanzig Tage im Gefängnis verbracht. Sechzehn Monate und achtundzwanzig Tage habe ich über meine Geschichte nachgedacht. Sechzehn Monate und achtundzwanzig Tage habe ich auf meinen Prozess gewartet. Sechzehn Monate und achtundzwanzig Tage habe ich mit der Angst gelebt, einen großen Teil meines Lebens hinter Gittern verbringen zu müssen. Fern von meiner Familie und vor allem fern von meinen Kindern. Psychiater und Psychologen tauchten bei mir auf, um mich zu begutachten. Diese Gespräche fanden in kleinen, kargen, seelenlosen Räumen statt, wo ich immer wieder mein Leben vor ihnen ausbreiten musste. Es war stets die gleiche Leier: Mein Leben als Kind, mein Leben mit ihm, mein Leben mit meinen Kindern, mein Leben als eigenständige Person … Sie versteiften sich darauf, mir Erinnerungen aus früher Kindheit zu entlocken, und fanden es höchst »seltsam«, dass mein Gedächtnis löchriger als ein Schweizer Käse war. Ich sehnte stets das Ende dieser Gespräche herbei, denn ich wollte die Vergangenheit – ganz gleich ob die nahe oder ferne – nicht ein weiteres Mal durchkauen und hoffte nur eines: Die Karten sollten auf den Tisch. Ich wollte wissen, was aus mir werden würde. Ob ich im Gefängnis bleiben musste oder endlich ein neues Leben beginnen könnte.

Wochenlang erhielt ich nicht den geringsten Hinweis auf den Fortgang des Verfahrens und bezüglich meines Antrags auf Haftverschonung. Meine erste Anwältin, eine »Pflichtverteidigerin«, wie es so schön heißt, war offenbar vorrangig mit anderen Dingen beschäftigt. Sie hatte mich ein- oder zweimal besucht und drei oder vier Schreiben verfasst. Ansonsten jedoch war ich mir selbst überlassen. So fasste ich folgende Entscheidung: Egal, wie lange es dauern würde, ich wollte bis zu meinem Prozess in Haft bleiben. Deshalb habe ich selbst es abgelehnt, als man mich nach einem Jahr hinter Gittern vorläufig entlassen wollte. Die Untersuchungsrichterin teilte mir bei einer Vorladung mit, dass die Verlängerung der Untersuchungshaft genehmigt werden müsse. »Möchten Sie das Gefängnis lieber verlassen?«, fragte sie mich geradeheraus. Ich galt als problemlose Gefangene, und das Verfahren ging offenbar nicht voran. Ich lehnte ihr Angebot ab. Meine Überlegung war einfach: Wenn ich eine Strafe absitzen musste, so war es besser, jetzt gleich damit zu beginnen. Ich sah keinen Vorteil darin, das Gefängnis zu verlassen, wenn ich nach dem Prozess doch wieder dorthin zurückkehren musste. Ich hätte es nicht aushalten können, meine Kinder wieder bei mir zu haben und sie nach der Urteilsverkündung erneut verlassen zu müssen.

Am Ende habe ich meine Meinung dann doch geändert. Es war mein Vater, der diesen Sinneswandel bewirkt hat. Er konnte es nicht ertragen, mich so allein und ohne »Verteidigung« zu sehen. Er setzte alle Hebel in Bewegung, damit sein eigener Anwalt (denn gegen meinen Vater war wegen Veränderung des Tatortes ebenfalls ein Verfahren eingeleitet worden) auch für mich tätig wurde. Und dieser Spezialist für Strafrecht überzeugte mich, dass ich als freier Mensch vor Gericht erscheinen solle. »Das ist außerordentlich wichtig«, erklärte er mir. »Es geht dabei zunächst einmal um den Eindruck, der entsteht. Wenn die Geschworenen Sie zwischen zwei Polizeibeamten hereinkommen sehen, werden sie Sie von vornherein als Kriminelle betrachten. Sie werden als eine Gefangene angesehen und in der Folge womöglich auch als eine Mörderin. Erscheinen Sie jedoch als freie, selbstbestimmte Person in Begleitung Ihrer Familie, so treten Sie als das auf, was Sie tatsächlich sind: eine normale Frau, die in dramatische Ereignisse geraten ist …« Ich zögerte noch eine ganze Weile, aber ich dachte auch wieder an meine Kinder und an das bevorstehende Weihnachtsfest. Ich wollte nicht ein zweites Mal dabei fehlen. Also willigte ich schließlich ein: »Ich bin einverstanden, leiten Sie alles in die Wege.«

Es ist ein grauer Novembermorgen, und ich besuche gerade einen Kurs, als mich zwei Aufseherinnen zu sich rufen. Sie lächeln mich an: »Lange, Sie sind frei. Packen Sie Ihre Sachen, Sie können gehen.« Im Gefängnis geht alles sehr direkt, beinahe brutal vonstatten – und das ist auch, wenn eine gute Nachricht überbracht wird, nicht anders. Ich wusste zwar seit einigen Wochen, dass dem Antrag meines Anwaltes stattgegeben worden war, aber nun bin ich trotzdem fassungslos. Alles geht dann schnell, sehr schnell. Man führt mich in meine Zelle zurück. Unter den wachsamen Augen der Aufseherinnen packe ich eilig meine Sachen zusammen. Ich stopfe meine Kleidung in eine Plastiktüte. Ich staple die Briefe, die ich erhalten habe, meine Schulhefte und packe sie samt dem Kleinkram, der sich in fast eineinhalb Jahren angesammelt hat, ein. Mein Blick kreuzt denjenigen meiner gegenwärtigen Zellengenossin, und ich erkläre ihr: »Ich bin wieder frei. Ich kann gehen.« Wir reichen uns kurz die Hände. Für einen Abschied von den anderen bleibt keine Zeit. Eine Aufseherin begleitet mich zum Ausgang. Durch das Fenster der Schreibstube erblicke ich das Auto meines Vaters. Unser Anwalt hat ihn unterrichtet, und er wartet bereits auf mich. Man übergibt mir meine persönlichen Dinge, meinen Personalausweis und meine Handtasche, setzt mich gewissermaßen vor die Tür.

Ich bin zugleich euphorisch und besorgt. Ich gehe schnell, mit zittrigen Knien. Ganz allein überquere ich den Hof, die Tür geht auf, mein Vater eilt mir entgegen und schließt mich überglücklich in seine Arme. Mein Herz schlägt zum Zerspringen, aber ich muss noch einmal hinter die Mauern zurück. Nach und nach bringe ich meine Taschen nach draußen. Die Aufseherinnen dürfen mir nicht behilflich sein. Ich schwitze, bin außer Atem, mir wird schwindlig. Ich bin frei. Plötzlich packt mich die Angst. Wie werde ich hier draußen leben? Wie sieht mein Leben als freie Frau aus? Fast eineinhalb Jahre habe ich im Gefängnis verbracht, und davor habe ich zwölf Jahre unter dem Joch eines Mannes gelebt.

Wie werden sich die anderen verhalten, jetzt, wo sie »Bescheid wissen«? Was werde ich ihnen sagen? Was werden sie mir sagen? Ich habe meinen Ehemann getötet. Werden mich die Leute auf der Straße mit ihren Blicken mustern? Haben sie begriffen, dass ich diejenige bin, von der die Rede war, als das Photo von unserem Haus in der Zeitung war und Berichte von meinem Leidensweg in den Meldungen der lokalen Presse erschienen? Und was ist mit meinem Prozess? Wann wird die Justiz über mich urteilen? Und meine Kinder, meine Liebsten … wie geht es ihnen? Wann werde ich sie wiedersehen und an mich drücken können? Werde ich mit ihnen zusammenleben können? Und wenn ich verurteilt werde … Nein … Ich will sie nicht ein zweites Mal verlieren … Wie werde ich ihnen alles erklären? Was werde ich ihnen überhaupt sagen können? Ich will sie unbedingt sehen …

Es ist Freitagabend. Nachdem ich ein paar Tage bei meinem Vater verbracht habe, um wieder Fuß zu fassen, bin ich zu meiner Schwester gezogen. Nun ist sie losgefahren, um die Kinder aus dem SOS-Kinderdorf abzuholen. »Ich kann dich nicht mitnehmen«, erklärte sie mir. »Dann wären wir zu sechst im Auto, und wir sollten uns gerade jetzt nicht bei so etwas erwischen lassen, oder?«

Ich warte bereits seit einer Stunde. Die Zeit kommt mir endlos vor. Ich bereite das Essen vor, um mich abzulenken. Da kommt eine SMS. »Wir sind unterwegs.« Es zieht sich dennoch hin, ich bin ungeduldig, gehe unruhig auf und ab. Alle dreißig Sekunden werfe ich einen Blick aus dem Fenster. Endlich – da kommen sie. Die Kinder stürzen aus dem Auto und werfen sich in meine Arme. Das ist der schönste Tag in meinem Leben.

An diesem Tag gingen wir sehr spät schlafen. Ich nahm ein Kind nach dem anderen auf meine Knie, streichelte sie und unterhielt mich mit ihnen. Wir sprachen ausgiebig miteinander und lachten dabei. Es waren wundervolle Stunden – die ersten, ohne dass er zur Stelle oder im Hintergrund war, um uns die Freude zu verderben. Ich glaube, dass wir unbewusst bereits an diesem Abend damit begonnen haben, unsere verlorene Zeit nachzuholen.

Noch vor meinem Prozess musste ich wieder lernen, mit ihnen zu leben. Und zwar in sehr kurzer Zeit sehr intensiv mit ihnen zu leben. Die Jugendrichterin hatte mir das Recht zugestanden, einmal im Monat mit ihnen zusammmen zu sein, wenn sie zu meiner Schwester kamen. Darüber hinaus konnte ich sie auch im SOS-Kinderdorf besuchen, und ich ließ keine Gelegenheit aus, dies zu tun. Mein Vater nahm mich mit, wenn er einen Besuchstermin dort hatte, und jedes Mal, wenn meine Schwester hinfuhr, schloss ich mich ihr an. So gelang es uns allmählich, trotz aller Hindernisse, die Bindung wiederherzustellen, die eine Mutter zu ihren Kindern haben sollte.

Es wird sich vermutlich banal anhören, aber ich lernte von neuem, stundenlange Gespräche zu führen, ohne dass ich merkte, wie die Zeit verflog. Ich lernte wieder, allein zu sein, ohne mich einsam zu fühlen, ich entdeckte neuerlich das Vergnügen, Musik zu hören oder zu lesen, ohne dies als ein bloßes »Zeittotschlagen« zu empfinden. Am meisten verwirrte es mich tatsächlich, ohne ihn zu sein. Es schien mir, als sei plötzlich alles möglich, alles machbar. Und einfach. Denn zum ersten Mal seit fast fünfzehn Jahren konnte ich stundenlang spazieren gehen oder in einem Zimmer einschlafen, ohne befürchten zu müssen, dass ich bei meiner Rückkehr oder nach meinem Aufwachen geschlagen würde.

Meine Tage kamen mir mit einem Mal so abwechslungsreich, so voll vor. Ich musste alle möglichen Papiere neu beschaffen, zum Arbeitsamt gehen, »mich um mich selbst kümmern«, wie meine Familie sagte, und vor allem durfte ich nicht aus den Augen verlieren, dass wir eine Zukunft hatten. Ich absolvierte zwei Kurse, in denen man ein Basiswissen erwarb, um Bewerbungen und einen Lebenslauf zu verfassen. Aber man lernte auch, wie man mit Stresssituationen umging, beispielsweise im Kontakt mit einem Arbeitgeber oder einem Kunden. Ich unternahm die notwendigen Schritte, um eine Wohnung zu bekommen, falls ich nicht ins Gefängnis zurückmusste; ich beantragte das Sorgerecht für meine Kinder … Und nach einigen Monaten, ohne dass ich eine wirkliche Erklärung dafür habe, erfüllte mich die Hoffnung, dass man mir vielleicht »vergeben« würde und ich nicht von vornherein dazu verurteilt war, hinter die Gefängnismauern zurückzukehren.

Wie so oft hängt vieles von den Menschen ab, denen man begegnet, Menschen, die einem behilflich sind oder einem einfach nur ein Lächeln schenken. Ich erinnere mich besonders an jene Frau, die mich alle zwei Wochen begrüßte, wenn ich mich auf dem Kommissariat von Douai meldete, um den gerichtlichen Auflagen zu entsprechen. Diese Termine waren eigentlich keine sehr angenehmen Augenblicke (sie erinnerten mich stets daran, dass das Damoklesschwert einer möglichen Verurteilung über meinem Kopf schwebte), und dennoch begab ich mich ohne jedes Zögern dorthin. Denn diese Frau war liebenswürdig, ja sogar fröhlich. Sie empfing mich mit einem Lächeln und ließ es sich nicht nehmen, mich jedes Mal nach Neuigkeiten zu fragen. Ich erzählte ihr von meinem Leben (und von meiner Vergangenheit!), und zum ersten Mal hatte ich den Eindruck, dass mir eine Vertreterin des Gesetzes zuhörte, ohne mich zu verurteilen.

Ich denke auch an Rudy, meinen Betreuer im Wohnheim, das ich zum Zwecke der Resozialisierung einige Monate vor dem Prozess bezog und in dem mir noch heute ein kleines Studio zur Verfügung steht. Dieser Mann hat sofort alles verstanden. Er hatte bereits sehr häufig mit misshandelten Frauen zu tun gehabt und kannte sich dementsprechend gut aus. Wir sind gewissermaßen »sein täglich Brot« gewesen. Rudy war mir nicht nur oft dabei behilflich, mich wieder im Alltag zu orientieren (wenn man nach Jahren »unter Einfluss« wieder eine unabhängige Frau ist, muss man so vieles vollkommen neu erlernen), sondern er nahm mich auch unter seine Fittiche, um gestärkt in den Prozess gehen zu können. Und er organisierte die entscheidende Begegnung mit zwei Anwältinnen, die auf Fälle von Gewalt in der Ehe spezialisiert waren. Rudy war darüber besorgt, dass mein juristischer Beistand (der meine Freilassung aus dem Gefängnis erwirkt hatte) mich nicht öfter aufsuchte, obwohl mein Prozess doch schon in einigen Wochen beginnen sollte. Darüber hinaus beklagte er die mangelnde Information dieses Anwaltes hinsichtlich der Verteidigungsstrategie, die er vor Gericht einschlagen wollte. »Wird er auf einen Unfall plädieren? Einen Streit mit unglücklichem Ausgang? Rät er Ihnen, dass Sie Ihr Bedauern äußern sollen, oder rät er zum Gegenteil?«, wollte er aufgebracht wissen. Noch mehr widerstrebte ihm, dass dieser Mann zugleich der Anwalt meines Vaters war, der ebenfalls vor Gericht erscheinen musste, um sich wegen der von ihm vorgenommenen Veränderung des Tatortes zu verantworten: »Das ist nicht gut … das kann nicht funktionieren …«, lautete Rudys Einschätzung, und er versprach mir, eine Lösung zu finden. Ich sah, wie er immer wieder stundenlang im Internet suchte, in vielen Telefonaten meinen Fall darlegte und meine Geschichte erzählte … Und im Dezember 2011 stellte er mir dann die Anwältinnen Janine Bonaggiunta und Nathalie Tomasini vor, zwei höchst professionelle Verteidigerinnen, die eigens aus Paris anreisten, um meinen Fall zu übernehmen.

Sie haben mich sofort verstanden, unterstützt und den Weg gewiesen, der uns zum Freispruch führen sollte: »Wir werden auf Notwehr plädieren, vielleicht sogar auf Putativnotwehr«, erklärten sie mir voller Überzeugung. Unter »Notwehr« konnte ich mir etwas vorstellen, aber der Begriff »Putativnotwehr« war mir zunächst ein Rätsel.

Es handelt sich hierbei um sehr genau voneinander abgegrenzte juristische Fachbegriffe, von denen ich nicht viel verstand, aber die Anwältinnen nahmen sich die Zeit, sie mir zu erklären. Notwehr beschreibt eine vom Strafgesetzbuch ganz klar definierte, enggefasste Situation. Sie kann nur in seltenen Fällen in Anschlag gebracht werden, weil mehrere Bedingungen erfüllt sein müssen. Die betreffende Person muss insbesondere gehandelt haben, »um einen ungerechtfertigten, gegen sie gerichteten Angriff« abzuwehren; ihre Verteidigungshandlung muss »notwendig« gewesen sein; diese Person darf also keine anderweitige Hilfestellung erhalten haben (beispielsweise einen Anruf bei der Polizei getätigt oder die Hilfe von einem Dritten in Anspruch genommen haben); und vor allem darf sie lediglich der eigenen Bedrohung »angemessene« Verteidigungsmaßnahmen ergriffen haben. In meinem Fall waren zwar die ersten beiden Bedingungen erfüllt, die dritte war jedoch problematisch. Das Gericht musste zu der Auffassung gelangen, dass ich mich im Augenblick meiner Verteidigungshandlung tatsächlich in Todesgefahr befand.

Bei der »Putativnotwehr« verhält es sich laut meiner Anwältinnen anders: »Wir werden darauf plädieren, dass Sie in eine Situation geraten waren, in der Sie sich in ständiger Todesgefahr fühlten …« An diesem Abend wie auch an anderen zuvor hieß es für mich in gewisser Weise »er oder ich«.

Die Anwältinnen Bonaggiunta und Tomasini gaben mir das Gefühl, dass keinerlei Zweifel daran bestand, dass ich freigesprochen würde. Sie beteuerten immer wieder, dass meine Geschichte exemplarischen und damit auch symbolischen Charakter habe, und ermunterten mich stets, ihnen zu vertrauen. Sie versprachen mir, dass der Albtraum unseres Familienlebens die Geschworenen nicht ungerührt lassen werde, und sagten: »Es wird ein ganz besonderer Prozess werden! Ihre Geschichte gehört in die Medien! Wir werden gemeinsam für alle Leidtragenden das Wort ergreifen! Wir müssen für alle sprechen!«

Sie legten einen solchen Tatendrang und eine solche Stärke an den Tag und flößten mir solches Vertrauen ein, dass ich beschloss, mich ganz auf sie zu verlassen – ein Entschluss, den ich niemals bereut habe und niemals bereuen werde. Dennoch befielen mich bis zum Ende immer wieder Zweifel, was meinen Freispruch anging. Bis zum letzten Augenblick befürchtete ich, verurteilt zu werden. Ich erinnere mich an die letzte Begegnung mit meinen Kindern am Vorabend des Prozessbeginns. Nachdem wir das Wochenende miteinander verbracht hatten, begleitete ich sie zum Bahnhof, damit sie rechtzeitig in ihrem Heim eintrafen. Ich sah dem Zug nach und stand betend und schluchzend auf dem Gleis: »Guter Gott, mach, dass ich sie nicht im Besuchszimmer wiedersehen muss ...«

Zwölf Jahre lang war ich eine misshandelte Frau. Dann eine Frau, die über drei lange Jahre des »vorsätzlichen Totschlags des Ehemanns« angeklagt war. Und schließlich eine freigesprochene Frau.

Heute bin ich eine Frau, die lebt. Ich habe wieder Träume. Träume, die schlicht erscheinen mögen, für mich jedoch das Tor zu einer neuen Existenz bedeuten: eine Arbeit finden, meinen Führerschein machen, ein »Zuhause« haben (das Wohnheim ist immer noch mein Zufluchtsort, aber ich hoffe, dass ich in ein paar Monaten etwas Eigenes gefunden haben werde) und vor allem anderen meine lieben Kleinen zu mir holen. Der Jugendrichter hat mir bereits zugestanden, sie jedes zweite Wochenende bei mir haben zu können, bis ich meinen Alltag besser strukturiert habe.

Heute verspüre ich wieder eine Kraft in mir, die ich verloren hatte: die Hoffnung. Und ich werde es schaffen. Die Kinder und ich werden es schaffen. Dank ihrer Betreuer geht es meinen Kleinen im Heim so gut wie es in ihrer Situation möglich ist. Sie sind nie voneinander getrennt worden. Sie haben fest zusammengehalten. Ich bin so unglaublich stolz auf sie!

Séphora, meine große Séphora, ist heute ein hübscher Teenager, eine sehr gute Schülerin, die leidenschaftlich gern tanzt, sich gern nützlich macht und sich um andere kümmert. Während der letzten drei Jahre hat sie sich aufopferungsvoll um ihre Geschwister bemüht! Aufgrund ihres Alters bekam sie unsere Geschichte zu großen Teilen bereits mit – und verstand sie auch. Sie ist so sanft und liebevoll, dass sie sich vielleicht zu sehr unter Druck setzte und nach meiner Verhaftung den Platz der Mama einzunehmen versuchte. Sie weiß, dass sie dies nun nicht mehr tun muss, dass sie vor allem ihr eigenes Leben leben muss wie jede Jugendliche, und ich weiß, dass sie einmal eine starke Frau sein wird. Davon bin ich zutiefst überzeugt. Séphora hat gute Freunde, die sie unterstützen, und sie fürchtet sich nicht vor den Blicken anderer. Ich bin einfach begeistert von ihr.

Josué, mein kleiner Josué, ist ein netter, aufmerksamer, noch sehr verspielter Junge. Er findet Gefallen an so vielen Dingen, dass er bisweilen vergisst, auch für die Schule etwas Zeit aufzubringen, aber ich sehe, dass er sich bemüht. Es gibt gute und schlechte Momente, und es wird nicht immer leicht sein für ihn, aber ich habe dennoch keine Bedenken, dass er seinen Weg machen wird. Er macht Fortschritte, und ich bin davon überzeugt, dass alles noch besser wird, wenn wir zu einem normalen Leben zurückgefunden haben werden (also alle wieder unter einem Dach wohnen). Er hat in dem Kinderdorf bereits sehr viel gelernt, was sein Konfliktverhalten betrifft. Ganz nach dem »Vorbild« seines Vaters war er lange der Meinung, dass es nicht verwerflich sei, einen Streit mit seinen Schwestern durch Schläge zu beenden. Aber er hat bereits gelernt, sich zu beherrschen, und ist schon sehr viel vernünftiger geworden.

Saraï, meine sanfte Saraï, ist ein Mädchen, das zwar oft lächelt, aber zugleich sehr misstrauisch ist. Manchmal legt sich ein Schleier der Traurigkeit auf ihre Züge, und das schmerzt mich. Sie sagt, dass ich ihr sehr fehle. Ich habe Angst, dass sie mir eines Tages vorwerfen wird, dass ich sie und ihre Geschwister alleingelassen hätte und sie in einem Heim aufwachsen mussten. Wenn wir uns sehen, weicht sie mir nicht von der Seite. Saraï hat so viel gelitten, dass sie dazu neigt, sich zurückzuziehen – sie hat nur wenige Freunde, denn es fällt ihr schwer, Vertrauen zu fassen –, aber ich weiß, dass es ihr irgendwann bessergehen wird. Sie ist auch ein Mädchen, das gern lacht, Spaß hat und mit seinen kindlichen Bemerkungen sehr lustig sein kann. Sie ist neugierig und will stets alles ganz genau wissen. Von der Schule bringt sie sehr gute Leistungen nach Hause, sie zeichnet leidenschaftlich gern und träumt davon, Tierärztin zu werden (sie möchte gern einmal einen Chihuahua, eine Katze, ein Pferd und einen Delphin haben, sonst nichts!). Ich glaube ganz einfach, dass Saraï es sich heute untersagt, glücklich zu sein, weil wir nicht zusammen sind, aber das wird nicht so bleiben. Daran habe ich keinen Zweifel.

Und schließlich mein Siméon, mein kleiner Prinz … Wenn ich daran denke, dass er beinahe überhaupt nicht zur Welt gekommen wäre! Ich liebe ihn so sehr, diesen kleinen Kerl! Er hat in den letzten Monaten sehr große Fortschritte gemacht. Jeden Tag lernt er etwas dazu. Auch er hat schon viel Schreckliches erlebt. Als er ins Heim kam, sprach er mit niemandem dort. Noch immer gibt es Augenblicke, in denen er sich einigelt und niemanden an sich heranlässt, aber ganz allmählich fasst er Vertrauen. Mein persönlicher Eindruck kann mich nicht täuschen: Er gibt mir sehr viel öfter ein Küsschen als früher! Im Grunde ist er nicht schüchtern, denn wenn er erst einmal begonnen hat zu reden, kennt er kein Halten mehr (ich liebe seine zarte, helle Kinderstimme). Und in der Schule – Siméon besucht heute die erste Grundschulklasse – ist er sehr fleißig. Deshalb bin ich überzeugt davon, ja, ich bin wirklich überzeugt davon, dass wir das alles schaffen werden.

Während ich diese Zeilen schreibe, warte ich darauf, dass die Kinder eintreffen. Ich werde ihnen ein schönes Essen machen, und wir werden über die Zukunft sprechen, über unsere Wünsche und unsere Träume. Morgen werden wir ins Schwimmbad oder ins Kino gehen. Vielleicht werden wir durch die Straßen von Douai schlendern. Frei. Wir müssen noch so viel gemeinsam unternehmen.

Eigentlich mag ich die Vorstellung nicht, dass ich alt werde, aber ich wäre gerne zwei oder drei Jahre weiter, denn dann würden wir unser »Zuhause« haben, dort unsere Abende gemeinsam verbringen und auch gemeinsam morgens wieder aufwachen. Es gäbe die notwendigen Streitgespräche, kurz: Wir führten ein ganz normales, glückliches Leben als Familie. Endlich. Auch die Kinder fragen regelmäßig, wann wir endlich wieder richtig zusammen sein werden. Sie wissen, dass ihre Situation eine besondere ist und die meisten Kinder ihres Alters in anderen Verhältnissen leben. Ich kann ihnen aber im Augenblick leider nur folgende Antwort geben: Solange ich keine Wohnung finde, wird das nicht möglich sein. Wir müssen noch einmal vor den Jugendrichter treten, wir müssen uns weiter aneinander gewöhnen, und ich muss noch besser lernen, eine Mutter zu sein, die ihre Kinder nicht nur beschützt, sondern auch Autorität an den Tag legt. All das wird sich Schritt für Schritt finden. Wir dürfen nichts überstürzen. Ich muss darauf achten, sie nicht zu verwirren. Schließlich sind sie in den letzten drei Jahren ohne mich aufgewachsen.

Ich kann es kaum erwarten, und zugleich fürchte ich den Augenblick, in dem wir wieder zusammenleben werden. Ich habe Angst, dass ich die Rolle nicht auszufüllen vermag, rund um die Uhr, Tag für Tag und Nacht für Nacht, wieder Mama zu sein. Ich habe Angst, es im Gefängnis oder auf den endlosen Fluren des Gerichts verlernt zu haben. Aber das kann nicht sein. Zwölf Jahre lang habe ich es schließlich unter Bedingungen geschafft, die weitaus schwieriger waren …

Das psychologische Gutachten, das die Experten im Zuge der Ermittlungen von mir erstellten, ist nicht immer schmeichelhaft, aber ich akzeptiere es. Sie haben mich als eine »unterwürfige« und »duldsame« Frau beschrieben (wie könnte ich das abstreiten?); sie haben keinen anormalen Geisteszustand festgestellt (in dieser Hinsicht hegte auch ich nie den geringsten Zweifel); sie haben mich als »achtsame und liebevolle Mutter« eingestuft (was sonst?), aber auch als »nicht sehr reif« (in diesem Zusammenhang wären mir andere Begriffe lieber gewesen: kraftlos, ängstlich, naiv, einfältig – um nur einige zu nennen). Sicher hat es mir lange Zeit an Reife gefehlt (schließlich bin ich mit siebzehn Jahren einem Mann gefolgt, den ich kaum kannte), aber ich wage die Behauptung, dass mein Lebensweg diesen Mangel beseitigt hat …

Für mich und auch für meine Kinder bleibt es ein schwieriges Unterfangen, über die Vergangenheit zu sprechen. Sie ist kein Gesprächsthema, wenn wir zusammen sind. Manchmal versuchen wir es, aber es ist ungeheuer schwer, sich dazu zu zwingen, ein so schmerzliches Thema anzugehen. Séphora, Josué und Saraï wissen, dass ich ihren Vater getötet habe. Sie wissen auch, welchen Leidensweg ich hinter mir hatte, als es zu dieser verhängnisvollen Tat kam (die beiden Größeren haben ein sehr schlechtes Bild von ihm, während die Erinnerungen von Saraï eher vage und gemischt sind). Siméon, der Kleinste, erinnert sich praktisch an gar nichts und spricht dieses Thema eigentlich nie an. Aber ich habe mir geschworen, dass ich ihm an dem Tag, an dem er mir Fragen stellt, Rede und Antwort stehen werde. Ich werde ihm mit wohlüberlegten Worten davon erzählen, wie ich es auch bei den anderen getan habe. So wie in diesem

Buch werde ich ihm meine Geschichte erzählen, ohne seinen Vater allzu sehr zu belasten, aber auch ohne die Hölle, die ich durchlebt habe, auszusparen oder zu beschönigen. Das werde ich nie wieder tun. Und wenn ich ihm erklären muss, warum und wie sein Vater gestorben ist, werde ich ihm Folgendes sagen: »Leider blieb deiner Mama keine andere Wahl, als sich zu verteidigen.«

Nachwort

Die Gefühlsaufwallungen des Vortages haben uns immer noch fest im Griff und spiegeln sich in dem Lächeln, das wir einander auf der Terrasse eines Cafés in Douai zuwerfen.

Heute müssen wir nicht mehr reden.

Wir drei sind nun für immer auf unaussprechliche Weise miteinander verbunden: Es gibt nicht mehr die beiden Anwältinnen und die Angeklagte, es gibt nur noch drei Frauen, die wissen, dass nichts mehr so sein wird wie zuvor …

Gestern ist Alexandra freigesprochen worden.

Das Schwurgericht von Douai kam am Ende ihres Prozesses zu dem Urteil, dass sie in Notwehr gehandelt hat.

Ihr Ehemann hatte sie an jenem Abend angegriffen, und sie hatte sich verteidigt.

Der Freispruch von Alexandra Lange, die wegen Mordes an ihrem gewalttätigen Ehemann angeklagt war, ist ein echter Paukenschlag.

Die Geschworenen haben auf uns gehört und den Schmerz und den Leidensweg von Alexandra anerkannt.

Sie haben verstanden, dass diese Frau ohne jenen verhängnisvollen Stoß selbst tot wäre.

Nach Monaten voller Arbeit, Angst und manchmal auch Zweifeln gelang uns die schönste Wendung, die ein Anwalt sich denken kann: Obwohl Alexandra lebenslängliche Haft drohte, haben wir ihren Freispruch erreicht.

Mit einem einzigen Telefonanruf hat uns Rudy, ihr Betreuer aus dem Wohnheim, in dem sie damals untergebracht war und auch heute noch wohnt, davon überzeugt, diesen Fall anzunehmen. Sein entschiedener Einsatz für Alexandra duldete keinen Widerspruch.

Alexandras erster Besuch bei uns in der Kanzlei war ein sehr emotionsgeladener Moment.

Sie wirkte auf uns wie ein kleines, tief verletztes Mädchen, sprach mit leiser Stimme, hatte traurige Augen und ein Madonnengesicht.

Sie sagte kaum etwas, murmelte vielmehr nur zaghaft. Immer wieder schwieg sie, die Scham in ihrem Blick machte uns besonders betroffen.

Wir mussten ihr Zeit geben, sich an uns zu gewöhnen und Vertrauen zu schöpfen, damit sie uns ihre Geschichte erzählte.

Das schlechte Verhältnis ihrer Eltern zueinander, die sich scheiden ließen, als sie zehn Jahre alt war, hatte sie aus der Bahn geworfen.

Sie wuchs bei einer gefühlskalten, distanzierten und nicht sehr liebevollen Mutter auf und verkraftete es nur schwer, dass der Vater sie verlassen hatte, auch wenn dieser sich stets um sie und ihre Geschwister kümmerte.

Vermutlich weil ihr Leben trist und eintönig war, wollte sie dann selbst eine Familie gründen, obwohl sie doch gerade einmal siebzehn Jahre alt war …

Wie alle jungen Mädchen ihres Alters träumte sie von einem reizenden Prinzen, mit dem sie prächtige Kinder und ein glückliches Heim haben würde.

Ihre Begegnung mit dem vierzehn Jahre älteren Marcelino sollte von entscheidender Bedeutung für sie sein.

Er gehört zur Gemeinschaft des »fahrenden Volkes« und führt ein ganz anderes Leben als sie – viel freier und sorgloser.

In ihrer Verblendung gibt sie ihm ihr Jawort, als er sie fragt, ob sie sein Leben mit ihm teilen wolle, denn sie sehnt sich danach, ihrer schmerzlichen Kindheit zu entkommen.

Aus der Jugendlichen wird eine Ehefrau – ohne jede Übergangsphase taucht sie vollkommen, beinahe brutal in diese andere Lebensform ein.

»Sie heirateten und bekamen viele Kinder ...«

Aber dieses erträumte Märchenende wird sie nicht erleben. Vielmehr wird diese Geschichte umgekehrt verlaufen, der Prinz wird sich in ein Monster verwandeln, das freudige Lachen in Geschrei, die Träume in Albträume.

Die Versprechen von Marcelino werden nie eingehalten, er wird ihr weder die Sicherheit noch die Liebe schenken, die sie sich erhofft hat.

Sehr schnell kommt es zu Streitereien; nach der ersten Ohrfeige prägt die Gewalt schon bald den Alltag ihrer Beziehung, und Marcelino schafft ein Klima der Unsicherheit und Angst.

Die Erzählung, die sie uns davon liefert, ist erschütternd.

Seine Frau und sein übriges Umfeld zu erniedrigen, zu demütigen, zu verachten, zu kritisieren und zu beschuldigen – so sieht der bevorzugte Zeitvertreib von Marcelino aus, der keiner Arbeit nachgeht, während sie mit den Einkäufen, dem Haushalt und der Erziehung ihrer vier gemeinsamen Kinder beschäftigt ist.

Mit seinen Aggressionen, seinen Depressionen, seiner Alkoholsucht und seinen immer wieder geäußerten Selbstmordabsichten etabliert er eine Herrschaft des Schreckens in seinem Haus.

Alexandra gestand uns, dass sie sehr unglücklich war, es aber angesichts seiner Dominanz vorzog, die Augen zu verschließen und sich unterzuordnen – in der Hoffnung, ihre Ehe und vor allem ihre Familie zu retten.

Wie viele der Frauen, die eine solche Hölle durchleben, stand sie unter seinem Einfluss, war ausgelaugt und geschwächt. Er überwachte sie und isolierte sie von ihren Freunden und ihrer Familie, mit der sie nicht mehr zu sprechen wagte.

Wie all diese Frauen war sie allein, hoffnungslos allein hinter den verschlossenen Türen ihres Heims, um dort ein für Außenstehende nicht sichtbares Elend zu erfahren.

Ein Leben voller Leid, Beschimpfungen, Eifersuchtsattacken, Verachtung, Beschuldigungen, Herabsetzungen, Drohungen … so sah Alexandras Dasein während all dieser Jahre aus.

Als sie von ihrer Gefangenschaft in dieser Hölle erzählte, schloss sie die Augen und fand auch da noch Entschuldigungen für ihren Ehemann, floh auch da noch vor der Realität.

Zweimal versuchte sie, ihn zu verlassen, aber Marcelino gelang es, sie davon abzubringen – sei es, dass er in ihr die Hoffnung auf eine bessere Zukunft weckte, sei es, dass er sie schlicht bedrohte.

Alexandra war gezwungen, mit ihrem Peiniger zu leben …

Er hielt sie unter Verschluss, sie ließ sich zu viel von ihm gefallen, ohne seinem Sarkasmus, seinen Beschimpfungen, seinen Beleidigungen und Schlägen wirklich etwas entgegenzusetzen … Denn das Recht zu reden besaß sie nicht mehr.

Marcelino entwürdigte und demütigte sie, er behandelte sie als Sexualobjekt. Sie erwiderte nichts darauf, hielt ihren Blick gesenkt – aus Angst, seine Gewalt noch zu schüren.

Alexandra hatte jedes Selbstvertrauen verloren.

Sie legte uns dar, wie schwer es für sie war, einen Ausweg zu finden, und das umso mehr, als sie keinerlei Hilfe erfuhr, selbst wenn sie versuchte, über ihre Not zu sprechen.

Weder die Sozialämter noch die Krankenhäuser oder die Polizei nahmen sich die Zeit, ihr zuzuhören.

Unaufhörlich verwendete Marcelino seine ganze Energie darauf, ihr das Gefühl einzuimpfen, dass sie gar nicht mehr existiert. Er herrschte wie ein Diktator, ein Haustyrann, ohne ihr den geringsten Freiraum zu lassen. Er überwachte ihr Kommen und Gehen, kontrollierte immer stärker ihren Umgang und ihre Telefonate.

Ihr einziges Glück bestand darin, sich um ihre Kinder zu kümmern und sie um jeden Preis zu beschützen.

An jenem Juniabend musste Alexandra einmal mehr eine furchtbare Szene ihres Mannes über sich ergehen lassen.

Bereits den ganzen Tag über war Marcelino brutal gewesen, ganz besonders gegenüber der ältesten Tochter.

Es war nicht das erste Mal, dass seine Gewalttätigkeit sich auch gegenüber seinen Kindern manifestierte. Alexandra konnte es nicht mehr ertragen.

An jenem Abend beschloss sie, ihn davon in Kenntnis zu setzen, dass sie sich scheiden lassen wollte.

Sie wartete, bis die vier Kinder eingeschlafen waren, und wagte es schließlich, ihm mit bebender Stimme zu sagen, dass sie ihn verlassen werde. Ängstlich wartete sie auf seine Reaktion.

Er antwortete mit Schimpfwörtern und Beleidigungen, fuhr sie harsch an und verlor die Kontrolle über sich … Es kam zu einem heftigen Wortwechsel, der in eine Schlägerei ausartete.

Sie bekam fürchterliche Angst, er versuchte sie zu erwürgen, sie verteidigte sich …

So der schmerzliche Bericht, den Alexandra uns im Laufe unserer verschiedenen Unterredungen lieferte.

Es fiel ihr jedes Mal auf Neue schwer, mit uns darüber zu reden, gerade so, als lägen die Hände ihres Peinigers immer noch um ihren Hals.

Aber unsere Überzeugung wurde mit jedem Mal klarer … Diese Frau war DAS OPFER, und unser Auftrag würde es sein, dies laut und in aller Schärfe herauszustellen, einmal für SIE, aber auch für all DIE FRAUEN, die häuslicher Gewalt ausgesetzt sind.

Das Battered Woman Syndrome

Der Freispruch von Alexandra Lange am 23. März 2012 durch das Berufungsgericht von Douai war ein Meilenstein in unserer beruflichen Karriere, aber auch für uns als Privatpersonen. Vor allem jedoch glauben wir, dass er für tausende Frauen, die täglich Opfer häuslicher Gewalt werden, einen wichtigen Orientierungspunkt darstellt.

Die Geschworenen und die Gesellschaft haben anerkannt, dass Alexandra Lange sich in Notwehr befand, als sie ihren Ehemann tötete, um ihr Leben und das ihrer Kinder zu retten.

Dieses Urteil kam dank des glücklichen Aufeinandertreffens mehrerer besonderer Persönlichkeiten zustande:

– Alexandra Lange, eine Frau, die zwölf qualvolle Jahre lang ihr »Kreuz getragen hat« und zum Symbol all derjenigen taugt, die im Teufelskreis der häuslichen Gewalt gefangen sind. Eine Frau, die stellvertretend für die Leiden aller Frauen stehen kann, die in dieser Hinsicht zum Opfer werden.

– Rudy Le François, ein außergewöhnlicher Mann, der im Wohnheim von Douai ihr Betreuer war und so lange gegen die Trägheit und Behäbigkeit der Verwaltung ankämpfte, bis sein Schützling als Opfer und nicht nur als Angeklagte vor Gericht stehen konnte.

– Luc Frémiot, der Oberstaatsanwalt von Douai, dem es ein besonderes Anliegen ist, gegen häusliche Gewalt vorzugehen, und der während des Prozesses sogar so weit ging, die Gesellschaft (mit Blick auf ihre Schwachstellen) als Ganzes anzuklagen, den Leidensweg der Angeklagten anzuerkennen und ihren Freispruch zu fordern.

– Die Anwaltssozietät B&T, die sich auf die Anhörung und Verteidigung von Frauen, die Opfer häuslicher Gewalt geworden sind, spezialisiert hat. Wir stehen diesen Frauen bei, die sich oft aufgegeben haben und isoliert sind, und bieten ihnen juristischen Beistand und psychologische Hilfe an, indem wir ihnen spezielle Therapeuten nennen, mit denen wir eng zusammenarbeiten. Diese von uns angestoßene Hilfestellung entspringt den Erfahrungen, die wir beide im Laufe unserer langjährigen beruflichen Tätigkeit gemacht haben. Immer wieder treffen wir auf Gewalt – in der Geschäftswelt, im Verwaltungswesen und in hierarchischen Beziehungen.

Das Inkrafttreten des Gesetzes vom 9. Juli 2010, das die Ausübung psychischer Gewalt in der Ehe unter Strafe stellt, trug zur Konkretisierung unserer Auffassung bei und bestärkte uns in unserem Wunsch, Hilfe anzubieten und Wege aufzuzeigen, wenn Frauen dem Problem häuslicher Gewalt wehrlos ausgeliefert sind.

Dieses Gesetz markiert obendrein den Ausgangspunkt eines langen Weges, auf dem folgende Aufgaben in Angriff genommen werden müssen:

– Es muss über vorbeugende Maßnahmen und bessere Ausbildung eine größere Sensibilität bei den Mitarbeitern des Gesundheitswesens, Lehrern, Sozialarbeitern und der Polizei hergestellt werden.

– Den Opfern muss der Zugang zu den Sozialdiensten, der Polizei und der Justiz erleichtert werden. Außerdem müssen ihnen sichere Unterkunftsmöglichkeiten zur Verfügung stehen.

– Schließlich sollte auch der noch geltende Gesetzestext hinsichtlich der Definition von Notwehr abgeändert werden (Artikel 122-5 des Strafgesetzbuchs).

Im Zusammenhang dieses letzten Punktes trägt der vom Schwurgericht in Douai verkündete Urteilsspruch zum Fall Alexandra Lange möglicherweise dazu bei, allgemeine Überlegungen zur Definition von Notwehr im französischen Recht anzustoßen. Eine solche Änderung scheint uns insbesondere im Falle der Tötung eines Ehepartners vonnöten zu sein.

In Frankreich muss für den Tatbestand der Notwehr Folgendes gegeben sein:

– Es muss eine Aggression stattgefunden haben.

– Der Gegenangriff muss durch die Notwendigkeit bestimmt sein, das eigene Leben oder das anderer zu verteidigen.
– Es muss eine Verhältnismäßigkeit zwischen beiden Akten gewahrt bleiben.

Was man »Putativnotwehr« nennt, findet in Frankreich im Falle einer Tötung des Ehepartners noch keine Anwendung.

Die Annahme einer solchen Notwehrsituation ist jedoch bereits vor zwanzig Jahren in Kanada eingeführt worden, wo man es in einem berühmt gewordenen Fall der Tötung des Intimpartners (der Fall Lavallée) gewagt hat, die konkrete Beweislast außer Acht zu lassen und die besondere Reaktion einer Frau auf eine Aggression im Kontext häuslicher Gewalt zu akzeptieren.

Das Gericht berücksichtigte die Situation dieser Frau, ihren Alltag und ihre psychische Verfassung, indem es das Vorliegen des sogenannten »battered woman syndrome« feststellte.

Den Psychiatern zufolge tritt dieses Syndrom im Zusammenhang häuslicher Gewalttätigkeiten auf, wenn die Frau eine ausgeprägte Ohnmacht entwickelt, in der sie keine »vernünftige« Lösung mehr zu finden imstande ist, um aus der Gewaltspirale herauszufinden.

Die einzige in Betracht kommende Lösung kann aus ihrer Sicht dann nur in einem letzten Mittel liegen: Sie muss sich gegen ihren Partner auf Leben und Tod verteidigen, damit nicht er sie tötet.

Das »battered woman syndrome« weist einige klinische Kennzeichen eines post-traumatischen Zustandes auf, der durch die über einen langen Zeitraum ertragenen, immer wiederkehrenden Gewalttätigkeiten entstanden ist.

Die an diesem Syndrom leidende Person entwickelt in gewisser Weise eine berechtigte »konstante Angst« davor, getötet zu werden.

In einer solchen Lage kann dann auch die Notwehrsituation als ein »konstanter Zustand« betrachtet werden.

Auf dieser Basis hat der Oberste Gerichtshof von Kanada unter Bezug auf Gutachten verschiedener Experten Angélique Lavallée im

Jahr 1990 nach der Tötung ihres Lebensgefährten freigesprochen und die Annahme einer »Notwehr« bestätigt:

Angélique Lyn Lavallée war drei oder vier Jahre lang die Lebensgefährtin von Kevin (Rooster) Rust. Ihre nicht-eheliche Partnerschaft war von Streit und Gewalt geprägt, wobei die Auseinandersetzungen zwei oder drei Tage dauern konnten, manchmal sogar mehrere Wochen. Frau Lavallée war oft Ziel der körperlichen Aggressionen ihres Lebensgefährten. In den Jahren 1983 bis 1986 musste sie sich mehrmals im Krankenhaus behandeln lassen. Zu ihren – auch von anderen Personen bezeugten – Verletzungen zählten schwere Quetschungen, zahlreiche Blutergüsse, ein Nasenbeinbruch und ein blaues Auge.

Am Abend des 30. August 1986 empfing das Paar Gäste, aber im Verlauf des Abends wurde es zunehmend laut. Irgendwann verfolgte Kevin Rust seine Partnerin draußen vor dem Haus. Später hörte man Geräusche von einer Person, die eine andere schlug, dann zwei Schüsse und anschließend die Schreie einer Frau. Frau Lavallée hatte offenbar zweimal mit einem Karabinergewehr auf ihren Lebensgefährten geschossen, der erste Schuss ging daneben, aber der zweite traf ihn am Hinterkopf und tötete ihn.

Ein Polizeibeamter und ein Arzt untersuchten die Würgemale und Verletzungen von Frau Lavallée und fanden ihre Aussage bestätigt, sie habe sich verteidigen müssen.

Während des Prozesses, in dem Frau Lavallée des Mordes zweiten Grades – also ohne Heimtücke – angeklagt wurde, erklärte ein Psychiater, der auf Fälle misshandelter Frauen spezialisiert war, dass der Schrecken, den Herr Rust verbreitete, seiner Frau ein Gefühl der Verletzbarkeit eingeflößt habe, dass sie sich in ihrer Beziehung wertlos und unfrei gefühlt und sich trotz der Gewalt nicht aus ihr habe befreien können. Er führte auch aus, dass die permanente Gewalt, der sie ausgesetzt gewesen sei, eine lebensgefährliche Bedrohung für sie dargestellt habe und sie in ihrer Verzweiflung dann eine Feuerwaffe benutzt habe, da sie der Meinung gewesen sei, Herr Rust wolle sie umbringen.

Diese Frau wurde freigesprochen, weil man zu der Auffassung gelangt ist, dass hier ein Fall von Notwehr vorlag.

Es wurde in der Tat bewiesen, dass sie ernsthaft glaubte, ihrem Angreifer nur dadurch entkommen zu können, dass sie ihm das Leben nahm.

Denn wenn eine Frau Tag für Tag einer quasi permanent drohenden Lebensgefahr ausgesetzt ist, muss man auch annehmen, dass die Notwehrsituation permanent gegeben ist.

Das tragische Schicksal von Alexandra Lange wird in Frankreich, ebenso wie das von Angélique Lavallée damals in Kanada, die juristischen Überlegungen bezüglich der Annahme einer Putativnotwehr bei der Tötung eines Lebenspartners, so hoffen wir, vorantreiben.

Deshalb wollte Alexandra vor Gericht aussagen und alle Frauen, die einen ebenso leidvollen Alltag erleben, wissen lassen, dass häusliche Gewalt tragisch und sogar tödlich enden kann.

Häusliche Gewalt darf nicht unter dem Schutz der Intimität der Paarbeziehung stehen. Sobald es zu Gewalttätigkeiten kommt, muss man eingreifen. Wir, die Verwandten und Freunde, dürfen dann nicht gleichgültig bleiben! Unser Schweigen kann einen nicht wiedergutzumachenden Schaden anrichten.

Man muss seine Hemmungen überwinden und der misshandelten Frau beistehen, ihr zuhören oder für sie das Wort ergreifen.

Die Gesellschaft selbst muss eine Diskussion über die Misshandlung der Frau durch ihren Lebenspartner anstoßen, so wie es etwa bei Themen wie Vergewaltigung, Inzest und Pädophilie bereits geschehen ist.

Wir wissen, dass dieser Weg lang und schwer sein wird, denn Politik und Gesetzgebung müssen der Überzeugung den Boden bereiten, dass das Verhältnis zwischen Männern und Frauen niemals ein Herrschafts- und Gewaltverhältnis sein darf.

Alexandra Lange findet heute Schritt für Schritt in ein neues Leben.

Sie ist endlich bereit, darum zu kämpfen, ihre Identität und ihre Freiheit wiederzuerlangen ... weil sie heute weiß, dass sie nicht mehr allein ist!

Janine Bonaggiunta & Nathalie Tomasini,
Alexandra Langes Strafverteidigerinnen, Mitglieder der Pariser Anwaltskammer

Danksagung

Ich will all denjenigen danken und eine Botschaft senden, deren Warnungen, Aussagen und Mitgefühl mir beim Überleben geholfen haben, sowie allen, die mich letztlich dabei unterstützt haben, diese Tragödie hinter mir zu lassen und langsam ein neues Leben aufzubauen.

Ich denke an Sylvie, seine erste Ehefrau, eine zierliche Person, die noch heute davon gezeichnet ist, was sie während der Zeit mit ihm erdulden musste, und die immer wieder versucht hat, mich zu warnen. Es geht ihr ein wenig besser, seit er nicht mehr auf dieser Welt ist, aber meine Tragödie und mein Prozess haben bei ihr all die traumatischen Erlebnisse noch einmal wachwerden lassen. Sie ist eigentlich eine starke Frau, aber er hat viel in ihr zerstört, und sie hat wenig Hilfe erfahren. Ich wünsche ihr, dass sie noch einmal einen liebevollen Partner findet. Sie verdient Glück und Frieden.

Ich denke an ihre Tochter Laura. Dieses arme Kind hat in seiner Nähe die schlimmsten Dinge erlebt. Heute ist Laura eine sanfte und zurückhaltende junge Frau, die ihr Leid mit sich herumträgt. Aber sie kann auch lachen und hat Träume. Ich möchte ihr zurufen: »Kämpfe, Prinzessin, mach dir keine Vorwürfe wegen alldem, was er dir angetan hat. Versuche, das Leben in vollen Zügen zu genießen.«

Ich denke an Dominique und Fatima, meine Freunde und Nachbarn. Sie sind einfache Leute, arbeitsam und großzügig. Ich weiß, dass jeder von ihnen, er groß und energisch, sie sanft und zierlich, es auf seine Weise bedauern mag, nicht mehr für mich getan zu haben.

Ich liebe euch, meine Freunde, und nehme euch nichts übel. Vermutlich hätte ich selbst es auch nicht besser gemacht.

Ich denke an seinen Sohn Kévin, einen freundlichen, hilfsbereiten Jungen. Aber auch er hat so gelitten, dass er Mühe hat, sich selbst zu finden. Ich denke an Médhi, seinen und auch meinen Freund. Er ist ein mutiger junger Mann, der in seinem Leben auch schon einiges einstecken musste. Diese beiden Jungen müssen es einfach schaffen. Aber sie müssen es auch wollen. Seht nach vorn, ihr beiden, und kämpft!

Nicht vergessen möchte ich Rudy, meinen Betreuer im Wohnheim, der für mich immer in Reichweite war. Er hat mich nie verurteilt und war stets zur Stelle, wenn ich seinen Rat oder seine Unterstützung brauchte. Im Laufe der Monate lernte er mich sehr gut kennen, und bei jeder neuen Schwierigkeit unterstützte und beriet er mich. Wie das gesamte Personal des Wohnheims war er immer präsent, aufbauend, verständnisvoll und aufmerksam. Einmal sagte er mir, dass ich zu den Personen zähle, die ihn im Laufe seiner Arbeit am stärksten beeindruckt hätten. Wir hatten tatsächlich ein sehr vertrauensvolles Verhältnis zueinander. Er ist etwa so alt wie ich, also ungefähr dreißig Jahre alt. Seine Lebensfreude, seine Ernsthaftigkeit und seine Ruhe in jeder Lebenslage nötigen zu Respekt. Er ist wie ein Bruder für mich.

Und was soll ich zu meinen Anwältinnen noch sagen, Janine Bonaggiunta und Nathalie Tomasini! Könnte ich ohne sie an dieser Stelle so frei Zeugnis ablegen? Das weiß niemand. Aber eines ist gewiss: Sie haben erreicht, was mir zugleich logisch und dennoch unerreichbar schien – meinen Freispruch. Sie haben mich davon überzeugt, aber sie haben auch all diejenigen überzeugt, die über mich urteilen sollten, dass ich in erster Linie ein Opfer und keine Mörderin war. Sie haben mich unterstützt und mir den richtigen Weg gewiesen. Sie haben die richtigen Worte gefunden, um mir wieder Hoffnung auf eine mögliche Zukunft zu geben … Dafür möchte ich ihnen an dieser Stelle danken und sie auch beglückwünschen: Sie haben einen Kampf geführt, der anderen misshandelten Frauen hilfreich sein wird. Jedenfalls hoffe ich das von ganzem Herzen.

Ich erlaube mir auch, Monsieur Luc Frémiot meine respektvolle Ehrerbietung auszusprechen, auch wenn es sicher selten vorkommt, dass ein Angeklagter dies dem Generalstaatsanwalt seines Prozesses gegenüber tut. Ich bewundere sein mutiges Plädoyer und seinen unermüdlichen Einsatz für Frauen, die Opfer häuslicher Gewalt geworden sind.

Zum Schluss möchte ich natürlich meinen Bruder, meine Schwester (die während meiner Inhaftierung den Kontakt zu meinen Kindern aufrechterhielt) und vor allem meinen Vater nennen.

Sein ganzes Leben hat er gearbeitet, damit es seiner Familie und seinen Kindern an nichts fehlt. Gewiss, wir haben niemals im Luxus gelebt, aber er hat sich um seine Familie bemüht wie wenige Väter, glaube ich. Selbst nach der Scheidung und über große Entfernungen hinweg hat er stets ein Auge auf seine Kinder gehabt. Es ist richtig, dass mein Vater autoritär war, aber er war gerecht und vermittelte uns die wesentlichen Werte des Lebens.

Mein Vater hat mich niemals aufgegeben. Er ist ein großzügiger Mensch mit einem riesengroßen Herzen am rechten Fleck. Stets blieb er wachsam, auch wenn er nur einen Bruchteil von dem wusste, was ich tatsächlich ertragen musste. Sobald er erfahren hatte, wie mein Leben aussah, tat er alles, um mich aus diesem Albtraum zu befreien. Er hat sich, so möchte ich sagen, für mich geopfert, indem er dieses Messer am Tatort platzierte – wofür er zu sechs Monaten Gefängnis auf Bewährung verurteilt wurde.

Ich weiß, dass er in den letzten Jahren viele Stürme überstehen musste: meine Situation, seine eigene Situation, unser Prozess, unsere auseinandergebrochene Familie … Seit der Tragödie sind wir sehr eng zusammengerückt. Er bringt mich zum Lachen, beruhigt mich, unterstützt mich und berät mich, so gut er kann. Ich weiß, dass er viele, viele Tränen vergossen hat und viele Male diese unheilvolle Nacht in Gedanken durchgegangen ist.

Mein liebster Papa, ich liebe dich. Jetzt kannst du wieder atmen, an dich denken und an Marie. Mach dir keine Sorgen um mich. Deinen Floh.

Jetzt muss ich nur noch meine vier kleinen Lieblinge nennen.

Während all der leidvollen Jahre haben sie mir die Kraft zum Durchhalten gegeben, sie haben mein Herz erwärmt, auch wenn ich sie um Verzeihung bitten muss, dass ich sie nicht früher dieser Hölle habe entreißen können – die Gründe dafür habe ich in diesem Buch niedergelegt. Auch wenn die äußerste Tat, zu der mich die Angst vor meinem Ehemann trieb, mich noch heute vor Schreck erstarren lässt, da ich meine Kinder mit diesem verhängnisvollen Stoß ihres Vaters beraubt habe.

Sie haben mir ihre Liebe nicht entzogen.

Und ich werde all meine Liebe daransetzen, ihnen dabei zu helfen, inneren Frieden zu erlangen und ihr Glück zu finden.

Danke außerdem an Éric L., Marie-Paule, Lynda, Velérie Helmig, Tite moon, Andy watt, Brigitte, Sonija, Valérie (Erzieherin im Wohnheim), an das Personal des Wohnheims (Geoffrey, Karine, Aurélie, Prescilla, Martine, Cathy, Laurence, Leila …), an einige Bewohnerinnen der Einrichtung (Isabelle, Émilie, Aurore, Sandra P., Josée, Betty …), an das Personal des SOS-Kinderdorfs, an Dominique, Laetitia L., Coco des Roseaux, Joëlle B., Sylvie und Nathalie, Chris, Stéphanie, Estelle und Madame Cockenpot.

Ein Dankeschön schließlich auch an Laurent Briot, der mir mit Taktgefühl und Geduld half, meine Erinnerungen zusammenzutragen, und mir mit seinem Rat und seiner Kompetenz zur Seite stand.

*Die beeindruckende Reise einer jungen Frau
in die Freiheit*

Meral Al-Mer
NICHT OHNE MEINE
MUTTER
Mein Vater entführte
mich als ich ein Jahr
alt war. Die Geschichte
meiner Befreiung
336 Seiten
mit zahlreichen
Abbildungen
ISBN 978-3-404-60706-8

Wo Merals Familie herkommt, da herrschen die Männer:
stolze, auch kluge Männer, manchmal. Aber häufig brutal,
ohne Respekt vor dem Körper einer Frau. Und ohne Angst
davor, dass sie sich wehren könnte. Meral hat sich befreit,
von ihrem Vater, der sie entführte, als sie ein Jahr alt war. Den
sie anzeigte wegen seiner Gewalttätigkeit und grausamen
Demütigungen, unter denen sie litt, solange sie bei ihm leben
musste. Und sie hat wiedergefunden, was sie so lange entbehr-
te: ihre Mutter, die sie mehr als 25 Jahre nicht sehen durfte.

Bastei Lübbe

Eine wahre Geschichte

Jeannine Klos / Anne Pütz
ÜBERMORGEN
SONNENSCHEIN
Als mein Baby vertauscht
wurde
280 Seiten
mit zahlreichen
Abbildungen
ISBN 978-3-404-60749-5

Jeannine Klos hat den Albtraum jeder Mutter erlebt: Zwei Tage nach der Geburt ihrer Tochter legte man ihr ein fremdes Baby in den Arm, und als sie sagte: „Das ist nicht mein Kind!", glaubte ihr niemand. Sie zweifelte, fragte nach, beharrte – und ließ sich schließlich doch überzeugen. Sie nahm das Kind an, stillte es, wenn es hungrig war, tröstete es, wenn es weinte, wiegte es in den Schlaf, wenn es müde war, und begann es zu lieben. Doch sechs Monate später bewahrheitete sich ihre Angst ...

Bastei Lübbe